Der Band

Scannen ist durch den rapiden Preisverfall bei Hardware-Komponenten inzwischen auch für Privatleute ein günstiges Verfahren auf dem Weg zur Digitalisierung und Archivierung verschiedenster Vorlagen. Der Band beschreibt die technischen Hintergründe des Scannens und gibt zahlreiche Tips zur optimalen Bearbeitung auch mangelhafter Text- und v. a. Bilddokumente.

Die Reihe

Die Beck EDV-Berater bieten kompakt und handlich im Taschenbuch das für den täglichen Umgang mit dem Computer notwendige Wissen. Je nach Thema wenden sich die Bände an noch unerfahrene Anwender für den schrittweisen Einstieg oder an Fortgeschrittene, die ihren PC bis in die Details beherrschen möchten. Lexikalische Bände erlauben den besonders schnellen Zugriff von A bis Z.

Ein didaktisch geschickter Aufbau, leicht verständliche Erklärungen und anschauliche Abbildungen lösen Probleme in kürzester Zeit.

Der Autor

Michael Kneißl ist Diplom-Ingenieur (FH) und Autor zahlreicher EDV-Handbücher. Neben den Programmiersprachen Turbo Pascal und Basic bildet das Thema Bildbearbeitung einen weiteren Schwerpunkt in seinen Publikationen.

Beck EDV-Berater

Scannen wie die Profis

Text- und Bildvorlagen perfekt digitalisieren

von Michael Kneißl

Deutscher Taschenbuch Verlag

Herausgegeben von Christian Spitzner

Redaktionsschluß: Oktober 1999

Originalausgabe
Deutscher Taschenbuch Verlag GmbH & Co. KG,
Friedrichstr. 1a, 80801 München
© 2000. Redaktionelle Verantwortung: Verlag C.H. Beck
Druck und Bindung: C. H. Beck'sche Buchdruckerei, Nördlingen
(Adresse der Druckerei: Wilhelmstr. 9, 80801 München)
Satz: OPS Verlagsgesellschaft mbH, München
Umschlaggestaltung: Agentur 42 (Fuhr & Partner), Mainz
ISBN 3 423 50222 3 (dtv)
ISBN 3 406 45385 6 (C. H. Beck)

Vorwort

Dieses Buch ist für all jene geschrieben, die Spaß am Scannen haben möchten und vielleicht bereits erkannt haben, daß Scannen bei weitem nicht nur aus dem Auflegen einer Vorlage auf eine Maschine besteht. Auch hier gilt: Die Qualität des Ergebnisses hängt in erster Linie vom KnowHow des Benutzers ab – und dieses soll mit dem vorliegenden Band vermittelt werden.
Neben der detaillierten Einführung in den Umgang mit Scannern und deren Software sowie die Weiterverarbeitung der digitalen Ergebnisse möchte ich Ihnen wichtige Tips zur Wahl des richtigen Scannertyps, der Software und der geeigneten Konfiguration Ihres Systems an die Hand geben. Die Erläuterungen sind dabei weitgehend plattformunabhängig. Ein schlechter Scan aus einer guten Vorlage sollte also nach der Lektüre der Vergangenheit angehören!
Das Buch ist so aufgebaut, daß Sie Abschnitte überspringen und zu einem späteren Zeitpunkt nachholen können. Glossar und Sachregister dienen der raschen Orientierung. Es würde mich freuen, wenn Ihnen das Buch in Hobby oder Beruf von Nutzen ist, und ich wünsche Ihnen in diesem Sinne viel Spaß beim Scannen!

Danken möchte allen, die mich direkt oder indirekt bei diesem Buch unterstützt haben, insbesondere den Firmen Adobe Systems, Laser-Soft Imaging und Claris für das kostenfreie Bereitstellen von Software sowie den Firmen Canon, Fuji und Nikon für das Bereitstellen von Fotos. Darüber hinaus geht mein Dank natürlich an das OPS-Team, das immer mit Rat und Tat zur Seite stand. Und nicht zuletzt an meine drei Frauen, Janina, Virginia und Katerina, die durch ihre Geduld dies alles erst ermöglichten.

Michael Kneißl

Inhaltsverzeichnis

Vorwort ... 5

1. Grundlagen ... 11
1.1 Allgemeines ... 11
1.1.1 Scanner – Begriffsbestimmung ... 11
1.1.2 Wo werden Scanner eingesetzt? ... 11
1.2 Hardware ... 12
1.2.1 Das Auge des Scanners – CCD, CIS und PMT ... 13
1.2.2 Der Scanneraufbau ... 17
1.2.3 Welcher Scanner für welchen Einsatzbereich? ... 19
1.2.4 Allgemeine Hardware-Voraussetzungen ... 29
1.3 Software ... 46
1.3.1 Die TWAIN-Schnittstelle ... 46
1.3.2 Scanner-Software ... 47
1.3.3 Bildverarbeitungs-Software ... 51
1.3.4 Texterkennungs-Software (OCR-Software) ... 54
1.3.5 Hilfsmittel im Überblick ... 55

2. Grundlagen der Bildverarbeitung ... 59
2.1 Die Gammafunktion ... 59
2.2 Systemkalibrierung ... 62
2.2.1 Monitorkalibrierung ... 62
2.2.2 Druckereinstellungen und ICM beim Drucker ... 77
2.2.3 Scannerkalibrierung und Monitorgammaeinstellung ... 80
2.3 Farbsysteme ... 84
2.3.1 Das RGB-Farbsystem ... 84
2.3.2 Das CMYK-Farbsystem ... 84
2.3.3 Die Mischung macht die Farbe ... 85
2.3.4 Farbraum ... 85
2.3.5 Farbkanäle ... 85
2.3.6 Farbumwandlung ... 88

2.4	Dichteumfang und Farbtiefe	89
2.4.1	Der Dichteumfang	89
2.4.2	Die Farbtiefe	91
2.5	Grafikdateiformate	96
2.5.1	Allgemeines	96
2.5.2	Dateikomprimierung	97
2.5.3	Pixelgrafik oder Vektorgrafik	98
2.5.4	Alphakanäle – Informationen im Hintergrund	99
2.5.5	Welches Dateiformat für welchen Zweck?	100
2.5.6	Dateiformate im Überblick	108
3.	**Scannen**	**110**
3.1	Einführung in den Scanvorgang	110
3.1.1	Die Scanvorlage	110
3.1.2	Vorlagentypbestimmung aufgrund der Pixelverteilung	127
3.1.3	Problemvorlagen	128
3.1.4	Rohdaten	135
3.1.5	Vorlagenausrichtung und Scanbereich	136
3.1.6	Zielbestimmung	139
3.2	Scanauflösung	139
3.2.1	Wichtige Begriffe bei der Auflösung	140
3.2.2	Hardware-Scanauflösung	140
3.2.3	Physikalische undinterpolierte Scanauflösung	140
3.2.4	Höhe der Auflösung	142
3.2.5	dpi und lip	145
3.2.6	Interpolation oder Scannen mit optischer Auflösung	146
3.2.7	Scalierung	147
3.2.8	Der Zeitfaktor	150
3.3	Einstellmöglichkeiten im Scanprogramm	151
3.4	Reihenfolge der einzelnen Arbeitsschritte	155
3.4.1	TWAIN-Quelle auswählen	155
3.4.2	Scanprogramm aktivieren	156
3.4.3	Grundeinstellungen im Scanprogramm	156
3.4.4	Optimierung der Vorschau	161
3.4.5	Weiß- und Schwarzpunkt einstellen	162
3.4.6	Anpassen der Mitteltöne	168
3.4.7	Farbkorrektur	170

3.4.8	Scalierung der Ein- und Ausgabe, Scanauflösung, Dateigröße	171
3.4.9	Festlegen des Ausgabeformats	174
3.4.10	Scanvorgang ausführen	174
3.5	Scannen mit Hilfe der Bildverarbeitung	175
3.5.1	Scannen in der physikalischen Auflösung	180
3.6	Texterkennung OCR	182
3.6.1	Merkmalsbeschreibung	182
3.6.2	Die Vorlage	182
3.6.3	Texterkennung mit dem Flachbettscanner	183
3.7	Tips und Tricks	186
3.7.1	Feinschliff mit der Gradationskurve	186
3.7.2	Kopieren vor dem Scan	188
3.7.3	Durchleuchtung verhindern	188
3.7.4	Spezielle Ausgabegrößen, DIN-Größen, Schlösser	190
3.7.5	Scaneinstellung für Faxausgabe	193
3.7.6	Scannen von gerahmten Dias	195
3.7.7	Scannen von Farbnegativen	195
3.7.8	Handschuhe	199
3.7.9	Stapelverarbeitung	200
4.	**Bearbeiten des Scans**	202
4.1	Lagekorrektur und Randbeschneidung	202
4.1.1	Drehen	202
4.1.2	Freistellen und Zuschneiden	203
4.2	Die Gradationskurve – Funktion und Wirkung	205
4.2.1	Das Original	206
4.2.2	Helligkeitsänderung	207
4.2.3	Kontraständerung	209
4.2.4	Gammakorrektur – Verändern der Mitteltöne	211
4.2.5	Tonwerte umkehren	212
4.2.6	Spezialeffekte	213
4.2.7	Gradationskurven-Automatik	213
4.2.8	Gradationskurve in PhotoShop	214
4.3	Tonwertkorrektur – Funktion und Wirkung	214
4.3.1	Vorgehensweise	215
4.3.2	Helligkeitsänderung	216

4.3.3	Kontraständerung	220
4.3.4	Tonwerte umkehren	220
4.3.5	Automatische Tonwertkorrektur	221
4.3.6	Regler für Helligkeit und Kontrast	223
4.4	Beseitigen von Farbfehlern	223
4.4.1	Farbbalance mit Variationen	225
4.4.2	Farbbalance	226
4.4.3	Farbkanaltonwertkorrektur	227
4.5	Bildgrößen- und Auflösungsänderungen	228
4.5.1	Interpolationsmethoden	228
4.5.2	Auswahl der Interpolationsmethode	230
4.5.3	Bildgrößenänderung	231
4.5.4	Änderung der Bildauflösung	232
4.5.5	Änderung der Bildauflösung oder Bildgröße ohne Interpolation	233
4.6	Filter	234
4.6.1	Störungen entfernen	234
4.6.2	Scharfzeichner	237
4.6.3	Autofilter (Automatisch bessere Bilder)	239
5.	**Bildausgabe mit Desktopdruckern**	**241**
5.1	Bildauflösung für den Druck	241
5.2	Den Tonwertzuwachs schnell korrigieren	243
5.3	Druckerfarbfehler indirekt ausschalten	244
5.4	Druck von S/W-Bildern	244
5.5	Das Papier macht den Druck	245
	Anhang	**246**
	Internet-Adressen für Software	246
	Zusammenstellung der verwendeten Formeln	247
	Dateitourismus	249
	Arbeitsablauf	250
	Glossar	**251**
	Sachverzeichnis	**271**

1. Grundlagen

Der erste große Bereich dieses Buches beschäftigt sich ganz allgemein mit Grundlagen rund um den Scanner: angefangen von Begriffsbestimmung und Einsatzbereichen, über die Hardware des Scannerinnenlebens und die Beschreibung der verschiedenen Scannertypen bis hin zur Computerplattform und zu der dazugehörigen Software.

1.1 Allgemeines

Was heißt nun eigentlich „Scanner", und was kann man damit alles machen?

1.1.1 Scanner – Begriffsbestimmung

Ein Scanner ist ein optisch-elektronisches Gerät zum Digitalisieren von Bildern.

Das Wort „scannen" kommt aus dem Englischen und bedeutet soviel wie „Abtasten". Dies beschreibt auch bereits den Vorgang, den ein Scanner bei seiner Arbeit durchführt: Er tastet nämlich eine Vorlage (dies kann z. B. ein Foto sein) ab. Als Ergebnis seiner Arbeit liefert er diese Vorlage in digitaler Form, so daß sie mit Hilfe eines Computers betrachtet und weiterverarbeitet werden kann.

1.1.2 Wo werden Scanner eingesetzt?

Scanner haben bereits ihren festen Platz in unserem täglichen Leben. In Faxgeräten sind sie dabei, dem herkömmlichen Brief seinen Rang abzulaufen. Als Barcodelesegerät finden wir sie bereits in vielen Supermärkten, und Paketdienste und Briefzusteller könnten ohne die nützlichen Helfer ihre Arbeit nicht mehr bewältigen. In Banken lesen Scanner die von Ihnen ausgefüllten Überweisungsformulare. Sie übernehmen die Funktion des menschlichen Auges in eingeschränkten Bereichen oder lesen extra für sie konzipierte Datenformen, wie den Bar- oder Strichcode. Die Sensoren in modernen Videokameras oder Digitalkameras können ebenso als Scanner bezeichnet werden, da sie auf der gleichen Halbleitertechnik beruhen wie beispielsweise ein Flachbettscanner. In der Bildverarbeitung und Texterkennung sind Scanner für Vorlagen verschiedenster Art nicht mehr wegzudenken. Damit sind wir auch bereits beim Thema: bei Scannern, die, angeschlossen an einen Personal Computer, Bilder, Grafiken und Texte in digitale Form umsetzen können. Mit dem englischen Begriff Desktop-Scanner werden diese Scanner zusammengefaßt. Dieses so fachchinesisch anmutende Wort heißt nicht mehr als Schreibtisch(oberflächen)-Scanner.

Abb. 1.1: Die Arbeitswelt der Scanner ist vielfältig.

Der Einsatzbereich von Scannern ist also überaus vielfältig. Aber keine Angst, das sollte auch nur ein kurzer Ausflug sein, um Ihnen einen Einblick in die Arbeitswelt der Scanner zu geben. Hier geht es allein um Desktop-Scanner, einen Scannertyp, der immer mehr Freunde findet, und das zu Recht.

1.2 Hardware

Die folgenden Punkte gehen ein wenig ins „Hardware-Eingemachte". Scannerbestandteile, die verschiedenen Scannertypen sowie die Hardware Ihres Computers sollen näher betrachtet werden. Dies wird Ihnen auch bei der einen oder anderen Kaufentscheidung von Nutzen sein. Falls Sie dies alles jetzt weniger interessiert, können Sie die Kap. 1.2 (Hardware) und 1.3 (Software) zunächst einmal überspringen und gleich mit Kap. 2. (*Grundlagen der Bildverarbeitung*) beginnen.

1.2.1 Das Auge des Scanners - CCD, CIS und PMT

„Scannen" heißt ja bekanntlich „abtasten", und mit diesem Abtastorgan soll die Erklärung beginnen: Lichtempfindliche Sensoren sorgen dafür, daß Bildinformationen gelesen werden. Abhängig von der Intensität des einfallenden Lichtes wird ein mehr oder weniger starker Strom erzeugt. Interessant ist, daß die Farbe hier keine Rolle spielt. Es geht den Sensoren nur um Hell und Dunkel. Das Scannerauge ist nämlich farbenblind. Dazu später mehr.

Bei dem Scannerauge werden hauptsächlich drei verschiedene Techniken unterschieden: CCD-Technik, CIS-Technik und PMT - Technik.

Der CCD-Sensor

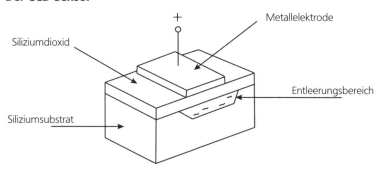

Abb. 1.2: Modell eines CCD-Elements

Die Abkürzung CCD steht für „charge coupled device", was soviel heißt wie „ladungsgekoppelte Vorrichtung". Es handelt sich hierbei um einen Halbleiterbaustein auf der Basis eines Metall-Oxid Halbleiters (MOS). Einfallendes Licht wird von diesem Halbleitersensor proportional zur Lichtstärke in eine elektrische Ladung umgewandelt und in einem Entleerungsbereich kurzzeitig gespeichert. Die Fähigkeit, diese elektrische Ladung zu speichern, ist bezeichnend

1. Grundlagen

für ein CCD-Element. Es verhält sich somit ähnlich wie ein Speicherbaustein, mit dem Unterschied, daß es sich hierbei um einen analogen Ladungswert handelt, der gespeichert wird. Da dieser analoge Wert anhand seiner Intensität interpretiert werden kann, läßt sich über ihn ein großes Wertespektrum abdecken. Die Größe des Wertespektrums eines CCD-Sensors in einem Scanner können Sie über die Angabe der Farbtiefe ermitteln.

Beim Scanner ist dieser Halbleiterbaustein in Form einer Zeile (CCD-Zeile) aufgebaut, in Video- und Digitalkameras als Flächenchip.

Wenn Sie beispielsweise einen Flachbettscanner mit einer physikalischen Auflösung von 600 dpi (dots per inch = Punkte pro Zoll) betrachten, so besteht die CCD-Zeile dieses Scanners aus 600 CCD-Elementen pro Zoll (2,54 cm) zu scannender Vorlagenbreite. Das heißt, daß für einen Zentimeter Vorlagenbreite 236 CCD-Elemente zur Verfügung stehen. Hinzu kommt noch, daß bei den heute üblichen Scannern ausschließlich das Single-Pass-Verfahren eingesetzt wird, das für jede Grundfarbe (Rot, Grün, Blau) eine eigene CCD-Zeile verlangt. Dadurch kann ein Scan in einem Durchgang durchgeführt werden, im Gegensatz zu dem nicht mehr aktuellen 3-Pass-Verfahren, das für jede Grundfarbe einen eigenen Scandurchgang erforderte.

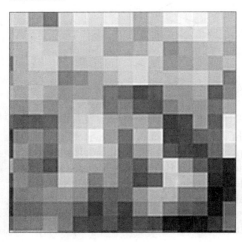

Abb. 1.3:
Der vergrößerte Ausschnitt eines Scans zeigt gut die quadratische Pixelstruktur des digitalen Bildes.

1.2 Hardware

Ein Nachteil der CCD-Sensoren muß noch erwähnt werden: Aufgrund ihres allgemein sehr niedrigen Ausgangssignalpegels muß dieser durch einen Verstärker angehoben werden. Dies ist jedoch besonders bei dunklen Bildstellen problematisch, da jede Verstärkung ein sogenanntes Grundrauschen mit sich bringt. Dieses Grundrauschen ist vergleichbar mit dem leisen Rauschen eines Radios, was aber nur in Sendepausen oder bei leisen Musikstellen auffällt. Beim CCD-Sensor kann dies zur Folge haben, daß sich dunkle Bildbereiche nicht mehr von diesem Grundrauschen abheben und somit Bildinformationen verloren gehen. Daher kann die Qualität eines Scanners mit CCD-Sensoren auch darin gesehen werden, wie gut er mit dunklen Bildbereichen umgehen kann. Glücklicherweise verliert dieses Problem durch die Weiterentwicklung der CCD-Sensoren mehr und mehr an Bedeutung.

Der CIS-Sensor

Die Abkürzung CIS steht für „Compact Image Sensor", was soviel heißt wie „kompakter Bild-Sensor". Dieser Sensor erstreckt sich über die volle Breite der Scanfläche. Er setzt sich aus einer Reihe von CMOS-Sensoren (Complementary Metal Oxide Semiconductor; wörtl.: komplementärer Metalloxidhalbleiter) zusammen. Eingesetzt wird diese Technik in der sog. LIDE-Technologie der Firma Canon, die eine Weiterentwicklung von CIS darstellt.

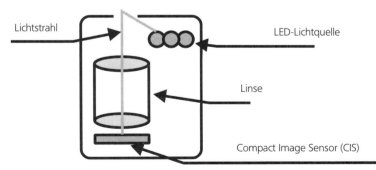

Abb. 1.4: Modell des kompakten Lidescankopfs

LIDE (LED in Direct Exposure) steht für einen Prozeß, bei dem Licht von roten, grünen und blauen LEDs indirekt über ein stabförmiges Linsensystem zu einem Compact Image Sensor (CIS) geleitet wird. Da sich dieser über die volle Breite der Scanfläche erstreckt, ist, anders als bei Scannern, die ein CCD als Scanelement nutzen, bei der LIDE-Technologie keine Spiegel-Mechanik notwendig. Ein weiterer Vorteil: Da sich die CMOS-Sensoren im Gegensatz zu CCD-Chips über die gesamte Breite der Vorlage erstrecken, kann auf ein Reduktionsobjektiv verzichtet werden. Somit entfallen auch Verzerrungen, die sich durch optische Restfehler ergeben.

Auch wenn für den Bereich von Hochleistungsscannern die CIS Technik dem CCD Sensor noch unterlegen ist (bei hohen Auflösungen), so sind Scanner im Lowcostbereich besonders durch ihre sehr geringen Abmessungen und ihr geringes Gewicht bei sehr guter Bildqualität interessant.

Photomultiplierer (PMT)

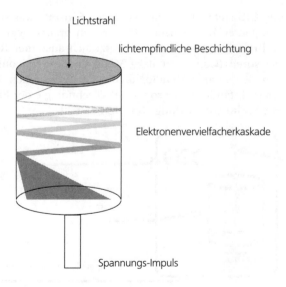

Abb. 1.5: Die durch einfallendes Licht erzeugten Elektronen werden durch eine Elektronenvervielfacherkaskade im Inneren der Glasröhre verstärkt.

PMT-Elemente findet man in sog. Trommelscannern, welche das oberste Qualitätssegment in der Bilddigitalisierung bilden. Der Begriff PMT (Photomultipliertube) kommt aus dem Englischen und wird im Deutschen als „Sekundärelektronenvervielfacherröhre" bezeichnet. Diese Sekundärelektronenvervielfacher sind mit einer lichtempfindlichen Elektronik ausgestattete Glasröhrchen, die einfallendes Licht, abhängig von dessen Helligkeit, in mehr oder weniger starke Stromimpulse umwandeln.

Im Gegensatz zu CCD-Sensoren arbeitet ein PMT-Element mit einem erheblich höheren Ausgangspegel, was ein Grundrauschen durch Verstärkung, das sich besonders in dunklen Bildbereichen störend auf die Farbtiefe auswirkt, völlig vermeidet. Hinzu kommt, daß das PMT-Element viel genauer die einfallende Lichtintensität eines bestimmten Bildpunktes ermitteln kann. Ein Übersprechen (Überfließen elektrischer Ladung von einem lichtempfindlichen Element zu einem angrenzenden), wie es beispielsweise bei CCD vorkommen kann, ist praktisch nicht möglich, da jeder Bildpunkt separat nacheinander von einem einzelnen PMT-Element gescant wird. Der Nachteil dieser Technologie ist ihr sehr hoher Preis. Besonders wenn man sich vor Augen führt, daß in einem Trommelscanner für jede der drei Grundfarben jeweils nur ein PMT-Element vorhanden ist.

Damit nun ein Bild Punkt für Punkt abgetastet werden kann, muß zum einen die Scantrommel (daher Trommelscanner) rotieren und zum anderen der Scankopf senkrecht zur Rotationsrichtung beweglich sein.

1.2.2 Der Scanneraufbau

Ein Scanner besteht grundsätzlich aus drei Bestandteilen. Dies sind die Mechanik, der bereits erwähnte lichtempfindliche Sensor mit Farbseparator und ein Analog/Digitalwandler.

Die Mechanik

Die Mechanik eines Scanners sorgt dafür, daß das zu scannende Medium und die lichtempfindlichen Sensoren aneinander vorbeigeführt werden. Dies kann in Form eines bewegten Spiegels, aber ebenso durch eine bewegliche Medienaufnahme geschehen. Eine Lichtquelle im Scanner sorgt für das notwendige Licht, das entweder vom Medium reflektiert oder durch das Medium hindurchgeschickt wird. Die Qualität der Mechanik eines Scanners ist ebenso maßgebend für die Qualität eines Scans wie die der lichtempfindlichen Sensoren.

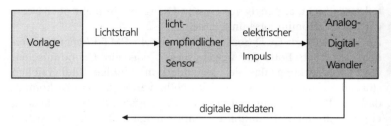

Abb. 1.6: Das Modell zeigt den schematisierten Arbeitsablauf in einem Scanner.

Der lichtempfindliche Sensor mit Farbfilter

Die drei Typen von lichtempfindlichen Sensoren haben Sie nun kennengelernt. Alle drei Typen haben ein gemeinsames Problem: Sie sind farbenblind. Um dieses Problem zu lösen, wird zu Farbfiltern, lichtteilenden Prismen oder farbigen Lichtquellen gegriffen.

- Die Methode mit Farbfiltern ist denkbar einfach. Jedem lichtempfindlichen Sensor wird ein Farbfilter vorgeschaltet. Bei einem Flachbettscanner mit CCD-Technik sieht das so aus, daß vor die drei CCD-Zeilen jeweils ein roter, ein grüner und ein blauer Filter plaziert ist. Diese Filter lassen jeweils nur die entsprechende Grundfarbe auf die Sensor-Zeile.
- Die Prismenmethode mag sich ein wenig eleganter anhören, führt aber im Endeffekt zum gleichen Ergebnis. Ein Prisma teilt das Licht in die drei Grundfarben Rot, Grün und Blau auf. Dieses Licht wird dann den entsprechenden Lichtsensoren zugeleitet.
- Die dritte Methode, mit einer bzw. drei farbigen Lichtquellen zu arbeiten, hat sich bis dato noch nicht durchgesetzt. Einige Hersteller machten hier die Erfahrung, daß diese Lichtquellen nach einiger Zeit an Intensität verloren. Erst Canon hat in jüngster Zeit Erfolge durch seine LIDE-Technologie (LED in Direct Exposure), die auf der CIS-Technik basiert, zu verbuchen.

1.2 Hardware

Der Analog/Digitalwandler

Dar Analog/Digitalwandler (A/D-Wandler) stellt das Bindeglied zwischen der analogen Bilderfassung durch den Scanner und der digitalen Weiterverarbeitung auf dem Computer dar. Da die lichtempfindlichen Sensoren in Scannern allesamt auf dem Grundprinzip beruhen, Helligkeitsunterschiede in verschiedenen Stromstärken (analog) auszudrücken, ist eine Umwandlung durch den A/D-Wandler notwendig.

1.2.3 Welcher Scanner für welchen Einsatzbereich?

Im folgenden erhalten Sie einen Überblick über verschiedene Scannerarten und deren Einsatzbereich. Sie können sich selbst ein Bild machen, welcher Scanner für Ihren Anwendungsbereich am besten geeignet wäre.

Handscanner

Handscanner, besser bekannt unter dem Namen „Handyscanner", spielen seit dem starken Preisverfall auf dem Sektor der Flachbettscanner nur noch eine untergeordnete Rolle. Eine einfache Variante, die ausschließlich zum Lesen von Barcode eingesetzt wird, sieht man zum Teil bei Scannerkassen. Im übrigen werden Handyscanner meist nur noch im mobilen Bereich, beispielsweise beim Scannen unterwegs mit Notebooks eingesetzt. Vorlagen sind hier meist Dokumente, die nicht transportiert oder ausgeliehen werden dürfen (z. B. alte Unikate in einer Bibliothek) und daher den Einsatz eines mobilen Scanners notwendig machen. Dieser Scannertyp ist nur noch bei akutem Platzmangel oder bei sehr seltener Verwendung eines Scanners sinnvoll.

Als Vorlagen können beim Handyscanner ausschließlich Aufsichtvorlagen verwendet werden. Da Handyscanner keine Führung besitzen und eine ruhige Hand auch keine Führungsstange eines Scanschlittens darstellt, sind der Scanqualität zwangsläufig Grenzen gesetzt. Es werden im Zubehörhandel zwar Handyscannerführungsschienen angeboten, jedoch auch solche Hilfsmittel können keinen Scanschlitten ersetzen. Auch der Scanbereich ist auf die geringe Breite von 10 bis 12 cm beschränkt. Beim Scannerauge handelt es sich um einen CCD-Zeilensensor. Die unterstützte Farbtiefe liegt in der Regel bei maximal 24 Bit, was 16.7 Mio. Farben entspricht. Die Hardware-Scanauflösungen liegen zwischen 100 und 800 dpi, die Preise bei etwa 25 €.

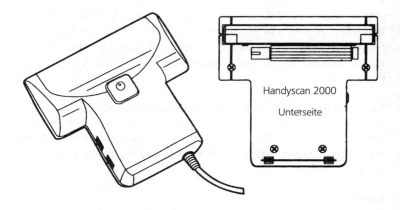

Abb. 1.7: Das Bild zeigt einen Handyscanner in Drauf- und Unteransicht.

Übersicht Handscanner

Vorlagentypen	Aufsicht
Scanqualität	gering, da Verwacklungsgefahr
Zubehör	Führungsschiene
Einsatzgebiet	- Mobileinsatz - sehr geringes Scanaufkommen - beengte Arbeitsverhältnisse
Preis	ca. 50 €

Allgemein ist jedoch heutzutage vom Handscanner abzuraten, da einfache Flachbettscanner bereits ab 50 € zu bekommen sind, deren Scanergebnisse und deren Handhabung bei weitem die eines Handscanners übertreffen.

Flachbettscanner

Flachbettscanner sind die Scannerart, die zur Zeit das Marktsegment – was Verkauf und Verbreitung betrifft – unangefochten anführt. Dies liegt nicht zuletzt an dem schon erwähnten günstigen

Einstiegspreis. Nach oben sind den Preisen bei Flachbettscannern jedoch kaum Grenzen gesetzt. Je nach Modell und Scanbereich (A4 bis A0) liegen die Preise zwischen 50 und 25.000 € und mehr.

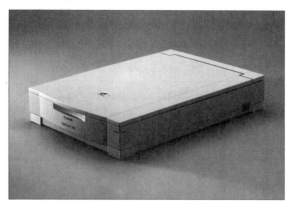

Abb. 1.8:
Flachbettscanner mit CCD-Technik (Foto Canon Deutschland)

Abb. 1.9:
Flachbettscanner mit LIDE-Technik (Foto Canon Deutschland)

Flachbettscanner haben einen weiten Einsatzbereich. So können sie – einmal abgesehen von normalen Aufsichtvorlagen (z.B. Fotos oder gedruckte Texte) – mit einem entsprechenden Durchlichtaufsatz auch Durchsichtvorlagen (z.B. Dias, Negative oder Folien) abtasten. Für die Abtastung selbst wird meist ein CCD-Zeilensensor eingesetzt. Bei dem Verfahren, mit dem die Bilddaten von diesem Sensor abgetastet werden, sind zwei Prinzipien zu unterscheiden:

1. Grundlagen

- Zum einen gibt es Flachbettscanner (der überwiegende Teil), bei denen – sehr vereinfacht gesagt – der CCD-Zeilensensor entlang der Vorlage bewegt wird und diese in der Art einer Kontaktkopie erfaßt. Unabhängig von der Größe der Vorlage ist die maximal erreichbare Hardware-Scanauflösung pro Flächeneinheit hier immer gleich.

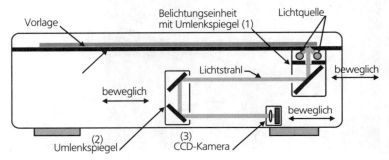

Abb. 1.10: Ein Flachbettscanner in seiner typischen Bauform in CCD-Technik im Aufriß

- Bei der zweiten Gattung von Flachbettscannern verhält es sich anders. Diese sind mit einer sogenannten „Optik" ausgestattet. Es handelt sich hierbei um ein Linsensystem, mit dessen Hilfe die Vorlage vergrößert werden kann, bevor der CCD-Zeilensensor sie erfaßt. Dadurch können kleine Vorlagen mit einer höheren Auflösung gescant werden. Besonders in Verbindung mit einer Durchlichteinheit deckt dieses Verfahren ein großes Einsatzspektrum ab. Im Gegensatz zum CCD-Scanner sind Abmessungen und Gewicht beim LIDE-Flachbettscanner erheblich reduziert.

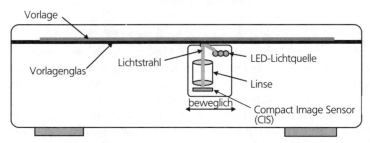

Abb. 1.11: Ein Flachbettscanner in seiner typischen Bauform in Lide-Technik im Aufriß

1.2 Hardware

Die Teile (1), (2) und (3) müssen beweglich sein, um die Länge des Lichtstrahls immer gleich zu halten.

XIn den beiden obigen Grafiken sehen Sie neben der weit verbreiteten CCD-Technik auch einen Aufriß eines Lide-Technikscanners, der von der Firma Canon gebaut wird und durch seine Einfachheit besticht.

Bei der Farbtiefe liegen Flachbettscanner im Bereich von 24 bis 36 Bit. Die maximale Hardware-Scanauflösung kann 300 bis 3.000 dpi betragen. Die maßgebende Zahl bei der Auflösung ist der kleinere Wert. Ein Flachbettscanner mit 600*1.200 dpi Hardware-Scanauflösung hat einen CCD-Zeilensensor, der eine Auflösung von 600 dpi erreicht. Den Wert von 1.200 dpi erreicht der Scanner durch die Bewegung des Scannerschlittens. Der Schrittmotor hat eine so exakte Steuerung, daß so kleine Schritte erreicht werden können. Da ein Scan in der Regel jedoch in beiden Richtungen die gleiche Auflösung aufweisen sollte, wird bei einer Einstellung von 1.200*1.200 dpi die eine Richtung mathematisch durch Interpolation erreicht. Dies ist jedoch für die Qualität des Scans nicht von Vorteil. Daher sollten Sie mit einem solchen Scanner nur bis zu einer Auflösung von 600*600 dpi scannen (physikalische Auflösung). Überlassen Sie das Interpolieren Ihrer Bildverarbeitung, die diese Aufgabe in der Regel wesentlich besser bewältigt als die Scanner-Software.

Übersicht Flachbettscanner

Vorlagentypen	Aufsicht Durchsicht (mit Durchlichtaufsatz)
Scanqualität	gut bis hoch
Zubehör	Durchlichtaufsatz Einzelblatteinzug
Einsatzgebiet	- Einfache Büroanwendungen - Texterkennung - als Faxscanner - Bilder für Internetseiten und Multimediaanwendungen - Hochqualitätsscans als Druckvorstufe
Preis	50 bis 25.000 €

1. Grundlagen

Filmscanner

Das Prinzip eines Filmscanners beruht auf dem Durchleuchten der Vorlage, im Gegensatz zur Reflexion beim Scannen von Aufsichtvorlagen. Filmscanner arbeiten im Gegensatz zu Hand- und Flachbettscannern mit der sogenannten Durchlichtmethode und sind daher auch ausschließlich für Durchsichtvorlagen geeignet. Fälschlicherweise wird diese Art von Scanner oft auch als „Dia-Scanner" bezeichnet. Dias sind jedoch nur ein Teil dessen, was ein solcher Scanner abtasten kann. Neben Dias können auch andere Positiv- oder Negativfilmvorlagen gescant werden. Die Filmscanner der unteren Preisklasse (600-1.500 €) bieten als Scanformat in der Regel Kleinbild- (gerahmt und ungerahmt) sowie APS-Format an. Mittel- und Großformat-Filmscanner decken in der Regel alle Filmgrößen ab. Ihre Preise liegen aber auch im oberen Preissegment (bis zu 10.000 €). Die Farbtiefe vom Filmscanner liegt in der Regel zwischen 30 und 36 Bit. Filmscanner werden mittlerweile auch nur noch als externe Geräte angeboten. Da sie aber klein und kompakt sind, finden sie eigentlich auf jedem Schreibtisch einen Platz.

Abb. 1.12: Filmscanner (Foto Canon Deutschland)

Filmscanner bieten eine Alternative für alle, die hohe Ansprüche an die Qualität von kleinen Durchsichtvorlagen stellen. Seit bereits Filmscanner mit 30 Bit Farbtiefe zum Preise von 600 € zu bekommen sind, fällt es auch dem Laien immer leichter, ansehnliche Bilder zu scannen. Das Auflösungsvermögen von Filmscannern liegt bei bis zu 3.000 dpi. Dadurch ist es möglich, fotorealistische Farb-

1.2 Hardware

drucke bis zu einer Papiergröße von DIN A3 zu gestalten. Als lichtempfindliche Sensoren werden – wie beim Hand- und Flachbettscanner – CCD-Sensoren eingesetzt.

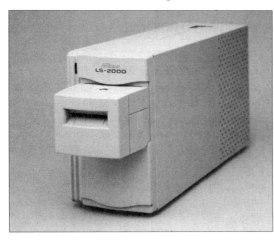

Abb. 1.13:
Der Vorbau am Scanner ist ein Filmstreifenadapter, um ungerahmte Filmstreifen zu scannen.
(Foto Nikon AG)

Oft werden Filmscanner auch als Alternative zu teureren Digitalkameras eingesetzt, da ihre Auflösung gegenüber solchen Kameras unübertroffen gut und der Film weiterhin als sicheres Bildspeichermedium vorhanden ist.

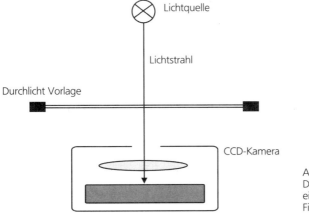

Abb. 1.14:
Das Prinzip eines Filmscanners

1. Grundlagen

Unabhängig von solchen Gesichtspunkten können Sie beim Scannen aus einer Durchsichtvorlage grundsätzlich mehr herausholen als aus jedem Papierabzug. Sie brauchen nur einmal ein Dia auf der Leinwand – bei veränderbarer Projektionslichtstärke – im Vergleich zum entsprechenden Papierabzug betrachten.

Übersicht Filmscanner

Vorlagentypen	ausschließlich Durchsichtvorlagen - Dias (Fotopositive in verschiedenen Formaten: z.B. Kleinbild, APS, Mittelformat, Großformat) - Fotonegative (verschiedene Formate: z.B. Kleinbild, APS, Mittelformat, Großformat)
Scanqualität	hoch bis sehr hoch
Zubehör	Filmstreifenhalter Filmmagazine für automatisches Scannen APS-Aufsatz
Einsatzgebiet	- Bilder für Internetseiten und Multimediaanwendungen - Bilderfassung für Bilddatenbanken - Hochqualitätsscans als Druckvorstufe - Kostengünstige Alternative zu High-End-Digitalkamera
Preis	600 bis 10.000 €

Trommelscanner

Trommelscanner schließen den Bereich der Scanner bezüglich Scanqualität nach oben hin ab. Aufgrund der bei diesen Scannern eingesetzten PMT-Technologie, die ihren Farbtiefenbereich auch in dunklen Bildbereichen optimal ausschöpfen kann, ist diese Scannerart anderen Scannertypen überlegen.

Farbtiefenbereiche von 42 bis 48 Bit sind keine Seltenheit, und die Hardware-Scanauflösungen beginnen bei 3.000 bis 4.000 dpi und enden bei 16.000 dpi. Bei der Vorlagengröße sind Desktopmodelle bis ca. DIN A3 geeignet. Für größere Vorlagen werden Großtrommelscanner verwendet, deren Gerätebreite bei ca. 2,5 m liegt. Das

Gewicht solcher Geräte beträgt bis zu 700 kg – im Gegensatz zu Desktopmodellen, die mit ca. 60 kg dagegen eher leicht sind.

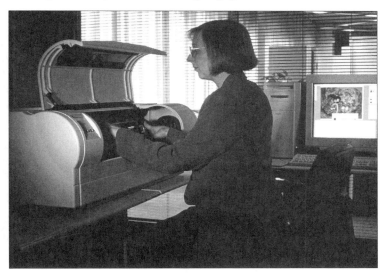

Abb. 1.15: Desktoptrommelscanner beim Einlegen der Trommel (Foto FUJIFILM)

Ein Manko bei Trommelscannern ist die oft zeitraubende Montage der Vorlagen auf der Scannertrommel und die damit verbundenen Standzeiten der doch sehr teuren Geräte. Um Standzeiten zu minimieren, bieten die Hersteller solcher Scanner daher Ersatztrommeln an, auf denen während eines laufenden Scanvorgangs bereits die nächste Vorlage montiert werden kann. Die Trommeln werden dann nur noch ausgetauscht.

Einige moderne Trommelscanner ermöglichen bereits das Scannen im Stapelverfahren. Hierbei werden z.B. mehrere Dias gleichzeitig nebeneinander auf die Trommel montiert. Die Scan-Software erkennt dann selbständig die Einzelbereiche und bietet sie zur Auswahl an. Neben Trommelscannern für Großvorlagen wird mittlerweile auch eine ganze Palette an Desktop-Geräten angeboten, die in jedem kleinen Büro leicht einen Platz finden.

1. Grundlagen

Übersicht Trommelscanner

Vorlagentypen	Sowohl Aufsicht- wie auch Durchsichtvorlagen (die Formate sind hierbei abhängig vom jeweiligen Scanbereich des Scanners)
Scanqualität	sehr hoch
Zubehör	zusätzliche Trommeln
Einsatzgebiet	High-End-Bilderfassung für Qualitätsdruck
Preis	ab ca. 20.000 €

Abb. 1.16: Großtrommelscanner (Foto FUJIFILM)

Tips zum Scannerkauf

- Überlegen Sie sich gut, für welchen Einsatz Sie Ihren Scanner brauchen. Der beste Flachbettscanner macht keinen Sinn, wenn Sie hauptsächlich mit Negativen und Dias arbeiten möchten.
- Achten Sie bei der Scannerauflösung immer auf die Angabe der physikalischen Auflösung. Angaben wie 9.600*9.600 dpi beziehen sich fast immer auf interpolierte (errechnete) Auflösungswerte, die bestenfalls Scanschrott liefern.
- Überlegen Sie anhand Ihres Scanaufkommens, welche Schnittstellenart für Ihr Scannervorhaben die richtige ist. Vielscannen erfordert z.B. eine schnelle Schnittstelle (siehe hierzu Abschnitt 1.2.4, *Allgemeine Hardware-Voraussetzungen*).

- Lassen Sie sich Ihr Wunschmodell in Ruhe vorführen und achten Sie hierbei auch auf die Geräuschentwicklung Arbeit des Gerätes. Beachten Sie dabei, daß ein Gerät, das im Geschäft schon laut wirkt, Ihnen zu Hause oder im Büro meist noch viel lauter vorkommt.
- Lassen Sie sich die Scanner-Software zeigen. Achten Sie darauf, daß sich deren Automatikfunktionen auch abschalten lassen und daß manuelle Steuerungen möglich sind (siehe auch unter Abschnitt 1.3, *Software*).
- Vergewissern Sie sich bei Flachbettscannern, daß eine Vorlage für die Feinkalibrierung im Lieferumfang enthalten ist, mit der sich Scanner und Drucker farblich aufeinander abstimmen lassen.

1.2.4 Allgemeine Hardware-Voraussetzungen

In den folgenden Punkten erfahren Sie, worüber Ihr Computer für die Arbeit mit Scannern verfügen sollte, welche Schnittstellen für den Scanneranschluß möglich sind und was bei Speichermedien und Druckern zu beachten ist.

Rechner

Abb. 1.17:
Ein Scannerarbeitsplatz
(Foto Canon Deutschland)

Um scannen zu können, benötigt Ihr Rechner einige Kapazitäten. Da Sie ja in der Regel mit Bildern arbeiten, müssen meist beträchtliche Datenmengen bewältigt werden. Bedenken Sie, daß ein gescanntes DIN A4-Farbbild mit einer Auflösung von 150 dpi und einer Farbtiefe von 24 Bit einer Datei von 6,4 MByte entspricht. Das gleiche Bild mit 300 dpi braucht bereits 25,5 MByte. Sie müssen jedoch davon ausgehen, daß das Bildbearbeitungsprogramm in der Regel für ein solches Bild das Drei- bis Fünffache an Arbeitsspeicher benötigt, um zügig damit arbeiten zu können.

Da Scannen nun einmal unvermeidlich mit Bildverarbeitung verbunden ist, sollten Sie sich die Systemanforderungen, die ein Bildverarbeitungsprogramm stellt, betrachten. Dazu als Beispiel die Systemanforderungen von Adobe Photoshop 5.0:

- Pentium oder schnellerer Intel-Prozessor
- Windows 95, Windows NT 4.0 oder höher
- 32 MByte Arbeitsspeicher (RAM)
  (64 MByte empfohlen)
- 80 MByte verfügbarer Festplattenspeicher
- Farbmonitor mit 256 Farben (8 Bit-Videokarte oder höher, 24 Bit-Farben empfohlen)
- CD-ROM-Laufwerk

Es ist jedoch nicht immer die neueste Software-Version nötig, um gute Ergebnisse zu erhalten. Vorgängerversionen sind meist um ein Vielfaches billiger und meist auch viel genügsamer, was die Systemanforderungen betrifft. Ein möglichst großer Arbeitsspeicher ist allerdings dringend zu empfehlen, denn wenn Ihr Arbeitsspeicher zu klein ist, beginnt Ihr Rechner auf Festplatte auszulagern, um sich den notwendigen Speicherplatz zu schaffen.

Allgemein gilt: lieber am Prozessor etwas sparen und das Gesparte in den Arbeitsspeicher investieren. Unterm Strich erhalten Sie so oft einen schnelleren Rechner für weniger Geld. Wenn Sie Ihren Prozessor nach einem Jahr durch das letztjährige Topmodell austauschen, haben Sie dann den optimalen Rechner um einiges billiger.

Bei der Auswahl Ihres Motherboards (Hauptplatine) sollten Sie unbedingt darauf achten, daß Ihr Arbeitsspeicher aufrüstbar ist und daß die sogenannte *cacheable area* dem Bereich des maximalen Arbeitsspeichers entspricht. Mit *cacheable area* wird der Bereich des Arbeitsspeichers bezeichnet, der durch den sehr schnellen Cache-Speicher zwischengespeichert werden kann, um dem Prozessor ei-

nen schnelleren Zugriff zu ermöglichen. Manche Hauptplatinen lassen sich zwar auf 256 MByte oder mehr aufrüsten, unterstützen aber nur 128 MByte mit ihrem Cache. Dies führt zu einem erheblichen Leistungseinbruch (Performanceeinbruch) und kann sogar zur Folge haben, daß ein Rechner nach der Aufrüstung langsamer ist als in der ursprünglichen Speicherausstattung.
Der Arbeitsspeicher sollte mit mindestens 128 MByte ausgestattet sein. 256 MByte sind optimal und garantieren zügiges Arbeiten.

Hinweise:
Wenn Sie 128 MByte überschreiten, sollten Sie sich für das Betriebssystem Windows NT entscheiden. Windows 95/98 bringt jenseits von 128 MByte keine Performancesteigerung mehr.

Sollten Sie sich mit dem Gedanken tragen, Ihren Arbeitsspeicher aufzurüsten, warten Sie damit nach dem Neukauf Ihres Rechners nicht zu lange. Oft ist ein Rechner nach einem Jahr schon so veraltet, daß Sie keine passenden Speicherbausteine mehr bekommen. Dieser Umstand wird von den Computerherstellern in aller Regel mit „zukunftssicherer Technologie" umschrieben.

Bildschirm und Grafikkarte
Da aus der Arbeit mit dem Scanner die Darstellung von Grafiken oder Bildern am Computer resultiert, achten Sie bei der Wahl Ihres Monitors darauf, daß eine Bildröhrendiagonale von 17 Zoll die untere Grenze der notwendigen Bildschirmgröße darstellt. Jeder Zoll Bildschirmdiagonale mehr ist bei der Arbeit eine Erleichterung. Ein kleinerer Bildschirm macht insofern keinen Sinn, als Sie damit nichts mehr erkennen können. Das liegt nicht zuletzt daran, daß viele Bildverarbeitungsprogramme große Teile des Bildschirms bereits mit Werkzeugen und Menüs belegen. Ein ständiges Herausvergrößern der zu bearbeitenden Bildbereiche ist zwar generell möglich, erweist sich aber in der Praxis als extrem arbeitsbehindernd. Um möglichst viel Platz für die zu bearbeitenden Bilder zu haben, sind professionelle Bildbearbeitungsarbeitsplätze oft mit zwei Monitoren ausgestattet, um die Darstellung der Werkzeuge vom Bereich der Bilddarstellung zu trennen.

1. Grundlagen

Unabhängig von der Monitorgröße sollte auch auf die Wahl der richtigen Bildröhrentechnologie geachtet werden. Es gibt Loch-, Streifen- und Schlitzmaskenröhren:

- Arbeiten Sie hauptsächlich mit Texten, Zahlen und Zeichnungen, ist für Sie die Lochmaske aufgrund ihrer hohen Detailgenauigkeit die richtige Wahl.
- Arbeiten Sie hauptsächlich mit Bildern und mit DTP, ist eine Streifenmaskenröhre zu empfehlen.
- Eine Kombination beider Röhrenarten stellt die Schlitzmaske dar.

Maskenart und Größe allein machen aber noch keinen guten Monitor. Weitere wichtige Punkte, die über die Qualität eines Monitors entscheiden, sind:

- die Höhe der möglichen Auflösungen und der Bildwiederholungsfrequenz,
- die Bildschärfe,
- die Konvergenz (exakte Zusammenführung der Elektronenstrahlen für die drei Grundfarben Rot, Grün und Blau),
- die Luminanz (Bildhelligkeit),
- die Homogenität der Weißfläche,
- die Farbreinheit
- und gebotene Einstellmöglichkeiten.

Weitere Faktoren wie Stromverbrauch, Strahlungsarmut und Recyclingfähigkeit sollten auch nicht außer acht gelassen werden. Um aber all diese Faktoren beurteilen zu können, sind bereits ein immenses Fachwissen und entsprechende Testvorrichtungen erforderlich. Daher ist ein Blick in eine Fachzeitschrift, in der ein Monitortest abgedruckt ist, sehr zu empfehlen. Sollten Sie sich jedoch selbst auf die Suche machen wollen oder von einem günstigen Angebot erfahren, beachten Sie folgendes:

- Wie hoch ist die maximale Auflösung des Monitors?
- Wie hoch ist die Horizontalfrequenz?

Hinweis:
Beachten Sie, daß ein Monitor an der Grenze seiner Auflösungsmöglichkeiten meist kein optimales Bild mehr liefert.

1.2 Hardware

Anhand der Angabe von Auflösung und Horizontalfrequenz können Sie sich bereits ein grundlegendes Bild von einem Monitor machen. Angenommen, Sie betrachten einen 17-Zoll-Monitor mit einer maximalen Auflösung von 1.280*1.024 Pixel und einer maximalen Horizontalfrequenz von 70 kHz. Für Sie ist nun interessant, wieviel Bilder pro Sekunde dieser Monitor bei einer Arbeitsauflösung von 1.024*768 Bildpunkten liefert (eine höhere Auflösung macht bei 17-Zoll-Monitoren meist keinen Sinn mehr, da die dargestellten Ikonen und Schriften unleserlich klein werden). Um dies auszurechnen arbeiten Sie mit folgender Formel:

```
Horizontalfrequenz / (Vertikalauflösung + 5 %) =
Bildwiederholungsfrequenz
```

Im obigen Beispiel würde das heißen:

```
70 kHz / (768 + 38) = 86 Hz
```

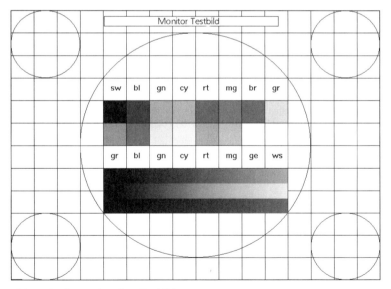

Abb. 1.18: Die Anzeige eines Testbildes

86 Bilder kann dieser Monitor bei der gewählten Auflösung pro Sekunde liefern. Dies ist ein sehr guter Wert. Um sich nun noch einen

abschließenden Eindruck zu verschaffen, müssen Sie den Monitor im Betrieb betrachten. Schauen Sie, ob er ein scharfes Bild darstellt (auch in den Ecken!). Auch eine Konvergenzabweichung erkennen Sie oft mit bloßem Auge: Wenn der Monitor horizontale oder vertikale dünne schwarze Linien auf weißem Hintergrund darstellen muß, werden diese dann mehrfarbig abgebildet. Die Darstellung eines Testbildes hilft hier weiter (vgl. Abb. 1.18). Scheuen Sie sich daher nicht, Ihren Händler danach zu fragen.

Auch hochweiße Flächen sollten, ohne einen flimmernden Eindruck zu hinterlassen, abgebildet werden. Vertrauen Sie im übrigen ruhig auf Ihr Auge. Es zeigt Ihnen schon, was es von dem Monitor hält. Lassen Sie dem Monitor jedoch etwas Zeit, um warm zu werden. Besonders bei großen Monitoren (20 und 21 Zoll) kann sich die Bilddarstellung nach einigen Minuten leicht verändern.

Fragen Sie auch nach der Strahlungsarmut. Einen Standard von *TCO 92* sollte der Monitor mindestens haben. Höhere Jahreszahlen bringen größtenteils nur zusätzliche Verbesserungen in der Umweltfreundlichkeit.

Die folgende Tabelle stellt verschiedene Bildschirmgrößen und die normalerweise verwendete oder anzustrebende Bildschirmauflösung zusammen.

Monitortyp	17 Zoll	19 Zoll	20, 21, 22 Zoll
Auflösung empfohlen	1024*768	1280*1024	1280*1024 oder mehr
sichtbare Bildschirmdiagonale	ca. 41 cm	ca. 45 bis 46 cm	ca. 49 bis 51 cm

Hinweis:
Beachten Sie, daß die angegebene Bildschirmgröße (z.B. 22 Zoll ca. 56 cm) oder auch Bildschirmdiagonale – mit Ausnahme von Flachbildschirmen – nie mit dem sichtbaren Arbeitsbereich übereinstimmt. Je nach Bildschirmgröße kommt es hier zu Differenzen von einigen Zentimetern. Selbst Monitore mit gleichen Bildröhrengrößen unterscheiden sich noch in ihren sichtbaren Bildschirmbereichen.

1.2 Hardware

Von Flachbildschirmen sollten Sie lieber absehen. Diese Technik besticht zwar durch sehr geringen Stromverbrauch, kleinste Platzansprüche und brilliante Farben, jedoch – abgesehen von vergleichbar sehr hohen Preisen – ist der visuelle Farbeindruck oft abhängig von der Bildschirmneigung, was für eine effektive Bildbearbeitung nicht sehr zuträglich ist. Sollten Sie doch einen solchen Bildschirm ins Auge gefaßt haben so gilt hier ganz besonders: Es prüfe wer sich „ewig" bindet.

Neben einem guten Monitor brauchen Sie nun noch eine passende Grafikkarte. Die Grafikkarte sollte die Fähigkeiten Ihres Monitors natürlich auch ausschöpfen können und genügend Speicherplatz für die gewünschte Farbtiefe (Anzahl der möglichen verschiedenen Farben) bei der darzustellenden Auflösung bieten. Wieviel Speicher Ihre Grafikkarte haben muß, können Sie selbst mit der folgenden Formel ausrechnen:

```
Bildschirmauflösung_horizontal *
Bildschirmauflösung_vertikal * gewünschte Farbtiefe in Bit /
8Bit/1024000 = MByte an Grafikspeicher
```

Ein Beispiel: Angenommen, Sie wünschen eine Grafikkarte für Ihren 17-Zoll-Monitor und streben eine Auflösung von 1.024*768 Pixel bei einer Farbtiefe von 32 Bit an. Die Formel lautet dann:

```
1024*768*32/8/1024000 = 3,072 MByte
```

Ihre Grafikkarte benötigt also einen Grafikspeicher von 4 MByte. Bei einem 21-Zoll-Monitor werden je nach Auflösung 8 oder mehr MByte benötigt.

Bei der Farbtiefeneinstellung wird in der Regel die sogenannte *Truecolor* (Echtfarbe) mit 24 oder 32 Bit verwendet, wobei der Zugriff auf den Grafikspeicher bei 32 Bit Einstellung schneller erfolgt. Der Bildaufbau erfolgt dann etwas schneller. Mehr über die Farbtiefe erfahren Sie in Abschnitt 2.3 (*Dichteumfang und Farbtiefe*).

Ein weiterer wichtiger Punkt ist die Anzahl der Bilder, die Ihre Grafikkarte in den verschiedenen Auflösungen liefern kann. Ein Wert von 75 Bildern pro Sekunde wird als akzeptabel angesehen, wobei auch hier gilt: je mehr desto besser. Wenn Ihr Monitor und Ihre Grafikkarte in der von Ihnen eingesetzten Auflösung 80-90 Bilder pro Sekunde liefern, ist ein augenschonendes Arbeiten gesichert. An

Monitor und Grafikkarte sollte also auf keinen Fall gespart werden. Beachten Sie auch, daß die Bildwiederholungsfrequenz in einem direkten Zusammenhang mit der gewählten Auflösung steht. Als Beurteilungskriterium werden von den Grafikkartenherstellern Übersichtstabellen erstellt, aus denen der Kunde schnell herauslesen kann, ob die betrachtete Grafikkarte für seine Zwecke in Frage kommt. In der folgenden Beispieltabelle ist gut zu erkennen, wie die Bildwiederholungsfrequenz mit wachsender Auflösung abnimmt.

Auflösung in Pixel	Maximale Bildwiederholung
640*480	200 Hz
800*600	200 Hz
1.024*768	130 Hz
1.152*882	110 Hz
1.280*1.024	100 Hz
1.600*1.200	85 Hz

Lassen Sie sich von der Angabe einer maximalen Bildwiederholungsfrequenz von 130 Hz nicht beeindrucken, wenn die dazugehörige Auflösung nicht angegeben ist.
Wenn Sie auf Ihrem Monitor eine Auflösung über 1024*768 Pixel eingestellt haben, sollten Sie bei der Wahl des Monitorkabels beachten, daß das normale VGA-Kabel hier an seine Grenzen stößt. Der Einsatz eines BNC-Kabels führt in der Regel zu einer besseren Bildqualität. Voraussetzung ist, daß Ihr Monitor die entsprechenden Anschlußmöglichkeiten vorweist. Die folgende Grafik zeigt links die Standard-Sub-D-Buchse (15-polig) und rechts die 5 BNC-Buchsen.

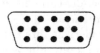

Abb. 1.19: Sub-D-Buchse (links) und BNC-Buchsen nebeneinander

Hinweis:
Viele Grafikkarten bieten die Möglichkeit eines virtuellen Bildschirms. Dies bedeutet z.B., daß Ihr Bildschirm nur einen Teil des im Grafikspeicher befindlichen Bildes anzeigt. Sobald Sie mit Ihrem Mauszeiger an den Bildschirmrand kommen, verschiebt sich der sichtbare Bildschirmbereich automatisch. Ihr Arbeitsbereich wird hierdurch größer. Bedenken Sie jedoch, daß je nach gewählter Farbtiefe und Auflösung mehr Grafikspeicher benötigt wird. Das Eigenschaften-Menü einer solchen Grafikkarte kann wie in der Abbildung 1.20 aussehen.

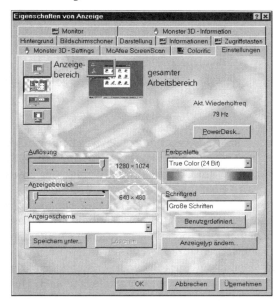

Abb. 1.20:
Im schematisch dargestellten Monitor werden Anzeigebereich und gesamter Arbeitsbereich unterschieden.

Schnittstellen

Beim Anschluß von Scannern an den Computer werden grundsätzlich drei Schnittstellentypen unterschieden. Es handelt sich hierbei um SCSI, Parallelport sowie USB. Die folgende Tabelle soll Ihnen einen kurzen Überblick geben. Der Vollständigkeit halber ist die serielle Schnittstelle auch mit aufgeführt.

1. Grundlagen

	SCSI	parallel	USB	seriell
max. Datenrate der Schnittstelle	80 MByte/s	2,4 MByte/s	1,5 MByte/s	14KByte/s
Gerätetypen	Scanner, Festplatten, externe und interne Laufwerke	Scanner, Drucker, externe Laufwerke	Scanner, Drucker, Tastatur, Monitor, Maus, externe Laufwerke	Modem, Maus, Joystick
max. Geräteanzahl	7 oder 15	1 (durchgeschleift 2)	127	1
max. Kabellänge	1,5-25m	1-5m	3-5m	20m

SCSI

SCSI (gesprochen *scasi*) kann als Urschnittstelle zwischen Scanner und Computer bezeichnet werden. Das heißt aber nicht, daß SCSI an Bedeutung verloren hätte. Im Gegenteil: Ein Scanner, der etwas auf sich hält, hat eine SCSI-Schnittstelle.
Der größte Vorteil der SCSI-Schnittstelle ist – abgesehen von der hohen Datenübertragungsgeschwindigkeit – die optimale Kompatibilität der verschiedenen SCSI-Protokolle. Im Klartext heißt dies, daß Sie auch noch nach Jahren Ihre Geräte am neuen Rechner – oder umgekehrt: neue Geräte am alten Rechner – anschließen können. Für einen SCSI-Controller müssen Sie allerdings je nach Hersteller und Ausführung zwischen 50 und 250 € einplanen. Im privaten Bereich macht die SCSI-Schnittstelle, von der Preisleistungsseite her betrachtet, erst Sinn, wenn mindestens zwei SCSI-Geräte an den Bus angeschlossen werden. Dann verteilt sich der Preis auf die Anzahl der Geräte. Ein weiterer Vorteil von SCSI ist das einfache Anschließen der einzelnen Geräte (je nach SCSI-Standard max. 7 bis max. 15). Außerdem bieten SCSI-Scanner oft die Möglichkeit, gleichzeitig an zwei Rechnern angeschlossen zu werden, was ein Netzwerk erspart.

1.2 Hardware

Was bei SCSI-Systemen jedoch zu beachten ist, ist die richtige Terminierung. Es handelt sich hierbei um das Setzen eines Abschlußwiderstandes (Terminator) an den beiden Enden der SCSI-Kette.

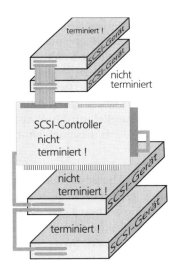

Abb. 1.21:
Die Kombination von internen und externen SCSI-Geräten an einem Strang

Die beiden Abb. 1.21 und 1.22 zeigen drei verschiedene SCSI-Konfigurationen.

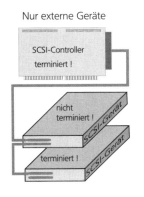

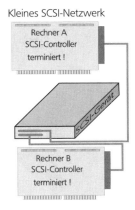

Abb. 1.22:
SCSI – extern zwei Scanner hintereinander oder ein Scanner zur Nutzung für zwei Rechner

1. Grundlagen

Parallelport

Der Parallelport, der oftmals auch einfach als Druckerport bezeichnet wird, kann zwar bei der Datenübertragungsgeschwindigkeit bei weitem nicht mit den maximalen Zahlen von SCSI mithalten, hat aber einen unverkennbaren Vorteil: Er wird bei jedem Computer ohne Aufpreis mitgeliefert. Auch ist diese Schnittstellenart bei Druckern und Scannern bereits weit verbreitet. Im Billigscannerbereich (bis 150 €) kommt es sogar vor, daß ein Parallelport-Scanner in der Datenübertragungsrate seinem SCSI-Pendant überlegen ist. Auch unterstützen moderne Parallelports EPP (*Enhanced Parallel Port*) und ECP (*Enhanced Capability Port*), womit Übertragungsraten bis zu 2,4 MByte/s realisiert werden. Beide Parallelport-Modi setzen natürlich voraus, daß das anzuschließende Gerät diese unterstützt.

USB

USB steht für *Universal Serial Bus*, was soviel heißt wie „universelle serielle Datenautobahn". Ziel von USB ist es, das oft heillose Kabelchaos an Computern bzw. deren Peripherie zu beseitigen. USB ist eine relativ schnelle serielle Schnittstellenform (für serielle Verhältnisse), an der eine Vielzahl heutiger Computerperipheriegeräte zusammengeschlossen werden können. Manche bezeichnen diese Form auch als „Schnell-Bus in die Zukunft", wobei der Begriff „schnell" mit Vorsicht zu genießen ist.

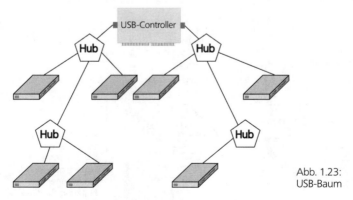

Abb. 1.23: USB-Baum

iMac von Apples bietet die Schnittstelle serienmäßig an, bei PCs ist Windows 98 erforderlich. Windows 95 unterstützt USB erst ab der

Version 95B OSR 2.1. Was die Hardware betrifft, unterstützen viele Motherboards ab dem Baujahr 1998 diese neue Schnittstellenform. Neue Motherboards haben mittlerweile alle einen US-Bus, was in Zukunft vielleicht eine Ablösung des Parellelports bringen wird. Ein Nachrüsten älterer Motherboards macht bei Preisen um die 50 € für eine USB-Zusatzkarte nur bedingt Sinn. Die USB-Schnittstelle findet sich an immer mehr Scannern, Druckern, Monitoren und Eingabegeräten. Obwohl die Daten bei USB seriell übertragen werden, liegt die maximale Übertragungsgeschwindigkeit bei 1,5 MByte/s. Bis zu 127 Geräte lassen sich an ein USB-Netz anschließen. Die Kabellänge kann bis zu 5 m betragen.

Eine wichtige Rolle beim USB spielen die sogenannten *Hubs*. Der Begriff *Hub* kommt aus dem Englischen und heißt im Deutschen soviel wie „Nabe" oder „Zentrum". Der Hub stellt eine Verteilereinrichtung zum Anschluß weiterer USB-Geräte dar. Während manche USB-Geräte – wie z.B. Digitalkameras oder Mäuse, die keine weiteren USB-Schnittstellen besitzen – direkt an die USB-Schnittstelle angeschlossen werden, sind viele andere Geräte mit solchen USB-Hubs ausgestattet. Daran können weitere USB-Hubs oder USB-Geräte, wie z.B. Scanner, angeschlossen werden. Hinter jedem USB-Hub verbirgt sich ein Prozessor, der die Daten nach Prioritäten im USB-Netz schnellstmöglich weiterleitet.

Die Möglichkeit, bis zu 127 Geräte an einen USB anzuschließen, wird in der Praxis kaum genutzt. Hinzu kommt, daß nur USB-Geräte mit einem integrierten Hub die Möglichkeit bieten, weitere Geräte an eine USB anzuschließen. Wenn Sie die bei neuen PCs standardmäßig vorhandenen zwei USB-Buchsen mit einer Maus und einem Joystick belegen, können Sie weitere Geräte nur anschließen, indem Sie etwa 50 € in einen zusätzlichen Hub investieren, der dann den Anschluß von bis zu fünf weiteren Geräten ermöglicht.

Ein weiterer, beim Anschluß von USB-Geräten zu berücksichtigender Umstand ist, daß die maximale Datenübertragungsrate von 1,5 MByte/s unter allen Geräten aufgeteilt wird. Solange Sie nur Ihren Scanner über die USB-Schnittstelle betreiben, entstehen dadurch keine Probleme. Kommen aber mehrere Geräte mit hohen Datentransferraten zusammen, die auch gleichzeitig genutzt werden, kommt es zum Datenstau. Im günstigsten Fall kommt es dann zu Wartezeiten, im ungünstigsten aber funktioniert nichts mehr.

USB eignet sich in erster Linie für Computernutzer, die oft wechselnde Hardware-Komponenten (wie z.b. verschiedene Digitalkameras, verschiedene Scanner oder wechselnde Drucker) an ihren Rechner anschließen.
Der in Abb. 1.23 dargestellte USB-Baum wird als *tiered star* bezeichnet, was ins Deutsche übersetzt soviel wie „verteilter Stern" bedeutet. Die dargestellten Hubs können sich auch innerhalb von Geräten befinden.

Speichermedien
Daß Scannen mit großen Datenmengen verbunden ist, haben Sie bereits erfahren. Um einen Eindruck davon zu bekommen, wie groß Bilddateien werden können, berechnen Sie anhand der nachfolgenden Formel den Speicherbedarf eines Scans.

```
Speicherbedarf in Byte=(Anzahl der Pixel*Farbtiefe in Bit+
Overhead)/8
```

Der Begriff *Overhead* bezeichnet einen Datenblock, der systemeigene Organisationsdaten enthält und an eine Datei mit angehängt wird. Daher werden Ihre Dateien immer größer als zunächst angenommen.
Wenn Sie sich die obige Formel bei Ihrer Arbeit immer parat halten, werden Sie Ihren Scanner bei der Einstellung der Auflösungswerte und der Farbtiefe besser einschätzen können. Ansonsten kann es passieren, daß 5 GByte Festplatte durch einmal Scannen aufgefüllt werden.
Im folgenden werden Festplatte, CD-Brenner, DVD-Rams, Zip-Laufwerke, MO-Laufwerke, Diskettenlaufwerke und Streamer angesprochen.

- Festplatte
  Die Größe der Festplatte stellt bei Standardspeichergrößen von 10-20 GByte kein großes Problem mehr dar. Was das Speichern von Bilddaten angeht, sind in der Regel 5 GByte ausreichend. Da der gefürchtete Headcrash (Aufschlagen des Schreib- und Lesekopfes auf die Datenträgeroberfläche und damit deren Zerstörung) zwar recht selten ist, aber nie vollkommen ausgeschlossen werden kann, sollten Sie ab einer gewissen Datenmenge auf der

1.2 Hardware

Platte diejenigen Dateien, die nicht so oft gebraucht werden, auf andere Medien auslagern.

- CD-Brenner
  Für die Archivierung von Festplattendaten werden Sie momentan kaum etwas Kostengünstigeres als die CD finden. Jeder moderne PC ist mit einem CD-Rom-Laufwerk ausgestattet, was die Weitergabe von Daten optimal vereinfacht. 8-fach-Brenner werden inzwischen zu Preisen unter 400 € angeboten (Tendenz fallend). Auf selbstgebrannten CDs haben Sie Ihre Festplattendaten sicher archiviert und jederzeit schnell verfügbar.
- DVD-Ram-Laufwerke
  DVD-Ram-Laufwerke werden den CD-Brennern in ein bis zwei Jahren sicher den Rang ablaufen. Mit einer Speicherkapazität von 5,2 GByte (2,6 GByte pro Seite) sind sie CDs jetzt schon überlegen. Außerdem soll die Speicherkapazität noch weiter steigen. Das momentane Handicap dieser Laufwerke liegt jedoch darin, daß DVD-Rams zum Lesen auf ein DVD-Ram-Laufwerk angewiesen sind. Selbst ein DVD-Laufwerk ist dazu nicht in der Lage.
- Zip-Laufwerke
  Zip-Laufwerke haben sich in den letzten Jahren als Ergänzung zu Diskettenlaufwerken etabliert. Sie arbeiten ähnlich wie diese mit flexiblen Magnetscheiben. Bei einer Speicherkapazität von 100 bzw. 250 MByte bieten sie sich für den Datenaustausch zwischen Computersystemen an. Für diejenigen, die mehr Speicherkapazität wünschen, gibt es noch die sogenannten *Jaz*-Laufwerke, deren Speicherkapazität bis zu 2 GByte reicht.
- MO-Laufwerke
  Das Kürzel MO steht für magneto-optisch. Es bezeichnet die Aufzeichnungsart des Laufwerks. Das Magnetfeld des Schreibkopfes richtet Teilchen aus, die zuvor durch die Hitze eines Laserstrahls beweglich gemacht wurden. MO-Laufwerke zeichnen sich durch ihre hohe Datensicherheit aus, da die Datenträger im Gegensatz zu Disketten oder Zip-Disketten gegenüber magnetischen Einflüssen bei Normaltemperaturen unempfindlich sind. Die Speicherkapazitäten liegen gewöhnlich bei 230 MByte, 650MByte oder 1,3 GByte. Die Verbreitung von MO-Laufwerken und die daraus resultierende Datenaustauschfähigkeit ist vergleichsweise gering.

- Diskettenlaufwerke
  Diskettenlaufwerke sind aufgrund ihrer relativ geringen Speicherkapazität zwar nur bedingt zur Archivierung von Bilddaten geeignet, jedoch ist eine 120- oder 200-MByte-Diskette für den Datenaustausch zwischen Computern bereits interessant. Die Bedingung dafür ist jedoch, daß beide Geräte mit einem solchen Laufwerk ausgestattet sind.
- Streamer
  Streamer sind Bandlaufwerke zur Datensicherung ganzer Festplattenspeicher. Sie bieten sich an, wenn schnell große Datenmengen gespeichert werden sollen, die später komplett oder in großen Teilbereichen wieder zurückgespielt werden. Moderne Streamer haben Speicherkapazitäten bis 50 GByte. Wenn jedoch ein schneller Zugriff auf einzelne Dateien aus einem großen Datenblock notwendig ist, sollte von Streamern abgesehen werden.

Die folgende Tabelle zeigt alle Speicherarten im Überblick. Mit „Datenaustausch" ist hier in erster Linie die Verbreitung der Laufwerksarten in Computersystemen und die daraus resultierende Möglichkeit der Datenweitergabe gemeint.

Massenspeicher	Speicherkapazität	Datenaustausch
Festplatten	bis 30 GByte Tendenz steigend	sehr eingeschränkt möglich
CD-Brenner	650-700 MByte	vorzüglich
DVD-RAM-Laufwerke	5,2 GByte Tendenz steigend	noch sehr eingeschränkt
Zip-Laufwerke/ Jaz-Laufwerk	100 MByte, 250 MByte/ 2GByte	befriedigend
MO-Laufwerke	230 MByte, 650 MByte, 1,3 GByte	eingeschränkt
Diskettenlaufwerke	bis 1,4 MByte/ 120 MByte/200MByte	vorzüglich/ eingeschränkt
Streamer	bis ca. 50 GByte	eingeschränkt

Hinweis:
Manche Hersteller bieten ihre Laufwerke auch zum Anschluß an die parallele Schnittstelle oder an den USB an. In diesem Fall genügt ein Gerät für die Weitergabe von Daten. Auf Quell- und Zielrechner muß lediglich die Software für den Datenaustausch installiert werden. Besonders bei häufig wechselndem Zielrechner ist dies eine echte Alternative.

Drucker
Da eine Beschreibung großer Offsetdruckmaschinen den Rahmen dieses Buches sprengen würde, soll an dieser Stelle nur kurz auf den wohl zur Zeit am weitesten verbreiteten Druckertyp und seinen Nachfolger in spe eingegangen werden.

- Tintenstrahldrucker
  Der Tintenstrahldrucker hat sich in den letzten Jahren zum Allround-Gerät entwickelt. Kostengünstig in der Anschaffung, kann er fast alles in ordentlicher Qualität zu Papier bringen. Was bei der Anschaffung eines solchen Geräts jedoch zu beachten ist, um nicht an den Folgekosten (Druckkosten) zu verzweifeln, wird im folgenden kurz zusammengefaßt.
  - Die Farbpatronen sollten möglichst groß sein, die einzelnen Farben getrennt und einzeln austauschbar.
  - Farbpatronen sollten auch von Fremdanbietern erhältlich sein (oft halber Preis).
  - Es sollte möglich sein, Patronen wieder nachzufüllen.
  - Der Drucker muß über eine separate Schwarz-Patrone verfügen.
  - Der Drucker sollte auch ohne Spezialpapier gute Ergebnisse liefern.
  - Nicht nur die Preise der Geräte, sondern unbedingt auch die des Verbrauchmaterials sollten verglichen werden.
- Farblaserdrucker
  Farblaserdrucker waren bis vor ca. einem Jahr für den Privatbereich absolut unerschwinglich. Seit jedoch die ersten Geräte mit Preisen ab 1.500 € mit guten Druckergebnissen auf dem Markt sind, entwickelt sich langsam eine Konkurrenz zum Tintenstrahldrucker. Die hohe Druckgeschwindigkeit bei guter Druckqualität

und die erheblich geringeren Druckkosten machen solche Geräte interessant. Allerdings weisen Farblaserdrucker gegenüber Tintenstrahldruckern ein Manko auf: Wenn Sie Bilder mit überwiegend schwachen Pastelltönen haben, kann es vorkommen, daß diese im Druck viel zu stark kommen. Dieser Umstand wird als Tonwertzuwachs bezeichnet und ist bei Druckern generell zu beachten. Jedoch kann diesem Problem im Bereich sehr heller Farben beim Laserdrucker kaum entgegengewirkt werden. 10 % Deckung sind von 5 % Deckung bei der selben Farbe oft nicht zu unterscheiden.

1.3 Software

Beim Erwerb eines Scanners erhalten Sie in aller Regel auch dazugehörige Software. Neben der Treiber-Software (TWAIN-Schnittstelle) und einem zu Ihrem Scanner gehörenden Scanprogramm enthält das mitgelieferte Software-Paket oft ein Bildbearbeitungsprogramm und eine Texterkennung. Je nach Scannerhersteller und Scannerpreis unterscheiden sich diese Softwares extrem in ihrer Qualität. Von halbwegs ausreichenden Minimallösungen bis zur absoluten Profi-Software kann die Spannweite gehen.

1.3.1 Die TWAIN-Schnittstelle

Mit der Qualität der zum Scanner gehörenden Software (hier ist nicht die Bildverarbeitungs-Software gemeint) steht und fällt die Qualität so manchen Scanners. Gemeint ist hier das Bindeglied zwischen der Hardware des Scanners und dem die Scannerdaten weiterverarbeitenden Programm (z.B. Bildverarbeitung). Dieses Bindeglied hat den Namen TWAIN-Treiber oder TWAIN-Schnittstelle. Die Abkürzung TWAIN steht für *Technology without an interesting name* (zu deutsch: „Technologie ohne einen interessanten Namen"). Alle gängigen Programme, die mit Daten von Scannern arbeiten, setzen auf diesen Schnittstellenstandard auf. Durch die TWAIN-Schnittstelle erhält z.B. Ihr Bildbearbeitungsprogramm die digitalen Bilddaten direkt von Ihrem Scanner, ohne daß eine Zwischenspeicherung nötig ist. Außerdem hat die Qualität der TWAIN-Schnittstelle auch maßgebenden Einfluß auf die Geschwindigkeit des Scan-

1.3 Software

ners. Der große Vorteil der TWAIN-Schnittstelle liegt darin, daß sowohl Scannerhersteller wie auch Hersteller weiterverarbeitender Software sich nicht darum kümmern müssen, daß jedes Gerät mit jeder Software – und umgekehrt – zusammenpaßt. Beide müssen sich nur an den TWAIN-Standard halten.

1.3.2 Scanner-Software

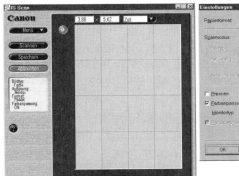

Abb. 1.24: Einfache Scan-Software

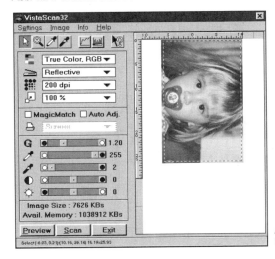

Abb. 1.25: Umax-Scanner-Software

1. Grundlagen

Bei der Scanner-Software handelt es sich um eine dialogunterstützte Software, die Ihnen Einstellmöglichkeiten für den Scanvorgang zur Verfügung stellt. An der Vielzahl und Qualität dieser Einstellmöglichkeiten wird auch die Qualität der Scanner-Software und nicht zuletzt des Scanprodukts gemessen. In der Abb. 1.24 sehen Sie ein einfaches Beispiel einer Scan-Software. Einstellmöglichkeiten sind durch Automatismen ersetzt. Der Anwender hat kaum Einflußmöglichkeiten, wird dafür aber auch nicht überfordert.

Umax und *Microtek* sind Beispiele dafür, wie Scanprogramme noch aussehen können.

Die Umax-Scanner-Software (Abb. 1.25) gibt Ihnen alle wichtigen Einstellmöglichkeiten an die Hand. Gammakorrektur und Histogramm sind ebenso vorhanden wie z.B. Weißpunkt und Schwarzpunkt.

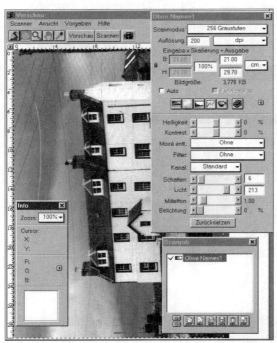

Abb. 1.26: Microtek-Scanner-Software

Auch bei *Microtek* (Abb. 1.26) finden Sie alle nötigen Funktionen, auch wenn hier der erste Eindruck für den Einsteiger etwas verwirrend ist. Die Scanner-Software von Umax und Mikrotek bietet umfassende Funktionen. Die Vielfalt der Einstellmöglichkeiten wirkt zwar anfangs etwas übertrieben, aber Sie werden bald froh sein um jede Einstellmöglichkeit, die Sie selbst vornehmen können. Oft versuchen Scannerhersteller Ihre Scanner-Software so zu automatisieren, daß keine Möglichkeit der manuellen Manipulation bleibt. Das mag auf den ersten Blick recht komfortabel erscheinen, aber nur, solange Ihre Vorlagen keine Besonderheiten aufweisen. Es lohnt sich also, vor dem Scannerkauf einen Blick auf die Scanner-Software zu werfen – die beste Hardware macht keinen Sinn, wenn die Software-Unterstützung nicht paßt.

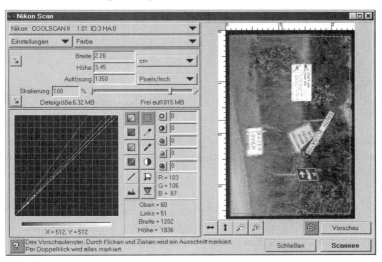

Abb. 1.27: Nikon-Software

Die Abbildung 1.27 zeigt die Scanner-Software eines Filmscanners der Firma *Nikon*. Die Nikon-Software baut bei der Gammakorrektur auf eine grafische Darstellung und unterscheidet zusätzlich auch die Farbbereich.

Wie Sie sehen, kann die Art der Einstellmöglichkeiten sehr unterschiedlich sein. Aber auch hier finden Sie alles, was Sie später für einen guten Scan als Voraussetzung benötigen. Die Scanprogramme der Umax- und Nikon-Scanner sind firmenspezifisch. Sie sind beide anfangs etwas kompliziert. Eine sowohl in Hinsicht auf den Automatismus als auch für professionelle Ansprüche optimale Lösung bietet hier die Firma *Lasersoft* mit ihrem Produkt *SilverFast*. Neben einem sogenannten *ScanPilot*, der Sie Schritt für Schritt durch die Scanvorbereitungen leitet und Ihnen Ihre Arbeit stark vereinfacht, bietet diese Scansoft jede nur denkbare Einstellmöglichkeit.

Abb. 1.28:
Links der ScanPilot, rechts das Densitometer

Der ScanPilot dient dem schnellen Scannen. Das *Densitometer* vereinfacht durch den vergrößerten Bildausschnitt eine Plazierung von Weiß- und Scharzpunkt.

Hinweis:
Achten Sie beim Scannerkauf darauf, ob es für Ihren Scanner eine Version von SilverFast gibt. Wenn ja, sprechen Sie Ihren Händler darauf an. Oft erhalten Sie eine solche Software für einen Spottpreis, wenn Ihnen Ihr Händler ein Bundle (Hardware+Software, siehe auch unter Abschnitt 1.3.3) anbieten kann.

Das Hauptfenster von SilverFast stellt sich wie in der Abb. 1.29 dar. Unter der Internetadresse *http://www.lasersoft-imaging.com* können Sie sich selbst ein Bild machen, indem Sie sich eine Demoversion herunterladen.

1.3 Software

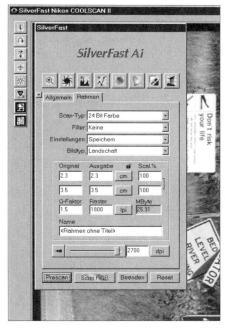

Abb. 1.29:
Das Hauptfenster von SilverFast

Eine Einschränkung muß zu SilverFast aber noch gemacht werden: Leider werden bis dato nur SCSI-Scanner von dieser Software unterstützt. Die Firma LaserSoft ist jedoch bereits dabei, die Unterstützung auch auf Parallelport- und USB-Scanner auszuweiten.

1.3.3 Bildverarbeitungs-Software

Wenn Sie Bilder scannen, um diese dann am Computer zu bearbeiten, benötigen Sie ein Bildbearbeitungsprogramm. Meist werden in Verbindung mit dem Scanner bereits Bildbearbeitungsprogramme angeboten. Einige Hersteller liefern selbst Programme wie Adobe Photoshop in der LE-Version mit. Oft bietet Ihnen auch Ihr Händler sogenanntes Bundling an. Damit ist gemeint, daß Sie Software in Verbindung mit dem Gerätekauf günstiger erwerben können. Der Vorteil hierbei ist, daß Sie sich die gewünschte Software in vielen Fällen selbst aussuchen können. Die Preisersparnis im Vergleich zum getrennten Software-Kauf ist meist immens. Vollversionen gibt es oft für ein Viertel des regulären Preises. In vielen Fällen reichen allerdings auch Lightversionen vollkommen aus. Die Lightversion von Photoshop wird im Bundling bereits für 45 € angeboten. Dies ist nicht viel Geld für eine Software, die von Experten in ihrer Vollversion als das Non Plus Ultra auf dem Bildbearbeitungsprogrammsektor angesehen wird.

Abb. 1.30: Photoshop von Adobe Systems

Lassen Sie sich am besten verschiedene Programme vorführen oder studieren Sie einen Test in den Computerzeitschriften. Wenn Sie nicht die Katze im Sack kaufen wollen, bieten sich auch oft Testversionen an, anhand derer Sie sich zunächst ein Bild über eine Software machen können. Diese Testversionen kosten nichts und haben entweder eine begrenzte Laufzeit, z.B. 30 Tage, oder es sind zeitlich unbegrenzte Versionen, die jedoch weder einen Drucker ansteuern noch die erstellten Bilder speichern können. Um an solche Testversionen zu kommen, gibt es verschiedene Wege. Zum einen werden sie oft auf den CDs in Computerzeitschriften mitgeliefert. Besonders Zeitungen, die sich mit Foto usw. beschäftigen, sind hier besonders zu empfehlen. Ansonsten ist der beste Weg ein Blick ins Internet.

1.3 Software

Nach den folgenden Beispielen werden einige Adressen aufgelistet, wo Sie Downloads oder Infos zu Programmen finden.

Abb. 1.31: Corel Photo-Paint

- Auch *Corel Photo-Paint* präsentiert sich mit vielen Bearbeitungsmöglichkeiten und wird nicht nur im Privatbereich geschätzt.
- *PaintShop Pro* ist bei Heimanwendern eines der beliebtesten Bildbearbeitungsprogramme.

Hinweis:
Ganz allgemein ist es auch von Vorteil, wenn die Menüs Ihrer Scan-Software und die der Bildbearbeitungs-Software sich weitgehend ähneln. Dadurch tun Sie sich bei Einstellarbeiten wesentlich leichter, da Sie die Bedienung verschiedener Funktionen nur einmal lernen müssen.

Folgende Internet-Adressen sind zu empfehlen:

- *http://www.adobe.de*
- *http://www.ulead.de*
- *http://www.corel.com*

1. Grundlagen

- http://www.macromedia.com
- http://www.pl32.com
- http://www.angelfire.com/hi/megalux/
- http://www.jasc.de

Abb. 1.32: PaintShop Pro

Im Anhang dieses Buches finden Sie alle im Buch aufgeführten Internet-Adressen nach Themenbereichen noch einmal zusammengestellt.

1.3.4 Texterkennungs-Software (OCR-Software)

Die Abkürzung OCR (*Optical Character Recognition*) kommt aus dem Englischen und bedeutet wörtlich übersetzt „optische Zeichenerkennung". Beim Scannererwerb erhalten Sie oft eine abgespeckte Version eines solchen Programmes mit dazu. Für den Heimanwender sind diese Versionen meist ausreichend. Trotz sehr hoher Erkennungsraten gilt aber allgemein die Regel: Wenn Sie gute Schreibmaschinenkenntnisse haben, sind Sie mit Abtippen meist schneller, da Sie die durch Texterkennung umgesetzten Texte immer nachlesen müssen. Nur so können Sie sichergehen, daß wirklich alles stimmt. Wenn Sie besonderes Interesse an einer Texterkennungssoftware haben, sollten Sie wieder auf Bundling achten.

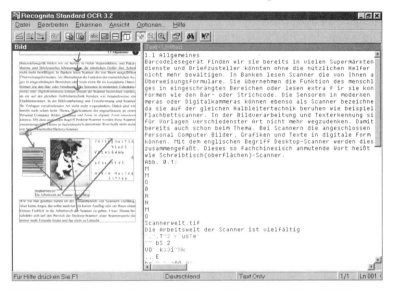

Abb. 1.33: Das Programm „Recognita" – links das Ausgangsprodukt, rechts das Ergebnis

Das Programm *Recognita* zeigt sich z.B. recht anwenderfreundlich und ist auch von Laien leicht zu bedienen.

In der folgenden Liste finden Sie ein paar Internet-Adressen zu OCR-Software, wo Sie sich Demoversionen herunterladen können.

- *http://www.caere.com*
- *http://www.irisusa.com*
- *http://www.textbridge.com*
- *http://www.recognita.hu*
- *http://www.mitcom.de*

1.3.5 Hilfsmittel im Überblick

Neben der bis jetzt beschriebenen Software werden noch weitere Hilfsmittel bei der Arbeit mit Bilddateien angeboten. Dies sind insbesondere Bild- und Grafikdateibetrachter – sogenannte *Datei-*

Browser – sowie Zusatzprogramme und Filter für bestehende Bildverarbeitungsprogramme – sogenannte *Plugins*.

Grafikdatei betrachter

Die wenigsten Bildbearbeitungsprogramme geben Ihnen die Möglichkeit, sich schnell einen Überblick über mehrere Bilddateien in Form von kleinen Bildüberblicken – sogenannten *Thumbnails* – zu verschaffen. Dies ist immer dann interessant, wenn man ein Bild sucht, dessen Namen man nicht mehr weiß. Ein schneller Überblick erspart dann eine langwierige Suche. Dazu verhelfen Grafikdateibetrachter. Sie werden oft als Shareware oder Freeware angeboten.

Abb. 1.34: Thumbnails

Auf diese Art haben Sie schnell einen Überblick über Ihre Bilddaten und können das gewünschte Bild auswählen.
In der folgenden Liste finden Sie ein paar Internet-Adressen zu Grafikdateibetrachtern. Neben regulärer Software finden Sie auch Free- und Shareware.

1.3 Software

- *http://www.acdsystems.com* (Shareware)
- *http://www.geocities.com/siliconvalley/vista/8125* (Freeware)
- *http://www.firehand.com* (Shareware)
- *http://www.softcomp.de*
- *http://www.kellydata.de/produkte/thumbs/download.htm* (Shareware)

Plugins

Plugins sind Zusatzkomponenten zu bestehenden Programmen, wobei hier ausschließlich Bildbearbeitungsprogramme gemeint sind. Es werden Plugins zu allen nur erdenklichen Bildmanipulationen oder Bildverbesserungen angeboten. Ein besonders leistunsstarkes Plugin ist das von der Firma *Extensis* angebotene *Intellihance*. Es optimiert Bilder per Knopfdruck und erzielt dabei beachtenswerte Ergebnisse. Wenn Sie sich die Homepage von Extensis anschauen, werden Sie sich wundern, was Ihnen dort alles offeriert wird. Extensis bietet viele 30-Tage-Testversionen an, die so manchen Fehlerwerb vermeiden helfen. Hier noch zwei Internet-Adressen:

- *http://www.extensis.com/German*
- *http://www.digimarc.com*

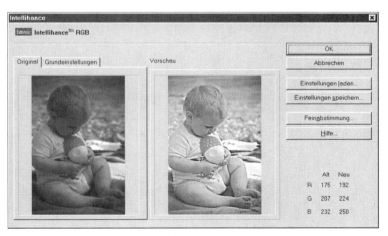

Abb. 1.35: Links ein viel zu dunkles Original, rechts die Vorschau von Intellihance

1. Grundlagen

Abb. 1.36:
Die Internet-Seite von Extensis

2. Grundlagen der Bildverarbeitung

Der zweite große Abschnitt dieses Buches beschäftigt sich mit den Bereichen Systemkalibrierung, Farbsysteme, Dichteumfang, Farbtiefe und Grafikdateiformate.
Sie erfahren, welche Möglichkeiten es gibt, Ihr System zu optimieren. Des weiteren erfahren Sie etwas über Farbsysteme, um die Zusammenhänge zwischen Scanfarbe, Bildschirmfarbe und Druckfarbe besser zu versehen. Mit den Begriffen „Dichteumfang" und „Farbtiefe" wird Grundwissen rund um den Scan und die Bildverarbeitung vermittelt, und zuletzt können Sie selbst entscheiden, welches Grafikdateiformat für Ihre Bilder das richtige ist.

2.1 Die Gammafunktion

Wenn Sie sich mit Scannen und Bildverarbeitung beschäftigen, werden Sie sehr bald auf den Begriff „Gamma" stoßen. Was ist damit gemeint?

```
korrigierte Helligkeit = Helligkeit^Gamma
```

Gamma ist also ein Wert, der Helligkeitswerte verbessert, oder sagen wir besser: verändert. Durch die Verwendung der Gammafunktion auf ein Bild können Sie dessen Bildpunkte aufhellen oder auch abdunkeln. Der Wertebereich der Helligkeit geht von 0 bis 1 (schwarz bis weiß). Der Wert Gamma gleich 1 gilt als Neutralwert da:

```
korrigierte Helligkeit = Helligkeit
```

In der Darstellung einer Gradationskurve (Darstellung von Gamma, Helligkeit und Kontrast von jedem Punkt der Tonwertskala), auch als Gammakurve bezeichnet, stellt Gamma = 1 eine Gerade dar.

2. Grundlagen der Bildverarbeitung

Abb. 2.1:
Die Gerade zeigt an, daß Eingabe- und Ausgabewert der einzelnen Helligkeitsstufen gleich sind.

Wird der Gammawert kleiner als 1, erfährt das Bild eine Aufhellung. Steigt er über 1 wird das Bild abgedunkelt.

Die Gammafunktion wirkt sich nur auf die Helligkeitswerte zwischen schwarz und weiß (Mitteltöne) aus. Scharz und Weiß selber sowie die dunklen und hellen Bildbereiche bleiben unverändert. Anhand zweier Gammakurven können Sie diesen Umstand gut betrachten.

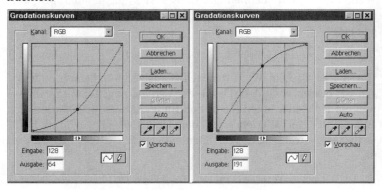

Abb. 2.2: Links ein Gamma größer als 1: das RGB-Bild wird dunkler; rechts ein Gamma kleiner als 1: das RGB-Bild wird heller.

Wenn Sie mit Ihrem Scannprogramm vertraut sind, ist Ihnen nun vielleicht aufgefallen, daß mit Erhöhung Ihres Gammawertes das

2.1 Die Gammafunktion

Bild immer heller wird. Das Problem liegt darin, daß einige Hersteller von Scanner-Software oft eine etwas „zurechtgerückte" Interpretation des Wertes Gamma haben.

Damit ist gemeint, daß bei der Gammawertangabe das sog. Quell-Gamma gefragt wird. Bei einer solchen Betrachtung verkehrt sich natürlich das Ergebnis ins Gegenteil: Ein Gammawert unter 1 dunkelt ab, ein Wert über 1 hellt nun auf. Angenommen, Sie haben ein zu dunkles Bild. Sie schieben den Gammaregler von dem Ausgangswert 1,0 auf den Wert 2,0. Dies ist nun Ihr Quell-Gamma. Es zeigt Ihnen den Gammawert, den Ihr noch nicht korrigiertes Bild hat. Nach der Übertragung des Bildes von der Scanner-Software in ein Bildbearbeitungsprogramm soll die korrigierte Bilddarstellung ein Gamma von 1,0 darstellen (Ziel-Gamma). Sie stellen sozusagen den aktuellen Dunkelheitswert des zu dunklen Bildes ein, um dem Programm zu sagen, von was es ausgehen soll. Das Ziel-Gamma = 1 kennt das Programm. Ihre Bildvorschau, die sich bei dem Einstellvorgang mitverändert, zeigt Ihnen, wie Ihr Bild mit dem Zielgamma aussehen wird. Einen solchen Quell-Gammaregler aber dann mit G für Gamma zu bezeichnen, ist bei Betrachtung der mathematischen Definition nicht ganz richtig. Daher sind auch einige Hersteller bereits von dieser Bezeichnung abgerückt und nennen diesen Regler „Mitteltöne".

Beim Einsatz der Gammafunktion werden grundsätzlich zwei Bereiche unterschieden: Zum einen hat die Funktion bei der Systemkalibrierung ihren Platz, da verschiedene Geräte, wie z. B. Scanner, Monitor und Drucker, immer einen gewissen Fehler bei der Farbinterpretation bzw. -darstellung aufweisen. Um solche Fehler zu kompensieren, wird die Gammafunktion eingesetzt. Es ist hierbei auch wichtig, daß sich eine solche Gammakorrektur nicht nur auf den gesamten Farbbereich bezieht, sondern daß jeder Farbkanal separat eine Korrektur erfährt.

Zum anderen finden Sie die Gammafunktion in Scan- und Bildbearbeitungsprogrammen, wo Sie Ihnen die Möglichkeit zur Korrektur von Bildfehlern gibt. Gerätefehler sollten zu diesem Zeitpunkt aber bereits ausgemerzt sein, da sich eine Bildkorrektur sonst bei der Datenweiterverarbeitung, beim Drucker oder auf einem anderen System eher als Bildverschlechterung erweisen könnte.

Welche detaillierten Einstellungsmöglichkeiten Ihnen die Gammafunktion bzw. die mit ihr verbundenen Hilfsmittel bieten, erfahren Sie noch im Laufe des Buches.

2.2 Systemkalibrierung

Der Idealzustand wäre, eine Vorlage auf den Scanner zu legen und anschließend auf dem Bildschirm oder dem Drucker ein absolut identisches Abbild der Vorlage zu erhalten. Eine gewisse Annäherung an dieses Ideal ist möglich.

Der Grund, überhaupt eine Kalibrierung durchzuführen, liegt in der unterschiedlichen Farbinterpretation verschiedener Geräte. Mit verschiedenen Geräten sind nicht nur Scanner, Monitore und Drucker gemeint, sondern ebenso zwei Monitore verschiedener oder sogar des gleichen Herstellers. Jedes Gerät hat einen internen Darstellungs- bzw. Erkennungsfehler. Es ordnet Farbdaten nicht exakt der richtigen Farbe zu. Daher ist auch das Grundziel einer jeden Kalibrierung, diese Interpretationsabweichungen verschiedener Geräte zu erfassen und zu korrigieren. Erst wenn Scanner, Monitor und Drucker für das gleiche Datum die gleiche Farbe liefern, ist ein System optimal kalibriert.

Das Ziel der Systemkalibrierung ist aber nicht nur ein optimales Ergebnis auf Ihrem Rechner, sondern liegt ebenso darin, Ihr System so abzustimmen, daß die von Ihnen erstellten Bilder auch von anderen kalibrierten Systemen fehlerfrei dargestellt und weiterverarbeitet werden können.

Unabhängig davon sollte das Mindestziel einer Kalibrierung sein, daß Ihr System annehmbare Ergebnisse liefert, jeweils im Hinblick auf den Verwendungszweck: Ist Ihr Ziel ein Hochglanzprospekt mit Reproduktionen von Picasso-Gemälden, werden Sie kaum Kompromisse eingehen können. Werden Ihre Bilder aber nur für den privaten Bereich und auf Ihrem Rechner betrachtet sieht die Sache vielleicht schon anders aus.

2.2.1 Monitorkalibrierung

Bei der Monitorkalibrierung wird einmal ganz grundsätzlich zwischen einer Kalibrierung, die sich nur auf ein bestimmtes Anwendungsprogramm bezieht, und der globalen Kalibrierung mit direkter Beeinflussung der Grafikkarte unterschieden.

Vorbedingungen

Bevor Sie sich nun ans Kalibrieren Ihres Monitors machen, sollten Sie sich zunächst etwas Zeit nehmen und Ihren Monitor auf normale Betriebstemperatur kommen lassen. Eine halbe Stunde ist hier angemessen, da sich in der ersten halben Stunde die Darstellung des Monitors leicht ändern kann. Wenn Sie hierbei den Raum verlassen, denken Sie bitte dabei daran, die Energiesparfunktionen Ihres Monitors zu deaktivieren.

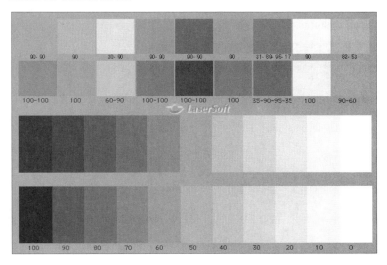

Abb. 2.3: Die Monitortestdatei der Firma Lasersoft mit Graukeil und Angabe des Schwarzwertes in Prozenten

Bei der Raumbeleuchtung sollten Sie darauf achten, daß diese Ihrer normalen Arbeitsbeleuchtung entspricht, da die Lichtreflexionen an der Monitorscheibe den Bildeindruck immens beeinflussen können. Nun sollten Sie Ihre Monitorhelligkeit auf ein richtiges Maß einstellen. Stellen Sie hierzu zunächst den Kontrast auf einen Ihnen angenehmen Wert ein. Laden Sie dann einen Graukeil in Ihrem Bildverarbeitungsprogramm und regeln Sie nun die Helligkeit und, falls notwendig, auch den Kontrast so, daß das schwarze Feld schwarz und das weiße Feld weiß erscheint. Beachten Sie bei dieser Einstellung, daß die Abstufungen zu den rechts bzw. links angrenzenden Feldern mit 90 % bzw. 10 % grau noch gut zu erkennen sind. Nun sollten Sie die Monitoreinstellungen nicht mehr ändern. Falls die Abstufungen innerhalb des Graukeils noch nicht richtig erscheinen, wird dies später durch Gammakorrekturen behoben.

Programmspezifische Kalibrierung

Bildbearbeitungsprogramme bieten in aller Regel ein Werkzeug zur Monitorkalibrierung. Eine so durchgeführte Kalibrierung ist dann als Insellösung zu sehen und bezieht sich nur auf das jeweilige Programm. Ein einfaches Beispiel hierfür bietet PhotoImpact der Firma Ulead Systems.

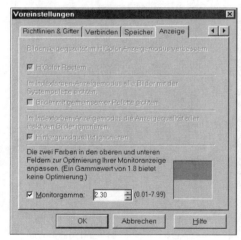

Abb. 2.4:
Bei PhotoImpact wird das gesuchte Monitorgamma mit Hilfe eines kleinen Gamma-Testmusters rechts unten im Bild bestimmt.

Das Gamma-Testmuster beruht auf einem ganz einfachen Prinzip: Es werden zwei Flächen, die eine als Grauton oder RGB-Farbton und die andere als schwarz/weiße bzw. RGB/weiße Schachbrettmusterflächen gegenübergestellt. Der Grauton bzw. Farbton wird nun so verändert, daß aus einer gewissen Entfernung (Betrachtungsabstand zum Monitor) beide Flächen identisch erscheinen. Hierzu muß gesagt werden, daß das menschliche Auge das sehr feine Schachbrettmuster nur noch als Farbton erkennt. Durch die Kombination von z. B. Schwarz und Weiß entsteht der Eindruck eines

2.2 Systemkalibrierung

50 % Grautons. Bei den RGB-Farbkanälen geschieht das gleiche. Erst wenn Sie für den Monitor das richtige Monitorgamma eingestellt haben, wird der Grauton dem Schachbrettgrauton entsprechen.

Abb. 2.5: Ein Gamma-Testmuster

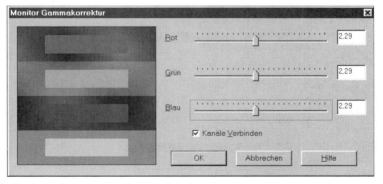

Abb. 2.6: Die Gammakorrektur von PaintShop Pro

Bei PaintShop Pro haben Sie die Möglichkeit, das Monitorgamma für jeden Farbkanal separat abzustimmen.

2. Grundlagen der Bildverarbeitung

Probieren Sie es aus: Aus der Nähe betrachtet, ist das feine schwarz/weiße Schachbrettmuster erkennenbar; wenn Sie den Betrachtungsabstand vergrößern erscheint das Schachbrettmuster wie ein 50 % Grauton und verschmilzt mit dem inneren Quadrat, das einen 50 % Grauton darstellt. Durch die Gammakorrektur können Sie den 50 % Grauton, der durch das Schachbrettmuster erzeugt wird, nicht verändern. Lediglich der Bereich des anderen Grautons ist variabel.

Neben diesen beiden Beispielen einer einfachen Monitorkalibrierung bieten Programme wie Photoshop weitaus aufwendigere Kalibrierungsmöglichkeiten oder besser gesagt: Einstellmöglichkeiten. Die interne Farbverwaltung verlangt entweder die Auswahl eines bestehenden Monitorprofiles oder aber die Eingabe expliziter Werte. Dadurch wird der RGB-Farbraum gezielt auf Photoshop abgestimmt. Diese Einstellmöglichkeit steht erst seit der Version 5.0 zur Verfügung und ist nicht identisch mit dem Menü *Farbeinstellungen Monitor* unter der Version 4.0. Zusätzlich liefert Adobe noch das Programm Adobe-Gamma mit, das zur eigentlichen Monitorkalibrierung gedacht ist (siehe unter Globale Kalibrierung/CMS).

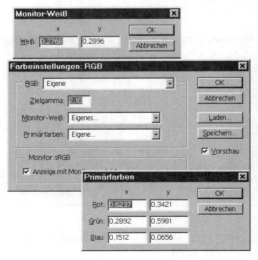

Abb. 2.7:
Eine Vielzahl von Daten in Photoshop

2.2 Systemkalibrierung

Die Vielzahl von Daten, die Photoshop verlangt, können z. T. nur durch Zusatzprogramme ermittelt oder durch die Angaben der Gerätehersteller ergänzt werden.

Globale Kalibrierung

Mit globaler Kalibrierung ist gemeint, daß sich die Kalibrierung des Monitors auf alle Programme im System auswirkt. Eine weitere programmspezifische Kalibrierung ist dann eigentlich nicht mehr notwendig, soweit dies vom jeweiligen Programm nicht ausdrücklich gefordert wird.

Wenn man die globale Kalibrierung noch einen Schritt weiter treibt, ist man bereits bei einem Color Management System (CMS), das seine Abgleichungsfähigkeiten nicht nur auf die Monitordarstellung beschränkt, sondern auf das ganze System.

- *Globale Kalibrierung mittels Grafikkartentreiber*: Mittlerweile liefern fast alle Grafikkartenhersteller ihre Produkte mit Treibern aus, die ein Kalibrierungswerkzeug enthalten. In der Regel ist dieses in die Eigenschaften der Anzeige integriert. In Windows gelangen Sie über die Systemsteuerung und das Icon *Anzeige* zum Kalibrierungsmenü Ihrer Grafikkarte. Das Prinzip ist das gleiche wie bei der einfachen programmspezifischen Kalibrierung. Ein Monitorzielgamma wird eingestellt, mit dem Unterschied, daß sich diese Einstellungen auf die Monitordarstellung im ganzen System auswirken.

Abb. 2.8:
Mit Hilfe des Schalters „Lade Bitmap..." können Sie bei ATI beliebige Darstellungen in das Vorschaufenster laden.

2. Grundlagen der Bildverarbeitung

- *Globale Kalibrierung mittels CMS*: Der Schritt zum Optimum heißt CMS, Color Management System. Seit Windows 95 ist diese Welt auch dem Normalanwender zugänglich. Grundlage hierfür ist das sog. Image Color Matching (ICM), zu deutsch: Anpassung der Bildfarben. Es handelt sich hierbei um ein Modul, das die Farbintegrität und -konsistenz von der Bilderfassung durch ein Eingabegerät wie Scanner oder Digitalkamera bis hin zur Ausgabe gewährleistet. Ziel ist es, das alte WYSINWYG (what you see is not what you get) durch das so lang ersehnte WYSIWYG (what you see is what you get) abzulösen. ICM sorgt dafür, daß während des gesamten Arbeitsablaufes in der Bildverarbeitung (Scannen-Bildschirm-Drucker) die ursprüngliche Farbzuordnung erhalten bleibt. D. h., die Farbzuordnung, wie sie vom Eingabegerät (z. B. Scanner) erfaßt wird, bleibt bei der Ausgabe am Bildschirm und beim späteren Druck durch ein elektronisches Ausgabegerät die gleiche. Um dies nun bei der Vielzahl von verschiedenen Geräten auch realisieren zu können, ist es notwendig, für Ausgabegeräte in diesem Verbund ein sog. ICC-Farbprofil (International Color Consortium) zu haben. Solche Farbprofile liefern die Gerätehersteller. Diese Profile enthalten die Farbrauminterpretationen der Einzelgeräte. Eingabegeräte müssen mit einem Bild entweder ein ICC-Farbprofil liefern oder aber sRGB ausgeben. Bei sRGB handelt es sich um den standardmäßigen RGB-Farbraum, der von vielen Hard- und Software-Herstellern unterstützt wird und sich als Standard für zahlreiche Scanner, Drucker und Programme durchgesetzt hat.
Bei der Verwendung von vorgegebenen Profilen tritt insbesondere bei Monitoren jedoch ein Problem auf. Die Alterung der Monitorkomponenten sowie eventuelle Wechsel bei den Bauteilen bei der Herstellung werden nicht berücksichtigt. Auch ist eine vollkommene Justierung nicht möglich. Es ist daher zur Optimierung notwendig, zusätzliche Kalibrierungswerkzeuge einzusetzen, die jedoch ihre Ergebnisse in ICM mit einbringen.

Das in Abb. 2.8 dargestellte Programm ATI liefert seine Grafikkarten mit einer Kalibrierungs-Software für den Monitor aus. Die Einstellungen wirken sich auf die Darstellung in allen Programmen aus.

2.2 Systemkalibrierung

Zwei Möglichkeiten des Colormanagements in Zusammenarbeit mit ICM werden Ihnen im folgenden kurz vorgestellt. Die eine recht einfache von Adobe, die mit Photoshop ab der Version 5.0 ausgeliefert wird, und die ausgezeichnete Software der Firma Sonnetech. Als Ergebnis liefern beide Programme ein modifiziertes bzw. neues ICC-Farbprofil für den Monitor. Beachten Sie aber bitte, daß Sie generell nur mit einem CMS arbeiten sollten, um Fehlfunktionen durch gegenseitige Beeinflussung zu vermeiden. Dies gilt unter Umständen auch für Software-spezifische Kalibrierungen. Fragen Sie beim Hersteller Ihrer Bildbearbeitungs-Software nach, denn oft kommt es vor, daß die zusätzliche Gammaeinstellung im Bildbearbeitungsprogramm den Sinn eines CMS wieder zunichte macht. Um dies festzustellen, lassen Sie ein Bild einmal z. B. in Word für Windows und einmal in Ihrer Bildverarbeitungs-Software anzeigen. Die Anzeige sollte identisch sein, da Word keine Filterung der Bilddaten vornimmt. Manchmal hilft es auch, den Gammawert in der Bildverarbeitung einfach auf 1,0 zu stellen.

Adobe-Gamma

Adobe liefert ab der Version 5 von Photoshop ein Zusatzwerkzeug zur Monitorkalibrierung aus.

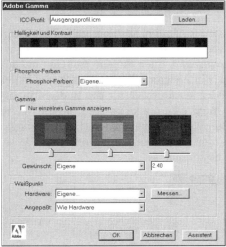

Abb. 2.9:
Adobe Gamma

2. Grundlagen der Bildverarbeitung

Es bietet Ihnen gleich zu Beginn die Möglichkeit, ein vorhandenes ICC-Farbprofil auszuwählen. Dieses Profil dient dann als Ausgangspunkt für den weiteren Kalibrierungsvorgang des Monitors. Sie können hier natürlich auch nur verschiedene von Ihnen bereits erstellte Profile auswählen. Die Farbprofile werden unter Windows im Verzeichnis *Windows/System/Color* gespeichert.

Zu Beginn der Kalibrierung müssen Sie die Werte für Kontrast und Helligkeit an Ihrem Monitor auf Maximum setzen. Dann regeln Sie die Helligkeit so, daß die abwechselnden grauen Quadrate im Fensterbereich *Helligkeit und Kontrast* so dunkel als möglich werden (aber nicht schwarz) und die darunter liegende Leiste strahlend weiß bleibt. Im Punkt *Phosphor-Farben* wählen Sie Ihren Monitortyp aus, wobei es generell besser ist, hier den Punkt *Eigene* zu verwenden und die genauen Werte, die Sie von Ihrem Monitorhersteller erhalten, einzugeben.

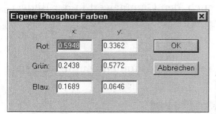

Abb. 2.10:
Durch die Eingabe der Farbwerte gleichen Sie die Farbdarstellungsdifferenzen Ihres Monitors aus.

Anschließend folgt die bekannte Gammaabstimmung. Sie können wählen zwischen einem einzelnen Gamma oder den jeweiligen Farben. Unter dem Punkt *Gewünscht* wählen Sie ein Ziel-Gamma aus oder geben dieses direkt ein. Ein Zielgammawert von 1,8 wird in der Regel für zu druckende Bilder gewählt, 2,2 für die Bildschirmausgabe bzw. Videoausgabe. Unter Weißpunkt können Sie die Werte für Ihren monitorspezifischen Weißpunkt eingeben (Herstellerangaben), eine vorgegebene Farbtemperatur auswählen oder den Weißpunkt durch Messen selbst bestimmen.

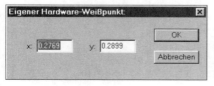

Abb. 2.11:
Hier können Sie die Herstellerangaben für den Weißpunkt Ihres Monitors eingeben.

2.2 Systemkalibrierung

Im Feld *Angepaßt* stellen Sie die Darstellungsfarbtemperatur für die Bilder ein.

Colorific von Sonnetech

Das Preis/Leistungsverhältnis von Colorific ist beachtlich. Für ca. 50 € erhalten Sie ein Kalibrierungspaket, das sowohl in der Handhabung als auch in den Ergebnissen gefällt. Colorific bestimmt die Eigenschaften und Parameter Ihres Monitors und aktualisiert damit das interne Register von Windows 95, 98 und optimiert damit den Prozeß des Farbabgleichs im ICM-Modul.
Colorific arbeitet mit dem Modul Image Color Matching von Windows 95 und 98 zusammen, so daß Sie mit jedem zu Windows 95 oder 98 kompatiblen Farbdrucker hervorragende Farbabgleiche erreichen können. Selbst unter Windows NT können Sie Colorific einsetzen, da Colorific einen Teil der ICM-Funktionen, die hier fehlen, selbst mitliefert.
Um einen Eindruck von dieser Software zu erhalten, werden im folgenden die Installation sowie die Ergebnisse, die Colorific liefert, kurz beschrieben.

Abb. 2.12:
Der Startbildschirm von Colorific

Der Startbildschirm von Colorific bietet Ihnen die Auswahl zwischen Röhren- und Flachbildschirm (CRT steht für „Cathode Ray Tube", „Bildröhre"). Während der Installation erstellt Colorific ein Spezialprofil für den jeweils verwendeten Monitor, das dann mit dem ICM-Modul (*Image Color Matching*) in Windows verwendet

2. Grundlagen der Bildverarbeitung

wird. Das Standardprofil von Windows wird automatisch durch dieses Profil ersetzt. Das neue Profil wird dann für jeden Druckvorgang verwendet, wenn ICM beim Drucker aktiviert ist. Beachten müssen Sie jedoch immer, daß Colorific in Verbindung mit ICM nur Farbabgleiche im RGB-Modus durchführt.

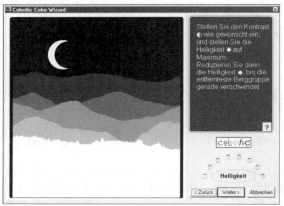

Abb. 2.13:
Die Einstellung der Monitorhelligkeit ist der erste Schritt.

Achten Sie darauf, daß in Abb. 2.13 die letzte Bergkuppe beinahe im schwarzen Horizont verschwindet. Nachdem Sie die richtige Einstellung gefunden haben, dürfen Sie die Helligkeitseinstellung nicht mehr verändern. Wenn die hinterste Bergkette nicht verschwindet, regeln Sie die Helligkeit einfach auf Minimum.

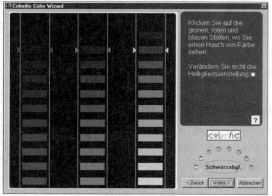

Abb. 2.14:
Nun folgt der Schwarzpunktabgleich.

2.2 Systemkalibrierung

Klicken Sie bei den blauen, roten und grünen Farbbalken auf die Stelle, an der gerade noch ein Hauch von Farbe zu sehen ist. Sie müssen hier ein ganz bestimmtes Feld wählen. Colorific verwendet die hier gemachten Angaben, um den Schwarzpunkt-Trennpunkt des Monitors für jede der drei Grundfarben zu bestimmen

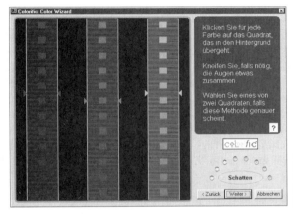

Abb. 2.15:
Nun bestimmt Colorific mit Ihrer Hilfe das Monitorgamma.

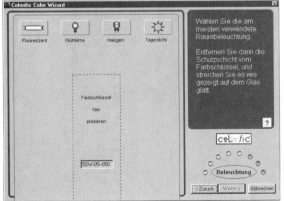

Abb. 2.16:
Wählen Sie die am häufigsten verwendete Beleuchtungsart an Ihrem Arbeitsplatz.

Klicken Sie auf dem Farbstreifen jeweils auf die Stellen, die vor dem Hintergrund zu verschwinden scheinen (Abb. 2.15). Sie können auch einen Punkt zwischen zwei Quadraten wählen, wenn diese Methode genauer scheint. Wenn Sie dabei Probleme haben, kneifen

Sie die Augen etwas zusammen, nehmen Sie gegebenenfalls die Brille ab oder vergrößern Sie den Betrachtungsabstand zum Monitor, damit das Bild etwas verschwimmt. Sie nehmen dann den allgemeinen Farbton wahr, nicht die dünnen Farblinien. Sie müssen diesen Vorgang für verschiedene Mustervarianten zweimal ausführen. Anhand der Informationen auf diesen beiden Bildschirmen bestimmt Colorific den Gammawert der drei Grundfarben des RGB-Systems Ihres Monitors. Der Gammawert ist ein Maßstab für das Verhältnis zwischen der Helligkeit einer angezeigten Farbe und der vom Computer an den Bildschirm gesendeten Signalstärke.

Verwenden Sie nun für die weiteren Einstellungen nur die soeben gewählte Lichtquelle (Abb. 2.16). Durch die Wahl der Lichtquelle erhält Colorific die Farbtemperatur der Raumbeleuchtung und kann diese bei den weiteren Einstellungen berücksichtigen. Um auch mit verschiedenen Lichtquellen (Tageslicht und Tischlampe) arbeiten zu können, haben Sie zuletzt die Möglichkeit, verschiedene Kalibrierungen zu speichern.

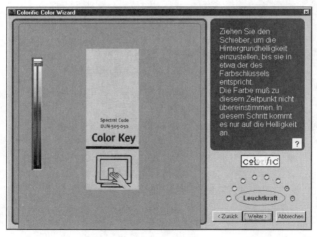

Abb. 2.17: Verwendung des „Color Key"

Nun müssen Sie einen kleinen Kunststoffaufkleber, den sog. „Color Key" (Farbschlüssel) in einem markierten Bereich auf Ihrem Bildschirm anbringen. Danach verstellen Sie den Schieber, bis die Helligkeit des Color Key mit der des Bildschirms ungefähr übereinstimmt. Achten Sie hier nur auf die Helligkeit, nicht auf die Farbe.

2.2 Systemkalibrierung

Wenn der Color Key zu dunkel ist, bringen Sie für diesen Schritt eine entsprechende Lichtquelle näher zum Monitor. Es macht nichts, wenn Sie normalerweise nicht bei so hellen Lichtverhältnissen arbeiten. Die Messung wird hierdurch nicht beeinträchtigt.

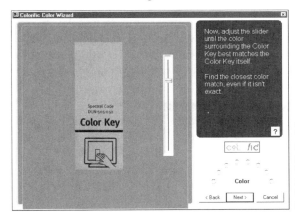

Abb. 2.18: Verstellen Sie jetzt den Schieber, bis die Bildschirmfarben möglichst mit der des Color Key übereinstimmen.

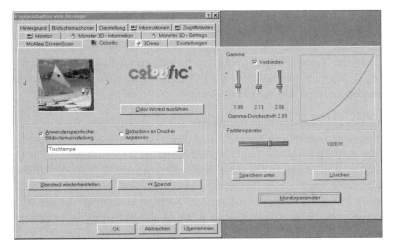

Abb. 2.19: Das Colorific-Menü in „Eigenschaften von Anzeige"

Achten Sie im nächsten Schritt ausschließlich auf die Farbe, nicht die Helligkeit. Der englische Text in Abb. 2.18 beschreibt die Arbeit recht gut. Falls Sie mit der deutschen Version arbeiten, beachten Sie bitte, daß hier der Begriff „color" versehentlich mit „Helligkeit" übersetzt wurde.

Das Colorific-Menü wird elegant in die Eigenschaften der Anzeige integriert (Abb. 2.19). Sie können von hier aus jederzeit eine Neukalibrierung starten und erhalten weitere Einstell- und Speichermöglichkeiten für Ihre Profile. Auch das Menü *Monitorparameter* ist von hier aus aufrufbar.

Abb. 2.20:
Hier erhalten Sie alle wichtigen Daten über Ihren Monitor.

In Programmen wie Photoshop können Sie diese Monitor-Daten eingeben, um eine exakte Feinabstimmung Ihres Monitors mit der internen Farbverwaltung der Bildbearbeitungs-Software zu erreichen. Weitere Informationen zu Colorific finden Sie auch im Internet unter *http://www.colorific.com/*.

Optionale Kalibrierungs-Hardware

Einige Monitorhersteller bieten zu ihren Geräten noch Zusatzgeräte zur Kalibrierung an. Um die Farbfehler des Monitors optimal zu korrigieren, werden spezielle Farbmeßsensoren verteilt, die direkt auf die Bildröhre gesetzt werden. Mit Hilfe der dazugehörigen Software kann ein Monitorprofil erstellt werden, das genau diesem Monitor entspricht. Diese Profile können dann in ein Farbmanagementsystem mit einfließen. Anwendung finden solche Zusatzgeräte im Bereich der Highend-Bildverarbeitung. Falls Sie sich dafür interessieren, achten Sie bereits beim Monitorkauf darauf, ob für den gewünschten Monitortyp solche Zusatzgeräte angeboten werden.

2.2.2 Druckereinstellungen und ICM beim Drucker

In den meisten Fällen liefern Tintenstrahldrucker mit ICM-Unterstützung sehr gute Ergebnisse. Das beste ICM nützt allerdings nichts, wenn Sie beim Papier sparen. Je nach Beschaffenheit und Saugfähigkeit des Papiers erhalten Sie bei Tintenstrahldruckern nämlich beachtliche Farbunterschiede.

Wenn Sie sich nicht sicher sind, ob Ihr Drucker ICM nutzen kann oder nicht, öffnen Sie das Eigenschaftenfenster Ihres Druckers.

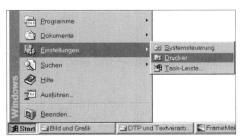

Abb. 2.21:
So erreichen Sie die Druckerauswahl.

Klicken Sie dazu mit der rechten Maustaste auf das Icon Ihres Druckertreibers; anschließend auf *Eigenschaften* und auf das passende Untermenü.

Abb. 2.22:
Beim Canon-Drucker ist die ICM-Unterstützung schnell aktiviert.

2. Grundlagen der Bildverarbeitung

Sollte Ihr Tintenstrahldruckertreiber keine solche Schaltmöglichkeit besitzen, können Sie beim Hersteller nachfragen. Auch ein Blick auf die Homepage Ihres Druckerherstellers hilft oftmals weiter.

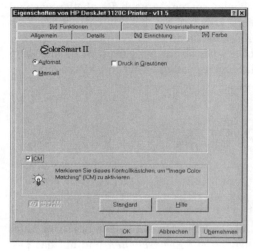

Abb. 2.23:
Das Menü des Druckertreibers (jeder Hersteller stellt die Aktivierung anders dar)

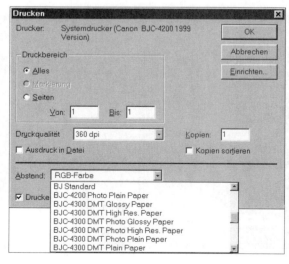

Abb. 2.24:
Sie können im Druckmenü direkt das Farbprofil auswählen.

2.2 Systemkalibrierung

Für Anwender, die ein wenig experimentieren möchten, bieten manche Bildverarbeitungsprogramme die Möglichkeit, Einstellungen bei der Ausgabefunktion zum Drucker vorzunehmen; hier das Beispiel Photoshop:

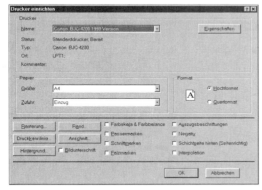

Abb. 2.25:
Photoshop bietet viele Zusatzoptionen für Drucker an.

Falls der Drucker nicht optimal kalibriert ist, kann auch die Veränderung der Druckkennlinie helfen. Ein Tonwertzuwachs, der das Bild zu dunkel macht, oder aber auch ein Tonwertverlust ist hier meist schnell ausgeglichen.

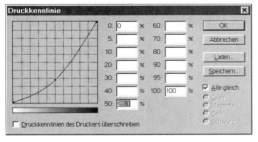

Abb. 2.26:
Einstellung der Druckkennlinie

Wenn es ganz schnell gehen soll und der Ausdruck zu dunkel oder zu hell auf dem Drucker erscheint, gibt es auch eine ganz einfache Methode, den Druck zu manipulieren: Rufen Sie im Bildbearbeitungsprogramm die sogenannte Gradationskurve (s. Abb. 2.27) auf und verändern Sie durch Manipulation der Gammakurve die Mitteltöne im Bild. Die Bildschirmdarstellung wird daraufhin dunkler oder heller. Wenn Sie das Bild nun erneut drucken, übertragen sich diese Helligkeitswertverschiebungen auch auf den Druck. Mit ein wenig Übung ist so ein Ausdruck rasch optimiert. Speichern Sie aber das veränderte Bild nicht ab, da Ihre Manipulation die Bildschirmdarstellung verfälscht.

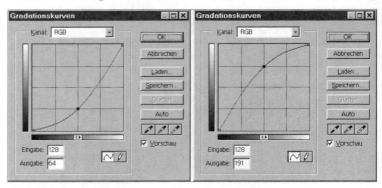

Abb. 2.27: Im linken Beispiel wird das RGB-Bild in seinen Mitteltönen abgedunkelt, im rechten Beipiel aufgehellt.

2.2.3 Scannerkalibrierung und Monitorgammaeinstellung

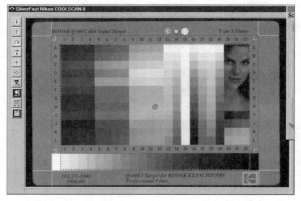

Abb. 2.28:
Die IT8-Referenzvorlage mit plaziertem Auswahlrahmen im Vorschaufenster

Wenn die Ausgabegeräte am Computer das gewünschte Ergebnis liefern, müssen Sie sich nun mit dem Eingabegerät, dem Scanner, beschäftigen. Um auch die Farbrauminterpretation des Scanners zu

2.2 Systemkalibrierung

optimieren, wird im folgenden am Beispiel der sogenannten IT8-Kalibrierung des SilverFast-Pakets dieser Vorgang kurz erläutert. Die Bezeichnung IT8 bezieht sich auf die IT8 Vorlage der Firma Kodak. Was dazu gebraucht wird, sind eigentlich drei Dinge:

- eine Software, die den gesamten Vorgang steuert,
- eine sogenannte Referenz- oder Kalibrierungsvorlage
- und die dazugehörige Referenz-Berechnungsdatei, welche die theoretischen Solldaten der Kalibrierungsvorlage enthält

Abb. 2.29:
Auswahl der Referenzberechnungsdatei

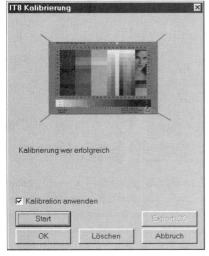

Abb. 2.30:
Erfolgsmeldung

2. Grundlagen der Bildverarbeitung

1. Zunächst müssen Sie die Referenzvorlage auf Ihrem Scanner gerade ausrichten, eine Vorschau scannen und diese mit dem Auswahlrahmen eingrenzen, damit beim folgenden Kalibrierungsvorgang auch der Vorlagenbereich verwendet wird. Nun wird die eigentliche Kalibrierungsroutine gestartet und eine Referenz-Berechnungsdatei ausgewählt.

2. Bei Scannern, die sowohl Aufsicht- als auch Durchsichtvorlagen verarbeiten können, müssen Sie nun aufpassen, daß Sie die richtige Datei auswählen, da solche Scanner für jeden Vorlagentyp separat kalibriert werden müssen. Um die richtige Datei auszuwählen, hilft oft ein Blick auf die Referenzvorlage, da deren Name mit jener der Datei übereinstimmen sollte. Nach der Dateiauswahl startet der Kalibrierungsvorgang. Zunächst wird der Graukeil korrigiert, dann die Farben. Wenn alles richtig abläuft, erhalten Sie die Bestätigung durch das Kalibrierungsprogramm (Abb. 2.30).

Alternativ bleibt Ihnen noch die Möglichkeit der Anpassung des Scanners über ein Bildbearbeitungsprogramm. Wie das aussehen kann, zeigt Abb. 2.31.

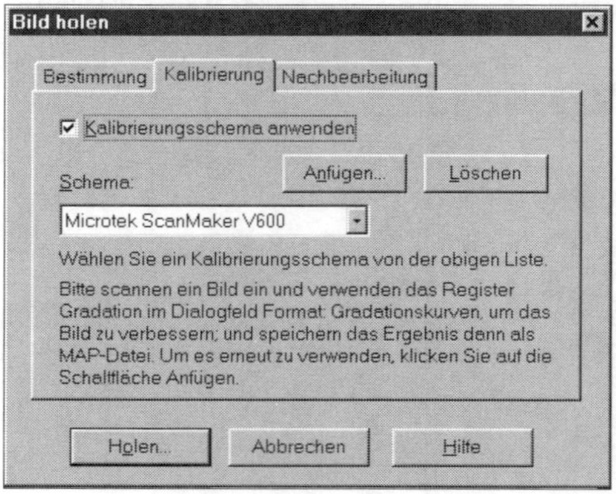

Abb. 2.31:
Scannerkalibrierung mit PhotoImpact

Falls Sie Ihr Scanner-Modell nicht finden, können Sie es entweder mit einem ähnlichen Modell des gleichen Herstellers ausprobieren, oder Sie fragen beim Software-Hersteller nach, ob es eine MAP-Datei für Ihr Modell gibt. Neben Scannerkalibrierung durch Fremdanbieter und Bildbearbeitungs-Software bieten auch die meisten Scan-

2.2 Systemkalibrierung

nerhersteller Kalibrierungs-Software zu ihren Geräten an. Bei Scannern jenseits 500 € gehören Kalibrierungswerkzeuge meist zum Lieferumfang. Unterhalb dieser Preisgrenze sind diese Werkzeuge in der Regel nur optional erhältlich. Daher lohnt sich ein Preisvergleich zwischen Scannerhersteller und Fremdanbieter bei Kalibrierungs-Software.

Zum Abschluß der Kalibrierung müssen Sie nur noch das gewünschte Ziel- oder Anwendungsgamma im Scanprogramm einstellen. Die Einstellung ist abhängig von Ihrem Bildschirm, dem Vorlagentyp und dem Verwendungszweck des Bildes. Durchsichtvorlagen wie Dias benötigen einen Wert von 1,8 bis 2,0, Aufsichtvorlagen hingegen 1,6 bis 1,8. Lassen Sie sich aber durch solche Beispielwerte nicht festlegen. Am einfachsten stellen Sie den richtigen Wert ein, indem Sie einen Graukeil scannen und diesen im Bildbearbeitungsprogramm anzeigen lassen. Wenn hier nicht alle Graustufen richtig abgebildet werden, passen Sie den Gammawert im Scanprogramm entsprechend an.

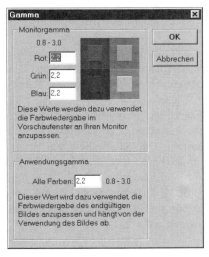

Abb. 2.32:
Gamma-Einstellung in der Scanner-Software

Wenn Sie in Ihrem Scanprogramm bei der Suche nach einer Einstellmöglichkeit für das Anwendungsgamma nicht fündig werden, bleibt meist eine allgemeine Einstellung über das Monitorgamma im Scanprogramm. Weitere Gammaveränderungen müssen Sie dann durch die Gammaeinstellfunktion oder die Mitteltöneeinstellung in Form eines Schiebers oder einer Kurve vornehmen.

2.3 Farbsysteme

Farbsysteme dienen der Definition und Systematisierung von Farben auf künstlichen Medien, wie z. B. Farb-Fernsehgeräten, Computer Farb-Monitoren oder einfach Papieren als Druckerzeugnis. Ziel von Farbsystemen ist es, die in der Natur vorkommenden Farben so gut wie möglich nachzuahmen oder zu erfassen. Zwei der wichtigsten Farbsysteme im Bereich Scanner, Monitor und Druck heißen RGB und CMYK. Begriffe wie Farbmischung, Farbkanäle und Farbumwandlung hängen mit Farbsystemen eng zusammen.

Einblicke in den Aufbau von Farben in verschiedenen Farbsystemen sind für das Verständnis der Zusammenhänge zwischen Scannerfarben, Monitorfarben und Druckfarben und damit den Aufbau und die Zusammensetzung eines digitalen Bildes nahezu unentbehrlich.

2.3.1 Das RGB-Farbsystem

Die Abkürzung RGB ist denkbar einfach: Sie setzt sich aus den Anfangsbuchstaben der Farben *R*ot, *G*rün und *B*lau zusammen. Dies sind die sog. Grundfarben, aus denen dieses Farbsystem alle Farben erzeugt, die es darstellen kann.

Obwohl RGB Millionen von Farbtönen hervorbringen kann, erreicht es doch nicht das Spektrum des natürlichen Lichtes. Typische Vertreter, die das RGB-Farbsystem zur Darstellung bzw. zur Erkennung von Farben einsetzen, sind Farbmonitore und Scanner. Ein Farbfernseher stellt seine Bilder übrigens auch im RGB-System dar. Die beiden Begrenzungen des RGB-Farbspektrums, Weiß und Schwarz, setzen sich aus der Addition der drei Grundfarben bei maximaler bzw. keiner Helligkeit zusammen.

2.3.2 Das CMYK-Farbsystem

Was RGB für Monitor und Scanner ist CMYK für den Offsetdruck oder für die meisten Tintenstrahldrucker. Der Name dieses Farbsystems setzt sich ebenfalls aus den Anfangsbuchstaben seiner Grundfarben zusammen, nur hier sind es *C*yan, *M*agenta, *Y*ellow (Gelb)

2.3 Farbsysteme

und *Key* (= Schwarz als „Schlüsselfarbe"). Der Begriff Key repräsentiert die Farbe Schwarz, soweit man Schwarz als Farbe bezeichnen darf. Diese Farben bilden auch die Grundlage für den sog. Vierfarbdruck.

2.3.3 Die Mischung macht die Farbe

Die Darstellung der Farbsysteme RGB bzw. CMYK auf Monitoren bzw. im Druck basiert eigentlich auf einer optischen Täuschung: Ein Blick auf den Fernsehbildschirm aus nächster Nähe zeigt, daß das farbige Bild, daß Sie eben noch gesehen haben, lediglich aus roten, grünen und blauen Strichchen besteht, die sehr nahe nebeneinander angeordnet sind. Das Auge macht erst den eigentlichen Farbton aus den kleinen Farbelementen, denn es ist nicht in der Lage, derart kleine Elemente aufzulösen (zumindest aus dem normalen Betrachtungsabstand). Die Folge ist, daß die Einzelpunkte zu einem Farbton verschmelzen. Durch die Variation der Helligkeit dieser einzelnen Farbelemente ist ein Computermonitor in der Lage, bis zu 16 Millionen verschiedene Farbtöne darzustellen.

2.3.4 Farbraum

Als Farbraum wird der Bereich des sichtbaren Lichtes bezeichnet, der von einem RGB-Gerät wie Scanner oder Monitor erfaßt bzw. wiedergegeben werden kann. Da verschiedene RGB-Geräte diesen Bereich meist leicht unterschiedlich interpretieren, werden Farbmanagementsysteme gebraucht, wenn die Farbintegrität zwischen Geräten sichergestellt werden soll.

2.3.5 Farbkanäle

Der Begriff Farbkanäle, der überall in der Bildverarbeitung anzufinden ist, resultiert aus dem Aufbau der Farbsysteme RGB und CYMK aus einzelnen Grundfarben.
Jeder Farbscanner zeigt bei seiner Arbeit auf, was ein Farbkanal ist. Beim Abtasten eines Farbbildes separiert der Scanner dieses Bild in die drei Grundfarben Rot, Grün und Blau. Jeder dieser Grundfarben wird ein Farbkanal zugeordnet. Eigentlich arbeitet hiermit der Scanner genau umgekehrt wie ein Monitor.
Farbkanäle sind also die Darstellung der einzelnen Grundfarben in separaten Bereichen, wobei jeder dieser Bereiche alle Helligkeits-

2. Grundlagen der Bildverarbeitung

werte des Bildes für die jeweilige Grundfarbe enthält. Dargestellt werden die einzelnen Farbkanäle als Graustufenbilder. Wenn Sie die einzelnen Farbkanäle eines Bildes zusammenfassen, erhalten Sie wieder das ursprüngliche Farbbild mit all den Farben, die das verwendete Farbsystem darstellen kann.

Abb. 2.33:
Das Kanalauswahlwerkzeug in Photoshop bei einem RGB-Bild

Ein Bild setzt sich also aus Farbkanälen zusammen. Abhängig vom verwendeten Farbmodell können das 3 oder 4 Farbkanäle sein.

Abb. 2.34:
Der Rotkanal.
Die kreisrunden Farbflächen sind im Farboriginal von oben nach unten grün, rot, blau.

2.3 Farbsysteme

Graustufenbilder enthalten nur einen Farbkanal, der die Graustufen enthält. Abhängig von der Farbtiefe des Bildes enthält jeder Farbkanal eine bestimmte Anzahl an Farbstufen. Durch die Darstellung separater Farbkanäle besteht so die Möglichkeit, jede Grundfarbe einzeln zu editieren.

Abb. 2.35:
Der Grünkanal.
Die kreisrunden Farbflächen sind im Farboriginal von oben nach unten grün, rot, blau.

Abb. 2.36:
Der Blaukanal.
Die kreisrunden Farbflächen sind im Farboriginal von oben nach unten grün, rot, blau.

2. Grundlagen der Bildverarbeitung

Deutlich erkennt man an der Helligkeit der Graustufen die Farbanteile der Einzelfarben im RGB-System.

2.3.6 Farbumwandlung

Angenommen Sie möchten ein Bild scannen und dieses, nachdem Sie es auf dem Monitor betrachtet und eventuell nachbearbeitet haben, auf Ihrem Tintenstrahldrucker drucken. Als Erfassungsfarbsystem beginnen Sie mit dem RGB-Farbsystem. Der Monitor bereitet dabei keine Schwierigkeiten, denn er arbeitet ja ebenfalls im RGB-System. Drucker hingegen mögen keine RGB-Farben; allein der Druckertreiber ist in der Lage, die RGB-Farben selbständig in CMYK-Farben umzusetzen. Da das Farbspektrum der beiden Farbsysteme jedoch ein wenig differiert (CMYK kann nicht so viele Farben darstellen wie RGB), kommt es gelegentlich zu Differenzen in der Farbdarstellung, soweit diese nicht die Folge fehlender Kalibrierung sind. Für Otto Normalverbraucher, der seine Scans nicht an einen Belichter weitergeben muß, heißt dies, daß er sich bei der Arbeit mit seinem Scanner, Monitor und Drucker ausschließlich im RGB-Farbsystem bewegen kann. Nur wenn Vorstufen für den Vierfarbdruck zu erzeugen sind, müssen Scanergebnisse in CMYK-Farben umgewandelt werden. Ein Bildbearbeitungsprogramm oder vielleicht sogar die Scanner-Software ermöglichen dies; aus zuvor drei RGB-Farbkanälen werden dann vier.

Abb. 2.37:
Photoshop stellt vier Farbkanäle dar, für die Farben Cyan, Magenta, Yellow und Black. Die CMYK-„Zusammenfassung" ganz oben ist eigentlich kein Farbkanal.

2.4 Dichteumfang und Farbtiefe

Die beiden Begriffe Dichteumfang und Farbtiefe sind elementar für die Beschreibung der Scannerqualität. Während die Farbtiefe (24, 30, 36 Bit) auf jedem Scannerprospekt angegeben wird, ist dies beim Dichteumfang eher die Ausnahme.

2.4.1 Der Dichteumfang

Der Dichteumfang eines Scanners gibt an, wie genau das Gerät Farbtonunterschiede im Bereich zwischen dem hellsten und dem dunkelsten Bildpunkt unterscheiden kann. Der Dichteumfang ist die Differenz zwischen maximaler und minimaler Dichte.

Die Dichte (auch Densität) selbst ist Maß für die Intensität des reflektierten Lichtes einer Farbe. Aber ebenso kann man anhand des Dichtewertes erkennen, wieviel Licht die Farbe absorbiert.

Um die Dichte eines Bildes zu bestimmen, muß man etwas ausholen. Ausgehend von der Lichtundurchlässigkeit bzw. der Absorbtionsfähigkeit, der sog. Opazität (O), einer Vorlage, wird die Densität (D) eines Bildes bestimmt. Die Densität ergibt sich aus dem Logarithmus der Opazität zur Basis 10. Die Opazität wiederum aus der Division der Beleuchtungsquellenintensität durch die Menge des Lichtes, das durch die Vorlage hindurchgeht bzw. von dieser reflektiert wird. Noch einmal im Klartext: Sie haben eine Taschenlampe und ein Dia. Sie durchleuchten nun das Dia mit der Taschenlampe. Je dichter und somit dunkler die Schicht auf dem Filmträger, desto weniger von dem ausgesendeten Licht dringt durch das Dia. An Stellen, an denen die Schicht auf dem Filmträger weniger dicht ist, dringt folglich auch mehr Licht hindurch. Geben wir nun der ausgesendeten Lichtstärke Ihrer Taschenlampe willkürlich den Wert 1000 Lichteinheiten. Nun betrachten wir die Stelle mit der geringsten (A) und der höchsten (B) Lichtdurchlässigkeit und setzen die Gleichungen für die Opazität an.

```
(A)    1000/800 = 1,25 O
(B)    1000/2 = 500 O
```

Der nächste Schritt ist nun die Berechnung der Densität (Dichte) des hellsten (A) und dunkelsten (B) Punktes.

```
(A) log(1000/800) = 0,1 D
(B) log(1000/2) = 2,7 D
```

Der Dichteumfang ergibt sich nun ganz einfach aus der Differenz von maximaler zu minimaler Densität. Das obige Zahlenbeispiel ergibt also einen Dichteumfang von 2,6 D.

Dies zu einer Qualitätsaussage über einen Scanner zu nutzen ist ganz einfach: Je höher der Dichteumfang eines Scanners ist, desto besser kann er bestimmte Farbbereiche aufschlüsseln. Ein einfaches Beispiel: Legen Sie ein qualitativ hochwertiges Foto von einem dunklen Gegenstand, dessen Details sie mit den Augen oder auch auf dem Foto gut erkennen können, auf einen Flachbettscanner mit einem niedrigen Dichteumfang. Das Ergebnis wird Sie enttäuschen: Die Einzelheiten verschwinden in einer homogenen Fläche. Der Scanner kann die feinen Helligkeitsunterschiede nicht umsetzen. Anders auf einem Scanner mit höherem Dichteumfang: Hier bleiben die Details der Vorlage erkennbar.

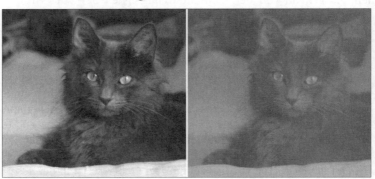

Abb. 2.38: Links das Bild, mit höherem Dichteumfang gescannt. Es wirkt schärfer. Rechts ein Scan mit geringem Dichteumfang: Die Katze wirkt diffus.

Wenn Sie in erster Linie Aufsichtvorlagen scannen möchten, ist ein Dichteumfang ab etwa 2,8 D empfehlenswert. Bei Durchsichtvorlagen wie z. B. Dias sollte der Scanner schon über 3,0 D verfügen. Das obere Ende an Dichteumfang bieten Trommelscanner mit Werten bis zu 4,3 D.

Die folgende Tabelle faßt drei Vorlagentypen und deren übliche Dichteumfänge zusammen.

2.4 Dichteumfang und Farbtiefe

Vorlagentyp	Dichteumfang
Fotopapierabzug	2,0 bis 2,5 D
Dia	2,7 bis 3,1 D
Negativ	2,6 bis 2,9 D

Die Höhe des Dichteumfangs bei einem Scanner ist abhängig von den lichtempfindlichen Sensoren im Gerät. Je lichtempfindlicher, desto höher der Dichteumfang. Ein Scanner, der eine Farb- bzw. Datentiefe von 30 oder 36 Bit liefert, ist einem 24 Bit Scanner auch im Dichteumfang überlegen, da er einen wesentlich größeren Meßbereich hat.

Wie anfangs bereits erwähnt, sind die Information zum Dichteumfang in den Prospekten meist spärlich. Sie können sich aber direkt an den Händler oder auch den Hersteller eines Gerätes wenden.

2.4.2 Die Farbtiefe

Der Begriff „Farbtiefe" drückt aus, wieviele verschiedene Farben durch ein Gerät, z. B. einen Scanner, maximal erkannt oder durch einen Monitor dargestellt werden können. Da Werte ebenso als Daten bezeichnet werden können, trifft man im Zusammenhang mit dem Begriff Farbtiefe auch oft auf den Begriff Datentiefe. Im RGB-Farbsystem kann Farbtiefe und Datentiefe theoretisch als identisch angesehen werden, da die Zahl der maximal darstellbaren Farbtöne des RGB-Farbsystems identisch ist mit der dezimalen Zahl, die sich aus der Bit-Speicherplatzangabe ergibt. Anhand des Begriffes Datentiefe läßt sich auch der Zusammenhang von Speicherbedarf und Farbtiefe erklären.

Die Farben eines Pixels im RGB-Farbsystem werden jeweils in 3 Farbkanaldaten zu jeweils 0 bis max. binären Zahlenwerten angegeben. Mit dem Begriff Farbe haben diese Zahlen im Prinzip nichts zu tun, viel mehr mit Daten. Die 24 Bit Farbtiefe eines RGB-Bildes, das durch einen Scanner erzeugt wird, setzen sich folgendermaßen zusammen: Jede der 3 Farben erhält einen Datentiefebereich von 8 Bit. Mit 8 Bit kann ein Wertebereich von 0 bis 255 abgedeckt werden. D. h., jede der drei Grundfarben kann 256 verschiedene Werte, sog. Tonwerte (Helligkeitsstufen) annehmen. Bei diesen Helligkeitsabstufungen handelt es sich eigentlich nur um Grautöne, die aber eine

2. Grundlagen der Bildverarbeitung

Zuordnung zu einem Farbkanal enthalten. Da der eigentliche Farbeindruck jedoch erst in der Kombination dieser drei Farben entsteht, müssen die 256 Abstufungen noch miteinander multipliziert werden, um die Anzahl der möglichen Farben zu bestimmen: 256*256*256 = 16,777 Millionen Farben.

Die theoretische Farbtiefe eines Bildpunktes wird also in dem Speicherbedarf dieses Bildpunktes in Bit angegeben. Theoretisch, weil es maximal 16,7 Millionen verschiedene Farben sein können.

Die Farbtiefe gibt also an, wieviele verschiedene Farben Ihr Scanner unterscheiden kann bzw. wieviele Farbinformationen pro Bildpunkt maximal zur Verfügung stehen. Die folgende Tabelle gibt einen kurzen Überblick, wieviele Farben bzw. wieviele Graustufen mit wieviel Bit dargestellt werden können.

Farbtiefe in Bit	mögliche Graustufen	mögliche Farben
1	S/W	(2)
8	---	256
16	---	65536
(8) 24	(256)	16777216
(10) 30	(1024)	1073741824
(12) 36	(4096)	68719476736

Ein Bit ist die kleinste Einheit in der EDV. Es repräsentiert eine Speicherzelle, die die binären Zahlenwerte 0 oder 1 annehmen kann. Um in einem binären Zahlensystem anhand von Bitangaben schnell auf den entsprechenden dezimalen Wert zu kommen, gehen Sie wie folgt vor: Nehmen Sie Ihren Bit-Wert (z. B. 24) und setzen Sie ihn als Potenz zum Exponenten 2 (2 hoch 24). Als Ergebnis erhalten Sie die Zahl 16.777.216.

Ein Scanner mit einer Farbtiefe von 24 Bit arbeitet mit 3 * 8 Bit, d. h. mit 8 Bit für jede Grundfarbe (Rot, Grün, Blau). Sie erhalten ein Rot-, ein Grün- und ein Blaubild mit jeweils 256 Helligkeitsabstufungen (Tonwerten). Durch die Kombination dieser 3 Farben ergibt sich die oben angegebene Farbanzahl. Man geht davon aus, daß das menschliche Auge nicht mehr als diese 16,777 Mio. Farben unterscheiden kann. Auch Monitore stoßen bei diesem Farbumfang an

2.4 Dichteumfang und Farbtiefe

ihre Obergrenze. Im Gegensatz zu den meisten anderen elektronischen Geräten, bei denen Farbtiefenwerte angegeben werden, wird bei Scannern noch zwischen interner Farbtiefe und externer Farbtiefe unterschieden. In der Regel liegt die externe Farbtiefe, das ist der mögliche Farbdarstellungsbereich, der von der Scan-Software an das Anwendungsprogramm weitergegeben wird, bei 24 Bit. Die interne Farbtiefe, also der Farberkennungsbereich des Scanners, liegt meist höher (30, 36 oder mehr Bit).

Nun kommen wir zum Sinn und Zweck dieser vermeintlichen Datenverschwendung. Ein Scanner mit einer (internen und externen) Farbtiefe von 24 Bit erzeugt nur in den seltensten Fällen einen optimalen Scan. Dies liegt daran, daß ein 24 Bit-Scanner nur 256 Helligkeitsabstufungen zwischen Schwarz und Weiß unterscheiden kann. Wenn die Vorlage durch einen ausgewogenen Farbumfang diesen Umstand nicht unterstützt, kann der Tonwertbereich, den der Scanner ermittelt, nicht das volle Spektrum der 256 Helligkeitswerte ausschöpfen.

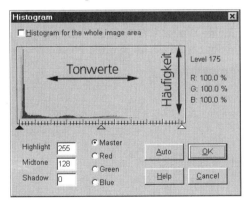

Abb. 2.39:
Ein Histogramm

Ein Histogramm zeigt von links nach rechts die Verteilung bzw. Häufigkeit der einzelnen Tonwerte. Ganz links beginnt die Skala mit dem dunkelsten erkannten Bildpunkt (Tiefen) und endet ganz rechts mit dem hellsten erkannten Bildpunkt (Lichter). Reines Weiß liegt somit ganz rechts und reines Schwarz ganz links im Wertebereich. Das Bild zu diesem Histogramm enthält somit keine sehr hellen Tonwerte.

2. Grundlagen der Bildverarbeitung

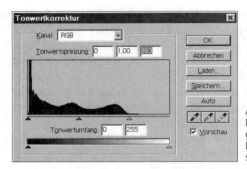

Abb. 2.40:
Das Histogramm ist gleich geblieben, auch wenn die Darstellung der Häufigkeitsskala etwas anders wirkt.

Wenn Sie, ohne im Scanprogramm etwas zu korrigieren, dieses Bild scannen und ans Bildverarbeitungsprogramm übermitteln, erhalten Sie das gleiche Histogramm in Ihrer Bildverarbeitung.

Das Histogramm zeigt einen eingeschränkten Tonwertebereich. D. h., der Scanner kann seinen Tonwertebereich nicht ausschöpfen. Die kleinen Dreiecke unterhalb der Kurve begrenzen den Bereich rechts und links. Der Wertebereich ist gestaucht. Da das Bild zum obigen Histogramm zu dunkel erscheint, muß es aufgehellt werden. Hierdurch erfährt der gestauchte Wertebereich eine Spreizung. Aber die Aufhellung des Bildes bleibt bei 24 Bit nicht ohne Folgen.

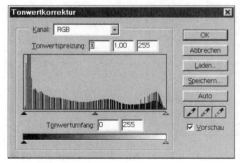

Abb. 2.41:
Nach der Aufhellung des Bildes

Bei der Verrechnung des gestauchten Tonwertebereichs durch die Bildverarbeitung entstehen zwangsläufig Aussetzer. Man spricht von Kammstruktur. Besonders in den dunklen Bereichen des Bildes fehlt es an Helligkeitsabstufungen. Wenn Tonwerte fehlen, fehlen natürlich auch Farben. Bei einer Farbtiefe von 24 Bit stehen bekanntlich 256 Tonwerte je Grundfarbe zur Auswahl. Wenn der

2.4 Dichteumfang und Farbtiefe

Scanner aber zwischen dem hellsten und dunkelsten Bildpunkt nur 150 Abstufungen ausmacht, wirkt sich dies immens auf die Farbtiefe des Bildes aus.

Wenn Ihr Scanner eine Farbtiefe von z. B. 36 Bit (intern) aufweist, ist das Scanergebnis in fast allen Fällen besser. Ihr Scanner kann nämlich intern maximal 4096 Tonwerte pro Farbe unterscheiden. Selbst bei einem eingeschränkten Tonwertebereich sind die Werte, die gemessen werden, noch bei weitem mehr als bei 24 Bit. Die Software, welche die Bildkorrekturen vornimmt, erzeugt durch den viel größeren Wertebereich in der Regel kaum mehr Aussetzer.

Um auch bei 24 Bit-Scannern bessere Ergebnisse zu erhalten, müssen Sie grundsätzlich eins beachten: Nehmen Sie grundlegende Bildkorrekturen immer schon in der Scan-Software vor und nicht erst im Bildbearbeitungsprogramm. Nur die Scan-Software hat den Zugriff auf alle Daten, die Ihr Scanner liefert. Das Bildbearbeitungsprogramm erhält in aller Regel nur ein 24 Bit Bild von Ihrer Scan-Software. Aber auch wenn Sie einen Scanner mit mehr als 24 Bit Farbtiefe haben, sollten Sie in dieser Reihenfolge vorgehen.

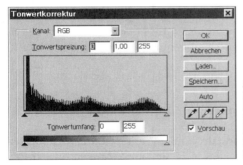

Abb. 2.42:
Zum Vergleich nochmals das Histogramm des Ausgangsbildes aus der Bildverarbeitung; hier wurden jedoch alle Korrekturen bereits im Scanprogramm vorgenommen.

So sieht am Ende das Histogramm aus, wenn die Korrekturen, die zuvor erst im Bildverarbeitungsprogramm durchgeführt wurden, bereits im Scanprogramm gemacht werden. Trotz 24 Bit-Scanner sieht das Ergebnis recht passabel aus.

Zum Vergleich noch das Histogramm nach dem Scan des gleichen Bildes mit einem 36 Bit-Scanner. Auch hier wurden die Korrekturen gleich in der Scan-Software angebracht.

2. Grundlagen der Bildverarbeitung

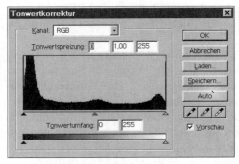

Abb. 2.43:
Histogramm des Bildes, mit einem 36 Bit-Scanner gescannt

Sie sehen deutlich die Überlegenheit des Scanners mit mehr als 24 Bit. Je ungünstiger die Vorlage für den 24 Bit-Scanner, desto mehr wird sich der 36 Bit-Scanner in der Qualität der Ergebnisse abheben. Durch den viel höheren Meßbereich wird der 36 Bit-Scanner bei Dichteumfang und Farbtiefe dem 24 Bit-Scanner fast immer überlegen sein.

Eins müssen Sie sich immer vor Augen halten: Was ein Scanner an Tonwerten nicht bestimmt, kann auch die beste Bildverarbeitung nicht mehr erzeugen. Deshalb ist der Einsteiger in Sachen Scanner immer besser beraten, zu mehr als 24 Bit interner Farbtiefe zu greifen. Bei Neugeräten werden Sie ohnehin nur noch selten auf 24 Bit-Scanner treffen.

2.5 Grafikdateiformate

Den Punkt „Grafikdateiformate" finden Sie hier unter Grundlagen der Bildverarbeitung, weil alles, was Sie beim Scannen oder in der Scannachbearbeitung machen, früher oder später gespeichert werden soll. Die Wahl des richtigen Dateiformates kann unter Umständen über die Qualität Ihrer Arbeit und deren Mobilität bzw. Kompatibilität entscheiden.

2.5.1 Allgemeines

Bei der Arbeit mit Scannern ist man mit sehr großen Datenmengen konfrontiert. Daher stellt sich die Frage, wie solche Dateien am besten archiviert oder gespeichert werden. Je nach Einsatzgebiet der

2.5 Grafikdateiformate

Bilder wird Wert auf Speicherung mit verlustfreier Komprimierung gelegt oder allein auf Minimierung der Dateigröße unter billigendem Verlust von Bilddaten. Aber auch speichern ohne jegliche Komprimierung ist möglich.

Neben unterschiedlichen Komprimierungsarten unterscheiden sich Grafikdateiformate auch darin, welche Arten von Bildinformationen sie speichern können.

2.5.2 Dateikomprimierung

Um die Größe von Bilddateien bei der Speicherung zu verringern, werden in einigen Grafikdateiformaten Komprimierungsalgorithmen eingesetzt: Die einen komprimieren verlustfrei, d. h. es kommt zu keinem Verlust von Bildinformationen. Nach dem Dekomprimieren liegen die Bilder wieder in ihrer ursprünglichen Form vor.

Die andere Art von Komprimierungsalgorithmen ist ausgelegt auf die Minimierung der Dateigröße. Dazu werden Details und Farbinformationen aus Bildern entfernt. Bei einer späteren Dekomprimierung und Betrachtung fallen die Verluste nicht oder nur minimal auf. Daher ist der Begriff verlustreich auf keinen Fall auf die Bildqualität zu übertragen. Es sollte jedoch beachtet werden, daß Dateiformate mit sog. verlustreichen Komprimierungsalgorithmen nicht zur Speicherung von Bilddateien verwendet werden sollen, die zur späteren Weiterverarbeitung gedacht sind. Dies könnte sonst zu einer Verlustaufsummierung bei mehreren Speichervorgängen führen.

Hinweis:
Die Datenmengenreduktion durch die Komprimierung wirkt sich ausschließlich auf die Dateigröße auf dem Massenspeicher (z. B. Festplatte) aus. Im Arbeitsspeicher des Rechners hat diese Bilddatei nach dem Öffnen wieder die ursprüngliche Größe.

Hier ein Überblick über die gebräuchlichsten Komprimierungsalgorithmen:

- CCITT-Kodierung
  Die CCITT-Kodierung (CCITT steht für Comité Consultatif International Télégraphique et Téléphonique) ist ein Komprimierungsalgorithmus für Schwarzweißbilder, der vom Grafikdateiformat PDF und vom Post-Script Format unterstützt wird.

- JPEG
Die verlustreiche Komprimierung JPEG (Joint Photographic Experts Group) findet sich in den Dateiformaten JPG, PDF und PostScript wieder. Dieser intelligente Komprimierungsalgorithmus faßt kleine Bildbereiche mit gleichen Farbwerten in 2 Farbkanälen zusammen und spart dadurch immens Speicherplatz. Ansonsten werden für die einzelnen Bildpunkte eines solchen Bereiches nur Helligkeitswerte gespeichert. Bei der Dekomprimierung erhalten diese Bildpunkte ihre Farbwerte durch Interpolation der zwei Farbkanäle zurück. Haupteinsatzgebiet dieser Komprimierung sind Fotos und Halbtonbilder.
- LZW
LZW (Lemple-Ziv-Welch, Namen der Entwickler) ist ein verlustfreier Komprimierungsalgorithmus. Am effizientesten einzusetzen ist dieser Komprimierungsalgorithmus bei Bildern mit großen Flächen in einer Farbe. LZW faßt identische Farbflächen beim speichern zusammen. Die Speicherplatzersparnis liegt im Bereich von 20 bis 50 %. Anwendung findet diese Kompression in Dateiformaten TIF, PDF und GIF sowie den PostScript Dateiformaten.
- RLE
Run Length Encoding bezeichnet einen Komprimierungsalgorithmus, der davon ausgeht, daß sich innerhalb einer Bilddatei sehr viele Datenwiederholungen befinden. Die Speicherung solcher Wiederholungen erfolgt in der Weise, daß deren Anzahl und das Datum festgehalten werden. RLE ist ebenfalls ein verlustfreier Komprimierungsalgorithmus. Anwendung findet RLE u. a. bei den Dateiformaten PCX, BMP, PSD und TIF.

2.5.3 Pixelgrafik oder Vektorgrafik

Bei der Digitalisierung grafischer Objekte werden zwei Verfahren unterschieden: Pixelgrafik und Vektorgrafik. Bei einer Pixelgrafik setzt sich das Bild aus einer Vielzahl einzelner Bildpunkte (Picture Elements = Pixel) zusammen. Im Gegensatz dazu handelt es sich bei Vektorgrafiken um Zeichnungen, die sich aus geometrischen Elementen zusammensetzen. Ein gutes Beispiel sind die in CorelDraw erstellten Zeichnungen. Hier werden zu jedem Zeichnungselement (z. B. eine Linie) nur die Vektoren (Lagekoordinate, Anfangs- und Endpunkt) gespeichert. Diese Art der Grafikdarstellung erweist sich

2.5 Grafikdateiformate

in der Regel als wesentlich weniger speicherintensiv als die Pixelgrafik.

2.5.4 Alphakanäle – Informationen im Hintergrund

Bilder setzen sich aus den Farbkanälen zusammen und können zusätzlich noch weitere Kanäle, die sog. Alphakanäle enthalten. Alphakanäle enthalten keinerlei Farb- oder Helligkeitsinformationen, sondern z. B. Auswahlbereiche oder Maskierungen (Abdeckung von nicht ausgewählten Bildbereichen) die Sie mit Ihren Bilddaten speichern möchten um später vielleicht nochmal Gebrauch von diesen zu machen. Auf den Druck wirken sich Alphakanäle nicht aus, sie sind unsichtbar im Hintergrund. Sie können Alphakanäle in etwa mit Schablonen vergleichen, die Sie für die Konstruktion eines Objektes erstellt haben, die Sie mit Ihrem Objekt zusammen aufheben möchten. Jeder Alphakanal wird in Form eines 8 Bit Graustufenkanals zur Bilddatei hinzugefügt. Bei der Speicherung von Alphakanälen stellt sich oft das Problem, daß einige Garfikdateiformate nicht ermöglichen, Alphakanäle mitzuspeichern. Dadurch gehen dann diese Zusatzinformationen zu einer bearbeiteten Bilddatei verloren.

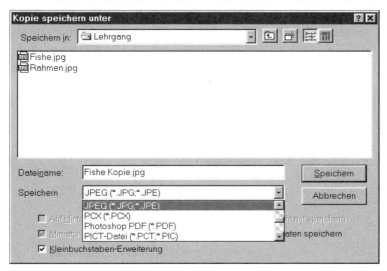

Abb. 2.44: Die Auswahl des Dateiformates erfolgt in Photoshop unter „Kopie speichern unter".

2.5.5 Welches Dateiformat für welchen Zweck?

Welches Dateiformat die richtige Wahl ist hängt sehr vom weiteren Einsatz der Bilddatei ab. Z.B. muß unterschieden werden, ob es sich bereits um ein Endprodukt handelt oder aber erst um eine beliebige Arbeitsstufe, die noch weiterverarbeitet werden soll. Oft werden die Vorstufen eines Bildproduktes in einem anderen Bildformat gespeichert als dann das endgültige Ergebnis. Auch das Medium, in dem diese Bilddatei publiziert werden soll, schlägt sich in der Wahl des Dateiformates nieder. Wenn Sie Ihr Bild an einen anderen Benutzer weitergeben, müssen Sie auch darauf achten, daß dieser Ihr Dateiformat auf seinem Rechner lesen kann. Um Grafikdateiformate besser unterscheiden und deren Einsatzgebiet genau zu bestimmen zu können, sind hier die gebräuchlichsten Formate zusammengestellt und kurz erklärt:

- BMP
  BMP steht für Bitmap und ist das Standardformat für Windows. Ein Austausch zwischen verschiedenen Windowsprogrammen (soweit sie diese Bilddarstellung unterstützen) ist hiermit gesichert. Der Bildschirmhintergrund in Windows ist beispielsweise im Bitmapformat gespeichert. Bei der Farbtiefe kann Bitmap von 1 bis 24 Bit variieren. Zur Komprimierung unterstützt BMP den RLE Komprimierungsalgorithmus, jedoch nur bei 4 und 8 Bit Farbtiefe. Als Speicherart in der Bildverarbeitung findet BMP kaum Anwendung.

Abb. 2.45:
BMP bietet auch die Möglichkeit, im OS2-Format zu speichern.

2.5 Grafikdateiformate

- EPS
  EPS steht für Encapsulated PostScript. Im professionellen Bereich, insbesondere bei Übergabe von Grafikdateien an Filmbelichter zur Erstellung der Druckvorstufe, ist EPS weit verbreitet, trotz eines relativ hohen Speicherbedarfs. Der Grund für die Favorisierung dieses Formates für diesen Einsatzbereich liegt in erster Linie in der leichten Handhabung und guten Bildqualität. EPS gilt auch als Dateiformat zur Speicherung von Endprodukten zur Druckvorstufe, an dem höchstens Scalierungen (Größenänderungen) durchgeführt werden müssen. Alphakanäle können in EPS nicht mitgespeichert werden.
  Da EPS sowohl Vektorgrafiken als auch Pixelbilder enthalten kann, eignet es sich auch als Exportformat, wenn Vektorgrafiken zu Pixelbildern umgeformt werden sollen, z. B. bei der Umwandlung von Corelgrafiken ins Tiff-Format mit Zwischenschritt über EPS. Bei der Druckerausgabe von EPS-Dateien ergibt sich jedoch das Problem, daß ein PostScript-fähiger Drucker vorhanden sein sollte, da die Ausgabequalität andernfalls leidet.
- EPS-DCS
  DCS steht für Desktop Color Separation. Der Begriff Farbtrennung umschreibt bereits recht gut, was dieses Grafikformat liefert. EPS-DCS ist ein Unterformat von EPS und kann nur mit CMYK-Bildern verwendet werden. Es speichert die Bilddatei in fünf separate Dateien, wobei die ersten 4 die vier Grundfarben enthalten und die fünfte eine Vorschau des kompletten Bildes. Der Einsatzbereich dieses Dateityps liegt wie bei EPS in der Druckvorstufe. Alphakanäle können in EPS-DCS nicht mitgespeichert werden.

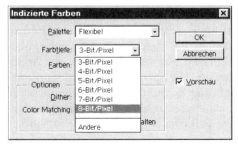

Abb. 2.46:
Zur Umwandlung der Bilddatei in indizierte Farben wählen Sie die Farbtiefe aus oder einen Wert zwischen 2 und 256 (andere).

2. Grundlagen der Bildverarbeitung

- **GIF**
  Die Abkürzung GIF steht für Graphics Interchange Format. GIF wurde geschaffen, um Bilddateien möglichst klein zu machen, um sie für den Transfer in Datennetzen (z. B. Internet) einzusetzen. GIF wendet bei der Speicherung die LZW Komprimierung an. Vor der Speicherung müssen Bilder in indizierte Farben (max. 256 Farben) oder Graustufen umgewandelt werden. Da 256 Farben für die Darstellung von Fotos meist nicht ausreichen, ist GIF mehr für die Speicherung von Grafiken mit begrenzten Farben, wie z. B Comics zu empfehlen. Die Speicherung von Alphakanälen wird von GIF nicht unterstützt. Im Bereich der Datennetze wird GIF mehr und mehr von JPEG und PNG verdrängt.

Abb. 2.47:
„Normal" oder „Interlaced":
Bei Interlaced erfolgt der spätere Bildaufbau nicht Zeile für Zeile, vielmehr ist sofort das ganze Bildformat schemenhaft präsent und wird immer klarer.

- **JPEG**
  Der Name JPEG (*Joint Photographic Experts Group*) für dieses Dateiformat ist eigentlich nicht ganz zutreffend. Es handelt sich hier nämlich um eine Unterform des Tiff-Formates, das den JPEG-Komprimierungsalgorithmus einsetzt. Bei der Entwicklung dieses Dateiformates war die Zielsetzung ein Dateiformat, das 24 Bit Farbtiefe unterstützt und eine möglichst große Dateigrößenreduktion ermöglicht. Daher wurde JPEG auch schnell zum favorisierten Grafikdateiformat für Datennetze. Aufgrund der starken Komprimierungsmöglichkeiten bei gleichzeitig sehr guter Bildqualität bietet sich das JPEG-Format auch besonders zur Archivierung von Fotobeständen und zur Speicherung von Endprodukten an. Selbst bei Auswahl der geringsten Komprimierungsstufe erhalten Sie mit JPEG noch eine sehr hohe Datenmengenreduktion. Das Bild ist in diesem Fall vom Ausgangsprodukt so gut wie nicht zu unterscheiden.

2.5 Grafikdateiformate

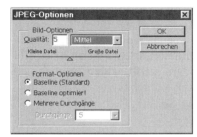

Abb. 2.48:
Per Schieberegler, Auswahlmenü oder Direkteingabe legen Sie in Photoshop die Bildqualität bzw. den Kcmprimierungsfaktor der JEPG-Datei fest.

Abb. 2.49: Von links nach rechts: Original (358 KByte), JPEG (beste Qualität, 178 KByte), JPEG (maximale Komprimierung, 19 KByte)

Mit bloßem Auge sind in Abb. 2.49 kaum Unterschiede zu erkennen.

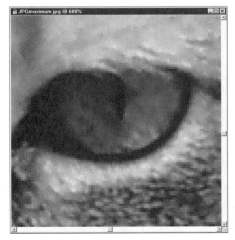

Abb. 2.50:
Erst in der Vergrößerung werden Details sichtba⁻ (JPEG-Qualität).

Für die Speicherung von Bildprodukten, die weiterverarbeitet werden sollen, ist JPEG jedoch ungeeignet. Da der JPEG Komprimierungsalgorithmus bei jedem Speichervorgang erneut Bilddaten entfernt (verlustreiche Komprimierung), würde sich die Bildqualität mehr und mehr vermindern. Zu beachten ist auch, daß das JPEG-Format keine Alphakanäle unterstützt.

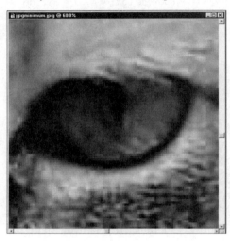

Abb. 2.51:
Maximale Komprimierung; durch die starke Komprimierung wird die Blockbildung des JPEG-Komprimierungsalgorithmus sichtbar.

- PCD
  PCD steht als Abkürzung für Photo-CD. PCD ist ein Dateiformat, das von den Firmen Kodak und Philips entwickelt wurde, um Bilddaten auf die sog. Photo-CD zu speichern. Dieser Speichervorgang wird jedoch nur von Kodak-Geräten, die für die Erstellung von Photo-CDs eingesetzt werden, unterstützt. Da der Erwerb solcher Geräte ausschließlich Fotolabors vorbehalten ist, ist das PCD-Format zur Speicherung von selbsterstellten Bilddaten nicht einsetzbar. Sie können aber Ihre Filme ins Fotogeschäft bringen und sich über ein Fotolabor eine Photo-CD erstellen lassen. Die Qualität solcher Bilder ist allgemein sehr hoch und es werden bei Standard Photo-CD Auflösungen bis 2048*3072 Pixel für das Kleinbildformat erzeugt. Das Prinzip der Speicherung ähnelt dem JPEG-Format.
- PCX
  Das PCX-Dateiformat wurde für das Mal- und Zeichenprogramm

PC Paintbrush entwickelt. Die Abkürzung PCX steht für PC paintbrush eXtension. PCX komprimiert Bilddateien bei der Speicherung nach dem verlustfreien RLE-Algorithmus und sorgt damit motivabhängig für eine deutliche Datenreduzierung. Die Farbtiefe der zu speichernden Bilder kann 1, 4, 8, oder 24 Bit betragen. Die Speicherung von Alphakanälen ist mit PCX nicht möglich. Die Anwendung bei der Speicherung von Fotos bringt in aller Regel eine nur geringe Datenreduzierung. Allgemein ist das PCX-Format auf dem Rückzug, obgleich es von sehr vielen Bildbearbeitungsprogrammen unterstützt wird.

- PDF
  PDF, das Portable Document Format, ist ein eigens für den problemlosen Datentransfer entwickeltes Datenformat mit hohem Komprimierungsgrad (JPEG und ZIP). Im Breich der Druckvorstufe ist es dabei, PostScript den Rang abzulaufen.

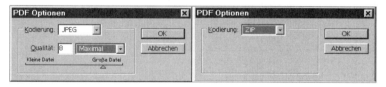

Abb. 2.52: Das PDF-Format unterstützt die JPEG- und die ZIP-Komprimierung.

- PICT
  Die Abkürzung PICT steht für PICTure data format. PICT ist das Grafikdateiformat des Apple Macintosh und wird auch als Austauschformat zwischen Windows und Mac-Systemen verwendet. Es verfügt über einen eigenen recht effektiven verlustfreien Komprimierungsalgorithmus, der besonders auf Bilder mit großflächigen Farbbereichen anzuwenden ist. Bei der Speicherung von RGB-Dateien unterstützt PICT einen Alphakanal. Die Speicherung von RGB-Dateien erfolgt mit 16 oder 32 Bit Farbtiefe. Außer beim Datentransfer und in Mac-Systemen hat PICT kaum Bedeutung.

- PNG (gesprochen: Ping)
  Portable Networks-Graphics ist als Nachfolger des Grafikdateiformats GIF konzipiert worden, wobei es im Gegensatz zu GIF nicht auf indizierte Farben beschränkt ist. PNG unterstützt eine

optionale, effektive verlustfreie Komprimierung und bietet einen interlaced Bildaufbau an. Bei Graustufen- und RGB-Dateien speichert PNG einen Alphakanal mit. Trotz seiner Überlegenheit gegenüber GIF hat sich PNG in Datennetzen (insbesondere dem Internet) noch nicht durchgesetzt.

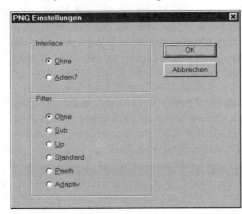

Abb. 2.53:
Neben dem optionalen interlaced-Bildaufbau („Adam7") können Sie bei PNG einen Filter zur Vorbereitung der Bilddatenkomprimierung auswählen.

- PSD
  PSD ist das Grafikdateiformat zu Adobe Photoshop. Es wird fast ausschließlich für die Speicherung von Bilddateien in Photoshop verwendet, da alle Bildzusatzinformationen mitgespeichert werden. Es kann ebenso zum Datentransfer zwischen Photoshop auf Windows- und Mac-Systemen eingesetzt werden.
- Raw
  Das Raw-Format ist ein flexibles Dateiformat für den Dokumentenaustausch zwischen verschiedenen Rechnersystemen. Es speichert die Farbinformation jedes Bildpunktes im Binär-Format, wobei der niedrigste Zahlenwert (Null) der Farbe Schwarz entspricht und der höchste Zahlenwert (abhängig von der Farbtiefe) der Farbe Weiß. Raw unterstützt auch teilweise Alphakanäle.
- Scitex CT
  Scitex CT ist ein hauseigenes Format des Scanner- und EDV-Geräteherstellers Scitex. Dieses Dateiformat beschränkt sich auf den Bereich von Scitexgeräten und wird auch dort zum Datenaus-

tausch eingesetzt. Es handelt sich hierbei um den Bereich der High-End Bildverarbeitung.
- Targa
Targa ist ein Dateiformat aus dem Bereich der professionellen Bildverarbeitung. Es stammt von der Firma Truevision und kommt hauptsächlich im Workstationbereich und unter MS-DOS-Farbprogrammen zum Einsatz. Es ist eigens für Systeme mit Truevision-Grafikkarten konzipiert. Targa unterstützt nur bei Dateien mit 32 Bit Fartiefe einen Alphakanal. Ansonsten erfolgt die Speicherung ohne Alphakanäle.

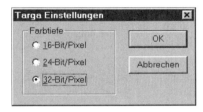

Abb. 2.54:
Wenn Sie ein RGB-Bild in diesem Format speichern, können Sie die gewünschte Farbtiefe auswählen.

- Tiff
Die Abkürzung Tiff steht für Tagged Image File Format. Das Grafikdateiformat Tiff ist weit verbreitet und hat große Bedeutung beim Datenaustausch zwischen verschiedenen Rechnern und Rechnersystemen. Tiff unterstützt die Speicherung von Alphakanälen bei RGB-, CMYK- und Graustufendateien. Durch eine optional wählbare LZW-Komprimierung kann Tiff die Dateigrößen erheblich reduzieren. Als systemunabhängiges Speicherformat, das auch Bildzusatzinformationen mitspeichert, ist Tiff eines der wichtigsten Dateiformate in der Bildverarbeitung, das von einer breiten Palette an Software-Lösungen unterstützt wird.

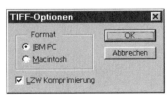

Abb. 2.55:
In Photoshop können Sie bei der Speicherung im Tiff-Format zwischen Mac- und IBM-PC-Format wählen und optional die LZW-Komprimierung hinzuschalten.

2. Grundlagen der Bildverarbeitung

2.5.6 Dateiformate im Überblick

Die folgende Tabelle stellt die eben dargestellten Dateiformate im Schnellüberblick zusammen.

Dateiformat Name	Einsatzbereich	Komprimierung	Dateierweiterung
BMP (Bitmap)	gewährleistet Kompatibilität zu allen Windowsprogrammen	optional, verlustfrei	.BMP
EPS (Encapsulated PostScript)	Druckvorstufe im professionellen Bereich	keine	.EPS
EPS-DCS (Desktop Color Separation)	Druckvorstufe im professionellen Bereich	keine	.DCS
GIF (Graphics Interchange Format)	in Datennetzen, jedoch nur max. 8 Bit Farbtiefe	immer, bei 8 Bit Farbtiefe verlustfrei	.GIF
JPEG Joint Photographic Experts Group)	zur Archivierung, Speicherung und Weitergabe von Endprodukten, v. a. in Datennetzen	immer, jedoch einstellbare Komprimierungsstufe, verlustreich	.JPG
PCD (Photo-CD)	ausschließlich zum Lesen von Photo-CDs; Format kann nicht gespeichert werden	ab 1024*1536 Pixel, verlustreich	.PCD
PCX PC paintbrush eXtension)	allg. bei IBM-komp. Computern; hilft weiter, wenn Corel große Tiff-Dateien nicht öffnet	immer, verlustfrei	.PCX

2.5 Grafikdateiformate

Dateiformat Name	Einsatzbereich	Komprimierung	Dateierweiterung
PDF (Acrobat Portable Dokument Format)	professionelles Autauschformat; Darstellung im Adobe Acrobat-Reader	immer, JPEG oder ZIP zur Auswahl	.PDF
PICT (PICTure data format)	zum Datenaustausch mit Mac-Systemen, Farbtiefen bis 32 Bit	immer, verlustfrei	.PIC
PSD (Photoshopformat)	innerhalb Photoshop, Datentransfer zwischen Photoshop in Windows- und Mac-Systemen oder kompatiblen Programmen	immer, verlustfrei	.PSD
PNG (Portable Networks-Graphics)	in Datennetzen	optional, verlustfrei	.PNG
Raw	Dokumentaustausch zwischen verschiedenen Rechnersystemen	keine	.RAW
Scitex CT	bei Scitexsystemen bei der High-End-Bildbearbeitung	keine	.SCT
Targa	professionelle Bildverarbeitung, Workstations	keine	.TGA
Tiff (Tagged Image File Format)	Datenaustausch, effektive Komprimierung	optional, verlustfrei	.TIF

3. Scannen

In diesem Kapitel wird das eigentliche Scannen beschrieben: angefangen mit den Vorlagentypen und der dazugehörigen Einstellung im Scanprogramm über die richtige Scanauflösung sowie die Einstellmöglichkeiten im Scanprogramm bis hin zur detaillierten Beschreibung verschiedener Scanvorgänge. Abgeschlossen wird dieses Kapitel mit einer Zusammenstellung von Tips und Tricks zum Thema Scannen.

3.1   Einführung in den Scanvorgang

Zunächst soll in erster Linie die Scanvorlage und alles, was es daran zu beachten gibt, erklärt werden. Scanvorlagen können sehr unterschiedlich sein, und die Scanprogramme spiegeln diesen Umstand meist auch durch ihre vielfältigen Einstellmöglichkeiten in diesem Bereich wieder.

3.1.1   Die Scanvorlage

Das Ausgangsprodukt beim Scannen wird als Vorlage bezeichnet. Grundsätzlich werden hier zwei Vorlagentypen unterschieden:

- zum einen sogenannte „Aufsichtvorlagen", wie z.B. Fotoabzüge oder eine Seite aus einem Buch,
- und zum anderen sogenannte „Durchsichtvorlagen", wie z.B. Farbnegative und Dias.

Diese zwei Vorlagentypen unterscheiden sich im wesentlichen durch die Art der Bilderfassung: Bei den Aufsichtvorlagen wird die Vorlage beleuchtet, die Bildinformationen werden durch Reflektion geliefert. Bei den Durchsichtvorlagen wird die Bildinformation durch ein Durchleuchten der Vorlage abgetastet.

3.1 Einführung in den Scanvorgang

Neben diesen Bildträgereigenschaften gibt es noch weitere ergänzende Kriterien für den Vorlagentyp. Man unterscheidet auch zwischen

- Positiv (z.B. Dia, Filmabzug, Barcode)
- und Negativ (z.B. Schwarz/Weiß-Negativ, Farbnegativ).

Außerdem gibt es Vorlagentypkriterien die sich an der Farbe der Vorlage orientieren:

- Farbbilder,
- Graustufenbilder
- und Strichgrafiken

Abb. 3.1: Der Bereich der Vorlagen ist vielfältig. Von links nach rechts: Negativ, Dia (Positiv), Abzug als Strichgrafik (Positiv)

Hinweis:
Lassen Sie sich durch die Abbildungen in der Wahl Ihrer Vorlagen nicht einschränken. Ein bemaltes Brett oder eine CD kann eine ebensogute Vorlage liefern. Hauptsache, die Vorlage ist halbwegs zweidimensional.

Je nach Vorlagentyp, den Sie für einen Scan einsetzen, muß im Scanprogramm auch der entsprechende Vorlagentyp ausgewählt werden, damit Scanner und Scanprogramm darauf vorbereitet werden können. Abhängig vom Scannertyp müssen Sie als erstes die Bildträgereigenschaften festlegen – also bestimmen, ob es sich um eine Aufsicht- oder um eine Durchsichtvorlage handelt. In Frage kommt dies natürlich nur bei Scannern, die diese beiden Vorlagentypen verarbeiten können (wie z.B. ein Flachbettscanner mit Durchlichteinheit). Wenn Sie mit einem Filmscanner oder einem normalen Flachbettscanner arbeiten, ist die richtige Einstellung in der Scanner-Software bereits insofern festgelegt, als keine andere Einstellmöglichkeit unterstützt wird.

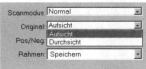

Abb. 3.2:
Menüs zur Auswahl des Vorlagentyps

Im linken Menü in Abb. 3.2 haben Sie die Wahl zwischen Aufsichtvorlagen und Durchsichtvorlagen, die mit *Dia* und *Negativ* bezeichnet werden. Bei allen Durchsichtvorlagen, die als Positiv vorliegen, muß somit *Dia* gewählt werden. Das rechte Auswahlmenü unterscheidet zwischen *Aufsicht* und *Durchsicht*.

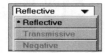

Abb. 3.3:
Vorlagentypen in einem englischen Menü

In Abb. 3.3 ist ein englisches Menü dargestellt. Die Menüpunkte haben von oben nach unten folgende Bedeutung: *Aufsicht*, *Durchsicht* und *Negativ*. In diesem Fall wird *Durchsicht* gleich mit *Positiv* zusammengefaßt. Die beiden Punkte *Transmissive* und *Negative* sind hier grau unterlegt, da sie in diesem Menü nicht anwählbar sind. Es handelt sich um einen Flachbettscanner, der die Option für eine Durchlichteinheit hat, welche aber nicht installiert ist.

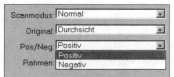

Abb. 3.4:
Sauber getrennte Auswahlbereiche bietet das Programm „SilverFast".

Nachdem Sie die Eigenschaften des Bildträgers Ihrer Vorlage im Scanprogramm festgelegt haben, müssen Sie noch bestimmen, ob es sich um ein Positiv oder um ein Negativ handelt. Die Scanner-Software kann Negativvorlagen gleich in ein Positiv umwandeln. Die meisten Bildverarbeitungen bieten diese Option an, auch wenn eine

Umwandlung erst nach dem Scan erfolgen soll. Es ist jedoch sinnvoll, eine Umwandlung bereits durch die Scan-Software vollziehen zu lassen, da Sie dadurch die Scanvorschau bereits richtig beurteilen können.

Sind die Grundeinstellungen für den Vorlagentyp bestimmt, muß nun der Farbbereich festgelegt werden. Obwohl es sich hierbei auch um Vorlagentypen oder zumindest um Eigenschaften eines Vorlagentyps handelt, erfolgt die Einstellung in Scanprogrammen oft unter den Begriffen *Scanmodus* oder *Scantyp*. Hierbei wird angegeben, wie der Scanner die Vorlage interpretieren soll, und dadurch das Ergebnis festgelegt. Eine Schwarz-Weiß-Foto-Vorlage, die mit 24 Bit-Farbeinstellung gescannt wird, kann natürlich nicht in ein Farbfoto umgewandelt werden. Aus einem Farbfoto kann dagegen leicht ein Schwarz-Weiß-Foto werden.

Wie bereits früher erwähnt, werden bei der Farbe die drei Vorlagentypen Farbbilder, Graustufenbilder und Strichgrafiken unterschieden.

Farbbilder

Beim Scannen ist das Erfassen von Farbbildern besonders beliebt. Farbbilder werden vom Scanner in ein RGB-Bild umgesetzt. Für jede der drei Grundfarben (rot, grün, blau) liefert der Scanner einen Farbkanal.

Abb. 3.5: Menüs zur Bestimmung der Farbtiefe

Meistens werden Sie beim Scannen von Farbbildern als Vorlagen Papierabzüge, Dias oder Farbnegative verwenden. Falls Sie keinen durchlichtfähigen Scanner haben, kommt sowieso nur ersteres in Frage. Bei der Einstellung im Scanprogramm können Sie die Farbtiefe auswählen, wobei die höchstmögliche Einstellung auch meist die beste Wahl ist. Diese Farbtiefe wird ohnehin meist nur scannerintern verwendet. Zur Übertragung an das Bildverarbeitungspro-

3. Scannen

gramm erfolgt eine Reduzierung auf 24 Bit Farbtiefe. Jede weitere eventuell gewünschte Farbreduzierung (z.B. 256 oder weniger Farben = indizierte Farben) sollte erst in der Bildverarbeitung erfolgen. Im linken Menü in Abb. 3.5 ist die Farbtiefenangabe *36 Bit Farbe* (intern), wobei mit 24 Bit ins Bildbearbeitungsprogramm übertragen wird. Im rechts davon dargestellten Menü können Sie dagegen wählen. Wählen Sie in diesem Fall *True Color RGB*, und nehmen Sie weitere Einstellungen erst in der Bildverarbeitung vor. Mit *True Color RGB* sind in diesem Scanprogramm 16,7 Millionen Farben (24 Bit) gemeint. Das englischsprachige Scanprogramm im obigen Bild bietet Ihnen auch noch die Möglichkeit, gleich CMYK-Bilddateien zu erzeugen. Da ein Scanner jedoch immer nur im RGB-Farbsystem arbeitet, handelt es sich hier nicht um die Aufgabe des Scanners, sondern ausschließlich um diejenige des Scanprogramms. Falls Sie Bilddateien im CMYK-Farbsystem benötigen, überprüfen Sie, ob diese Umwandlung nicht besser erst in Ihrer Bildverarbeitung geschehen sollte, die meist besser für solche Aktionen ausgestattet ist als Scanprogramme.

Abb. 3.6:
Die Scanmodusauswahl von „Microtek ScanMaker X6"

In der Scanmodusauswahl von *Microtek ScanMaker X6* können Sie unter *Farbe* zwischen Millionen Farben (24 Bit Farbtiefe) und Milliarden Farben (36 Bit Farbtiefe) wählen. Bei der Wahl *36 Bit* erhalten Sie 12 Bit pro Farbkanal in Ihre Bildverarbeitung. Bei der richtigen Bildabstimmung im Scanprogramm reichen hier meist auch die externen 24 Bit, da der Scanner intern weiterhin mit 36 Bit Farbtiefe arbeitet. Wenn Ihr Scanner die Möglichkeit bietet, extern mehr als 24 Bit zu übertragen, stoßen Sie spätestens in Ihrem Bildverarbeitungsprogramm auf Probleme in Form eines eingeschränkten Funktionsumfangs. Andererseits haben Sie den Vorteil, daß Sie nun in der Bildverarbeitung Zugriff auf den vollen Farb- bzw. Tonwertumfang Ihres Scanners haben. Da das Bild mit 24 Bit Farbtiefe den Standard in der elektronischen Bildverarbeitung darstellt, müssen Sie früher oder später Ihr Bild in 24 Bit umwandeln.

Hinweis:
Das 36-Bit-Farbbild werden Sie in Ihrer Bildverarbeitung als 48 Bit-Bild wiederfinden. Dies ist speichertechnisch bedingt, erhöht die Farbtiefe des Bildes aber nicht.

Abb. 3.7:
Bildinformation im Bildverarbeitungsprogramm

Beachten Sie auch den folgenden wichtigen Aspekt: Da Farbbilder durch die Umwandlung in elektronische Form in drei Farbkanäle aufgespalten werden, müssen eventuelle Farbfehler oder Farbstiche unter Umständen im Scan- oder später im Bildbearbeitungsprogramm behoben werden. Solche Fehler rühren daher, daß z.B. eine Farbkomponente zu stark vertreten ist. Die Ursache dafür kann sowohl in der Vorlage als auch in einem Gerätefehler des Scanners liegen. Ungeachtet der Fehlerursache sollten Sie beachten, daß die Korrektur eines solchen Farbfehlers sich immer anderen Korrekturen, die sich auf die Farbkanäle in ihrer Gesamtheit beziehen, unterordnet. Erst wenn Tonwertbereich und Gammakorrekturen des Gesamtbildes stimmen, dürfen Sie Farbkorrekturen der einzelnen Farbkanäle vornehmen, da Sie sonst Gefahr laufen, die Kontrolle über Ihre Bildkorrektur zu verlieren. Bevor die Grundlage nicht stimmt, hat es keinen Zweck, Details zu korrigieren.

Graustufenbilder

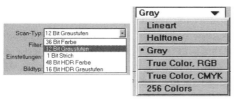

Abb. 3.8:
Verschiedene Menüs für Graustufenangaben

Ein bekannter Vertreter des Vorlagentyps *Graustufenbilder* ist das Schwarz-Weiß-Foto oder das Negativ. Allgemein handelt es sich hier um einen Vorlagentyp, der sich nur aus einer Farbe zusammensetzt. Der bildliche Eindruck wird durch die Unterscheidung dieser Farbe in verschiedene Tonwerte möglich. Bei diesen Tonwerten handelt es sich um Graustufen. Um Graustufenbilder zu scannen, bedarf es auch hier der richtigen Einstellung des Vorlagentyps im Scanprogramm.

Im linken Menü in Abb. 3.8 ist die Graustufenangabe *12 Bit Graustufen* (intern), wobei mit 8 Bit ins Bildbearbeitungsprogramm übertragen wird, was 256 Graustufen entspricht. Im rechten Menü eines 24 Bit-Flachbettscanners gibt es die Auswahl *Gray*, die ebenfalls 256 Graustufen entspricht.

Wenn der Scanner nicht nur intern eine Graustufentiefe von 12 Bit verwendet, sondern diese auch an Bildverarbeitungsprogramme übergeben kann, wird ein Menü wie in Abb. 3.9 angezeigt.

Abb. 3.9:
Die Scanmodusauswahl von „Microtek ScanMaker X6"

In der Scanmodusauswahl vom *Microtek ScanMaker X6* können Sie zwischen *256 Graustufen* (8 Bit Graustufen) und *Tausende Graustufen* (12 Bit Graustufen) wählen. Wählen Sie 12 Bit, erhalten Sie wirklich die vollen 12 Bit Graustufen in Ihre Bildverarbeitung. Bei der richtigen Bildabstimmung im Scanprogramm reichen hier meist auch die externen 8 Bit, da der Scanner intern weiterhin mit 12 Bit Graustufen arbeitet.

Wenn Ihr Scanner die Möglichkeit bietet, extern mehr als 8 Bit bei Graustufen zu übertragen, stoßen Sie spätestens in Ihrem Bildverarbeitungsprogramm (wie auch bei Farbbildern) auf Probleme in Form eines eingeschränkten Funktionsumfangs. Sie haben andererseits den Vorteil, daß Sie nun in der Bildverarbeitung Zugriff auf den vollen Tonwertumfang Ihres Scanners haben. Da das Bild mit 8 Bit Graustufen aber den Standard in der elektronischen Bildverarbeitung darstellt, müssen Sie früher oder später Ihr Bild in 8 Bit umwandeln.

3.1 Einführung in den Scanvorgang

Hinweis:
Das 12 Bit-Graustufenbild werden Sie in Ihrer Bildverarbeitung als 16 Bit-Bild wiederfinden. Dies ist speichertechnisch bedingt, erhöht den Tonwertumfang des Bildes aber nicht.

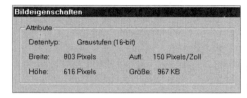

Abb. 3.10:
Bildinformation im Bildverarbeitungsprogramm

Für die Abtastung von Graustufenbildern verwenden Scanner normalerweise nur eine der drei CCD-Zeilen (oder eine entsprechende Technik). Daher bieten einige Scanprogramme die Möglichkeit, über die Filterfarbe auszuwählen, welche CCD-Zeile verwendet werden soll. Neben den einzelnen Filtern für die drei Grundfarben finden Sie manchmal auch eine Auswahl für Grau oder Weiß. Diese Auswahl bewirkt, daß beim Scannen von Farbbildern in der Einstellung *Graustufen* ein neutral gefiltertes Graustufenbild entsteht.

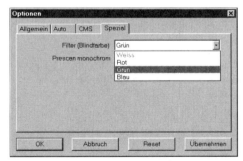

Abb. 3.11:
Unter dem Punkt „Filter" (Blindfarbe) haben Sie bei SilverFast die Wahl.

Bei einem Graustufenbild als Vorlage spielt die Filterauswahl in der Regel keine oder nur eine geringe Rolle. Probieren Sie die verschiedenen Filtereinstellungen bei einem Graustufenbild aus.
Ganz anders wirkt es sich aus, wenn ein Farbbild mit der Einstellung *Graustufen* gescannt wird. Verwendet Ihr Scanner bei der Erstellung des Graustufenbildes ausschließlich eine der drei Farbkomponenten, kommt es beim Bild zu interessanten Erscheinungen, da

nur die Helligkeitsstufen einer Farbe bei der Erzeugung des Graustufenbildes zum Einsatz kommen (siehe Abb. 3.12 bis 3.14).

Abb. 3.12:
Graustufenbild, das aus dem Rotanteil eines Farbbildes entstanden ist. Im Farboriginal ist der Telefonhörer rot und der Apparat gelb.

Abb. 3.13:
Graustufenbild, das aus dem Grünanteil eines Farbbildes entstanden ist. Der knallrote Telefonhörer hat sich extrem verändert (vgl. Abb. 3.12).

Abb. 3.14:
Graustufenbild, das aus dem Blauanteil eines Farbbildes entstanden ist.

3.1 Einführung in den Scanvorgang

Wie Ihr Scanner beim Graustufenscan eines Farbbildes reagiert, können Sie ausprobieren, indem Sie verschiedene Filtereinstellungen durchtesten. Es kann sein, daß trotz der Auswahl eines bestimmten Farbfilters nicht die in den obigen Bildern dargestellte Farbtrennung auftritt, weil Ihr Scanner solche Spielereien nicht unterstützt, obwohl sie in der Scanner-Software angeboten werden. Falls Ihr Scanner beim Graustufenlesen von Farbbildern das Graustufenbild nur über eine der drei Farbkomponenten erzeugen kann und keine Möglichkeit zur Filterauswahl hat, scannen Sie einfach in Farbe und wandeln erst in der Bildverarbeitung in Graustufen um. In vielen Fällen kommen Sie auf diesem Weg sowieso zum besseren Ergebnis, da ein Farbbild die Tonwertinformation von drei Grundfarben enthält. Mit der richtigen Bildverarbeitung erhalten Sie dann ein besseres Graustufenbild als direkt über die Scanner-Software.

Neben echten Graustufenvorlagen können also auch Farbbilder als Vorlage für Graustufendarstellungen dienen. Oft läßt sich dies auch gar nicht vermeiden, da z.B. nur Farbfotos vorliegen.

Zum Vergleich werden in Abb. 3.15 und 3.16 zwei Graustufenbilder dargestellt, die aus Farbbildern entstanden sind – das eine über die Scanner-Software, das andere erst später in der Bildverarbeitung.

Abb. 3.15: Hier erfolgte die Umwandlung erst in der Bildverarbeitung.

Sie können jedoch auch echte Graustufenvorlagen im Farbmodus scannen. Dahinter steckt die Überlegung, daß bei der Einstellung

Farbe ein viel größerer Spielraum für die Erfassung des Bildes zur Verfügung steht. Die Umwandlung des „Farbgraustufenbildes" in ein Graustufenbild geschieht dann in der Bildverarbeitung. Für welche Methode Sie sich letztendlich entscheiden, ist nicht zuletzt abhängig von der Qualität der Werkzeuge Ihrer Scanner-Software und Ihrer Bildverarbeitung. Hier müssen Sie selbst durch Ausprobieren den richtigen Weg finden.

Abb. 3.16: Dieses Bild wurde mit Graustufeneinstellung gescannt.

Strichgrafiken

Die einfachsten Vertreter von Strichgrafiken sind Texte. Strichgrafiken zeichnen sich dadurch aus, daß sie sich nur aus den beiden Komponenten Schwarz und Weiß zusammensetzen. Die Farbtiefe je Bildpunkt beträgt also 1 Bit. Es werden nur die Werte 0 und 1 unterschieden. Daher wird dieser Vorlagentyp auch oft als Bitmap-Grafik bezeichnet. Dies hat nichts mit dem bekannten Dateityp zu tun. Die verschiedenen Scanprogramme haben einen besonderen Einstellungspunkt für solche Strichgrafiken.

Beim Scannen in dieser Einstellung kann die Scanauflösung meist nicht hoch genug sein. Da der Scanner bzw. die Scan-Software nur Weiß und Schwarz als Farben zur Verfügung hat und daher keine Abstufungen in Form von Grautönen oder Farbtönen bilden kann,

3.1 Einführung in den Scanvorgang

ergibt sich bei zu geringer Auflösung schnell eine Treppenstruktur, die z.B. Buchstaben ausgefranst wirken läßt.

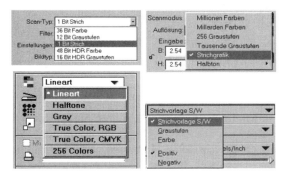

Abb. 3.17:
Verschiedene Menüpunktbezeichnungen für Strichgrafiken

In Abb. 3.17 sind vier Begriffe für dieselbe Sache dargestellt: *1 Bit Strich*, *Strichgrafik*, *Lineart* und *Strichvorlage S/W*.

Abb. 3.18:
Strichgrafik, links mit 200 dpi, rechts mit 600 dpi

Wenn Sie keinen Scanner mit mindestens 800 dpi physikalischer Auflösung verwenden, wird Ihnen das Scannen von Texten als Strichgrafik für einen späteren Ausdruck keine Freude bereiten – es sei denn, Sie arbeiten mit einem Trick: Sie führen den eigentlichen Scan nicht in der Einstellung für Strichgrafiken durch, sondern in der Einstellung für Graustufen. Wie Sie in Abb. 3.19 sehen, wird durch die Graustufungen am Rand der Buchstaben der Eindruck deutlich besser. Die Umwandlung in eine Strichgrafik kann, falls überhaupt notwendig, auch erst später in der Bildverarbeitungs-Software erfolgen.

Abb. 3.19:
Ein Ausschnitt von Abb. 3.18 als Graustufenbild,
Auflösung: 200 dpi (oben) und 600 dpi (unten)

Falls eine spätere Umwandlung erfolgen soll, sollten Sie hierfür den sogenannten Schwellenwert festlegen. Dadurch bestimmen Sie selbst, welcher Grauwert bzw. welcher Bildpunkt zu Schwarz und welcher zu Weiß umschlagen soll. Suchen Sie in Ihrer Bildverarbeitung den entsprechenden Menüpunkt für die Schwellenwerteinstellung. Die folgenden Beispiele zeigen Ihnen, wie eine Strichgrafik, die als Graustufenbild vorliegt, auf verschiedene Änderungen des Schwellenwerts reagiert.

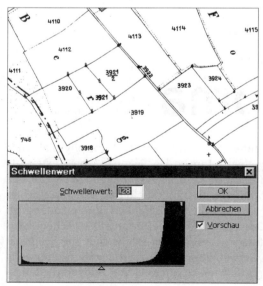

Abb. 3.20:
Der Schwellenwert 128 befindet sich genau in der Mitte der Tonwertskala.

3.1 Einführung in den Scanvorgang

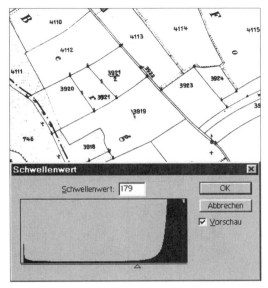

Abb. 3.21:
Schwellenwertzunahme auf 179 bzw. minus 40 % Helligkeit

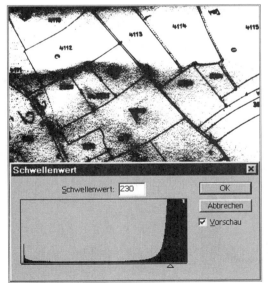

Abb. 3.22:
Ein Schwellenwert von 230 bzw. minus 80 % Helligkeit

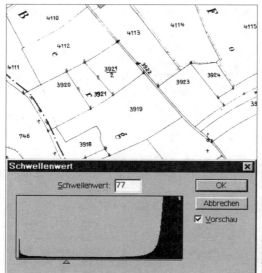

Abb. 3.23:
Schwellenwertabnahme auf 77 bzw. plus 40 % Helligkeit

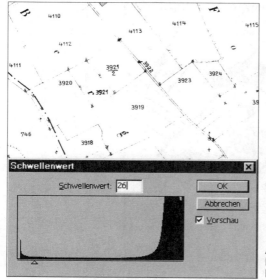

Abb. 3.24:
Ein Schwellenwert von 26 bzw. plus 80 % Helligkeit

3.1 Einführung in den Scanvorgang

- Ein Schwellenwert von 179 bzw. minus 40 % Helligkeit wird in Abb. 3.21 dargestellt. Der Unterschied zum Original ist noch nicht groß, aber in Einzelheiten bereits zu erkennen. Die aufgerissenen Grenzen in der Karte sind fast beseitigt.
- Bei minus 80 % Helligkeit (Abb. 3.22) ist zu erkennen, daß doch noch einiges an Graustufen im Graustufenbild vorhanden war, obwohl Ihre Vorlage scheinbar schwarz/weiß war. Alle Tonwerte zwischen 0 und 230 werden hier zu Schwarz.
- In Abb. 3.23 ist der Unterschied zum Original noch nicht groß. Im Vergleich mit dem Ausgangsbild erkennt man, daß die Grenzen in der Karte langsam aufreißen.
- Bei plus 80 % Helligkeit (Abb. 3.24) ist auf der dargestellten Karte nicht mehr viel zu erkennen. Aber je nach gewünschtem Ergebnis können Sie selbst variieren.

Die Auswirkung eines Schwellenwertes ist natürlich von Bild zu Bild verschieden, abhängig von der Tonwertverteilung im Histogramm. Wenn Sie selbst einmal versuchen, mit dem Schwellenwert herumzuexperimentieren, werden Sie schnell erkennen, welch ein elegantes Werkzeug Ihnen hier geboten wird. In vielen Fällen bietet es sich nämlich an, anstelle eines 1 Bit-Strichscan einen Graustufenscan zu erzeugen.

Die Umwandlung in eine Strichgrafik führen Sie nach der Schwellenwertbestimmung in der Bildverarbeitung durch, wo Sie mir Hilfe der Vorschaufunktion genau verfolgen können, wie das Ergebnis wird. Das Vorschaufenster im Scanprogramm kann da in der Regel nicht mithalten.

Zum Vergleich die Einstellung des Schwellenwertes direkt im Scanprogramm: Im Scanprogramm geschieht dies meist über den Helligkeitsregler. Im Vorschaufenster können Sie auch hier das zu erwartende Ergebnis betrachten. Bei dem in Abb. 3.25 links dargestellten SilverFast legen Sie mit dem Helligkeitsregler den Schwellenwert vor dem Scan fest. Bei dem rechts gezeigten Scanprogramm von Microtek wird der Helligkeitsregler bei der Auswahl des Vorlagentyps *Strichgrafik* automatisch zum Schwellwertregler.

Welchen Weg Sie beim Erzeugen von Strichgrafiken einschlagen, bleibt Ihnen überlassen. Sie sollten beide Möglichkeiten ausprobieren, um herauszufinden, welche Ihnen eher liegt.

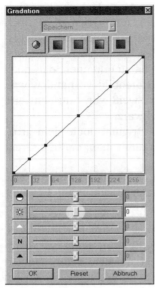
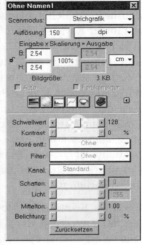

Abb. 3.25: Helligkeitsregler in SilverFast (links) und Scanprogramm von Microtek (rechts)

Strichgrafiken drucken

Da gescannte Strichgrafiken meist als fertiges Bild an einen Drucker geschickt werden, müssen Sie eines unbedingt beachten: Sie sollten bereits beim Scan die Auflösung wählen, die auch später der Drukker verwendet. D.h., wenn Ihr Drucker mit 600 dpi druckt, sollte auch der Scanvorgang mit dieser Auflösung durchgeführt werden. Hierdurch erreichen Sie, daß jeder Druckpunkt genau einem Bildpunkt entspricht. Ansonsten – wenn der Drucker die Bilddatei erst scalieren muß –, wirkt sich dies besonders bei Strichgrafiken negativ auf die Qualität des Druckes aus. Wenn die Größe des zu scannenden Bildes nicht identisch mit demjenigen im Druck ist, macht dies in der Regel keine Probleme. Soll beispielsweise das Bild im Druck nur halb so groß werden, so scannen Sie es einfach mit 300 dpi. Achten Sie darauf, daß bei der späteren Größenänderung nicht die Pixelanzahl in Hoch- und Rechtswert des Bildes verändert wird. Falls die Scalierung einer Strichgrafik nicht zu umgehen ist, so wählen Sie zumindest bei der Auflösung einen Wert, der die Hälfte oder

3.1 Einführung in den Scanvorgang

ein Viertel der Druckauflösung darstellt, um beim späteren Druck keine bösen Überraschungen zu erleben.

3.1.2 Vorlagentypbestimmung aufgrund der Pixelverteilung

Bei der Betrachtung von Vorlagen anhand der Verteilung der Häufigkeit ihrer Tonwerte werden grundsätzlich drei verschiedene Vorlagentypen unterschieden:

- Average-key-Bilder
- High-key-Bilder
- Low-key-Bilder

Wenn Sie diese drei Vorlagenarten unterscheiden können, wird Ihnen das Lesen von Histogrammen wesentlich leichter fallen.

Average-key-Bilder

Average-key-Bilder (*Average* = „durchschnittlich, normal") sind Vorlagen, die eine ausgewogene Verteilung bei der Häufigkeit der Tonwerte aufweisen.

Abb. 3.26:
Die Kurve für die Tonwertintensität zeigt einen ausgewogenen Verlauf.

Es handelt sich hierbei um Bilder, die vom Motiv her eine ausgewogene Helligkeitsverteilung von dunkel bis hell haben. Dies wird durch normale Aufnahmelichtverhältnisse unterstützt. Aufnahmen im Außenbereich, bei normalem Tageslicht, fallen meist unter diese Gruppe von Bildern.

High-key-Bilder

High-key-Bilder zeigen bei der Betrachtung ihres Histogramms eine besondere Häufung der Tonwertintensität im rechten, hellen Bereich der Tonwertskala.

Abb. 3.27:
Deutlich ist die Häufung der Bildpunkte im rechten, hellen Bereich zu erkennen.

Es handelt sich hierbei um Aufnahmen, die fast ausschließlich helle Töne aufweisen (z.B. ein weißes Schaf im Schnee).

Low-key-Bilder

Low-key-Bilder zeigen bei der Betrachtung ihres Histogramms eine besondere Häufung der Tonwertintensität im linken, dunklen Bereich der Tonwertskala.

Abb. 3.28:
Deutlich ist die Häufung der Bildpunkte im linken, dunklen Bereich zu erkennen.

Bei Low-key-Bildern sind helle Töne nur sehr gering vertreten. Es handelt sich hierbei meist um Motive mit hauptsächlich dunklen Farbtönen. Der allgemein dunkle Eindruck kann auch Folge schwacher Lichtverhältnisse sein, wie Sie bei Aufnahmen in der Morgen- und Abenddämmerung vorherrschen.

3.1.3 Problemvorlagen

Nicht bei jeder Vorlage wird auf den ersten Blick ersichtlich, was sie für Probleme behinhaltet. Bei manchen Vorlagen steckt die Tücke im Detail.

Sonderfall gedruckte Bilder

Bei den bisher beschriebenen Vorlagentypen ist eine Besonderheit noch nicht angesprochen worden. Diese betrifft Vorlagen, die drucktechnisch entstanden sind und sich aus einzelnen Punkten aufbauen. Solche gedruckten Bilder werden auch als gerastert bezeichnet. So manches Hochglanzbild aus einer Illustrierten lädt dazu ein, gescannt zu werden, und sei es nur, um es als Bildschirmhintergrund zu verwenden. Beim Scannen solcher Vorlagen kann es dann aber zu dem sogenannten „Moiré-Muster" kommen. Wenn Sie sich das schöne Hochglanzfoto unter der Lupe betrachten, sehen Sie, daß Ihr Auge Sie hinters Licht geführt hat. Das so homogen wirkende Bild besteht in Wirklichkeit aus lauter kleinen Punkten, die im ganzen gesehen ein Raster darstellen. Da ein Scanner ein eigenes Raster (Bildpunkteraster) zur Erfassung von Bildern verwendet,

3.1 Einführung in den Scanvorgang

wird das Druckraster mit dem Raster des Scanners überlagert, und es kann zur Interferenz der beiden Raster kommen. Das in Abb. 3.29 dargestellte Ergebnis ist ein gestörter Bildeindruck (Moiré).

Abb. 3.29:
Deutlich sind die Interferenzmuster in der Grafik zu erkennen.

Zum Vergleich sehen Sie in Abb. 3.30 die gleiche Grafik ohne Moiré – auf dem gleichen Scanner mit der gleichen gedruckten Vorlage erstellt.

Abb. 3.30:
Die Interferenzmuster wurden entfernt.

Entrasterung

Um beim Scan von gedruckten Vorlagen Störungen in Form von Moiré-Mustern möglichst zu vermeiden, bieten viele Scanner-Programme die sogenannte „Entrasterungs"- oder *Descreening*-Funktion an. Höherwertige Scanner mit interner Optik entschärfen dieses Problem im wahrsten Sinne des Wortes durch Unscharfstellen der Optik, das sogenannte „Defokussieren".

Um eine effektive Entrasterung durchführen zu können, muß zunächst die Vorlage genau betrachtet werden. Das Ziel ist die Rasterweite des Druckes, die in Linien pro Zoll (Inch) bzw. pro Zentimeter angegeben wird. Solche Angaben werden jedoch nicht mit auf die Bilder einer Illustrierten gedruckt. Im normalen Fall der Entrasterung lösen die Scanprogramme dieses Problem selbständig.

Abb. 3.31:
Auswahl der Art des als Vorlage benutzten Mediums

Die Art des als Vorlage benutzten Mediums muß bei dem in Abb. 3.31 dargestellten Menü nur ausgewählt werden. Im Zweifelsfall müssen Sie zweimal scannen.

Abb. 3.32:
In diesem Menü wird über „Descreen" das Moiré entfernt.

Wenn Sie es beim Scannen oft mit gedruckten Vorlagen zu tun haben, können die Einstellmöglichkeiten der Abb. 3.31 und 3.32 nur als Notlösung gesehen werden. Daher bietet die Scanner-Software oftmals auch die Möglichkeit, die Rasterweite des vorliegenden Druckes genau einzugeben. Um diese zu bestimmen, verwenden Sie am besten einen Fadenzähler, den Sie im Druckereibedarffachhandel erhalten. Der Fadenzähler ist im Prinzip nichts anderes als eine

3.1 Einführung in den Scanvorgang

Lupe, die schon mit einem Maßstab verbunden ist. Wenn Sie einen solchen Fadenzähler auf Ihre Vorlage legen und hindurchblicken, sehen Sie die einzelnen Punkte des Druckrasters und zusätzlich eine Millimeterskala mit einer Unterteilung von Zehntelmillimetern. Um nun die Rasterweite der gedruckten Vorlage zu ermitteln, gehen Sie so vor:

1. Plazieren Sie den Fadenzähler so auf der Vorlage, daß der Maßstab parallel an einem Rasterwinkel zu liegen kommt, und setzen Sie den ersten Teilstrich der Skala in die Mitte eines Punktes.
2. Zählen Sie nun die Anzahl der Rasterpunkte auf dem ersten Millimeter der Skala. Angenommen, Ihre Vorlage hat eine Rasterweite von 60 Linien pro Zentimeter, so kommen Sie beim Abzählen auf den Wert 6 Punkte. Können Sie nicht genau sagen, ob es nun 5 oder 6 Punkte sind, weil der sechste Punkt bereits angeschnitten ist, dann zählen Sie die Punkte im Bereich von 2 Millimetern der Skala.
3. Rechnen Sie dann die Punkteanzahl auf einen Zentimeter hoch, indem Sie Ihren ermittelten Wert mit 10 bzw. 5 multiplizieren. Nun haben Sie den Wert der Rasterweite Ihrer Vorlage. Diesen Wert müssen Sie nun in Ihre Scanner-Software eingeben.

Abb. 3.33:
SilverFast ermöglicht die Eingabe des ermittelten Wertes unter dem Punkt „Raster".

Sie finden den Punkt *Raster* oder *Rasterweite* auch oft im Unterpunkt *Benutzerdefiniert* unter *Entrastern* oder *Moiré entfernen*.

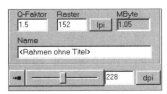

Abb. 3.34:
SilverFast bietet beide Maßstäbe zur Wahl an.

Es kann auch sein, daß Ihr Scanprogramm eine Eingabe in Linien pro Zentimetern (*lpcm*) nicht unterstützt und stattdessen Linien pro

Inch (*lpi*) verlangt. In diesem Fall muß der ermittelte Zentimeterwert noch mit dem Faktor 2,54 multipliziert werden. Im obigen Fall ergäbe dies einen Wert von gerundet 152 Linien pro Inch. Sie können auch, indem Sie auf die Taste *lpi* klicken, gleich in *lpcm* umrechnen und zurück.

Hinweis:
Da bei der Bestimmung der Rasterweite immer eine gewisse Ungenauigkeit entstehen wird, sollten Sie sich nicht an einem fixen Wert festbeißen. Besser ist es, einen geringen Wertebereich zu betrachten und durch Ausprobieren innerhalb dieser Grenzen das Optimum zu ermitteln. Halten Sie auch die Erfahrungen, die Sie beim Ausprobieren machen, fest, um später davon profitieren zu können.

Folgendes ist bei der Entrasterung noch zu beachten:

- Überschreiten Sie bei der Scanauflösung – soweit Sie überhaupt bei eingeschalteter Entrasterung Einfluß darauf haben – generell nicht die physikalische Auflösung Ihres Scanners, da dies zu einer Verstärkung des Moiré-Effekts führen kann. Das rührt daher, daß die Scan-Software zusätzliche Bildpunkte durch Interpolation bestimmen muß.
- Außerdem dürfen Sie das Bild bei eingeschalteter Entrasterung nicht noch zusätzlich in der Scan-Software durch Scalierung vergrößern, da die Auflösung der Vorlage durch die Rasterauflösung begrenzt ist. Ansonsten können wieder die unerwünschten Moiré-Muster auftreten. Eine Verkleinerung ist jedoch ohne Probleme möglich. Falls das Bild trotzdem vergrößert werden soll, so führen Sie dies erst in Ihrer Bildverarbeitung durch. Bedenken Sie aber, daß bei einer Vergrößerung die Darstellungsqualität leidet, da ja die Qualität des Bildes in der Originalgröße durch das Entrastern bereits gelitten hat.
- Betrachten Sie Ihre entrasterten Bilder unbedingt mindestens in einer 1:1-Bildschirmdarstellung, d.h. jeder Bildpunkt soll mindestens einem Bildschirmpunkt entsprechen. Eine verkleinerte Darstellung kann dazu führen, daß das Monitorraster mit dem des Bildes erneut einen Überlagerungseffekt hervorruft. Ein noch vorhandenes Moiré kann dann nicht richtig beurteilt werden.

3.1 Einführung in den Scanvorgang

Entrasterung durch hohe Auflösung

Falls Sie Lust am Experimentieren und einen Scanner mit 1.200 dpi Auflösung haben, können Sie auch noch einen anderen Weg beschreiten um gedruckte Vorlagen zu scannen: Scannen Sie Ihre Vorlage mit einer sehr hohen Auflösung (mindestens 1.200 dpi) ein. Danach scalieren Sie das Bild wieder auf den gewünschten Wert. Hauptproblem bei dieser Methode sind die riesigen Datenmengen, welche die Arbeit recht zeitaufwendig machen. Bedenken Sie, daß nur ein Quadratzentimeter Bildfläche mit 24 Bit Farbtiefe bei 1.200 dpi Auflösung bereits über 650 KByte hat, d.h. zwei Quadratzentimeter eines solchen Bildes belegen bereits die Speicherkapazität einer 3,5-Zoll Diskette.

Durch die Bildstruktur bedingte Interferenzen

Abb. 3.35:
Das Hemdchen weist unerwünschte Muster auf.

Vorlagen, die feine Streifen oder kleine geometrische Strukturen aufweisen, können beim Scannen zu interessanten Erscheinungen neigen. Am besten begegnen Sie diesem Problem durch Erhöhen der Auflösung, wobei Sie immer die schon angesprochene Datenmenge berücksichtigen sollten. Wenn Sie schon beim Fotografieren wissen, daß das Foto später eingescannt werden soll, ist es am besten, auf Kleidung wie im folgenden Beispiel zu verzichten. Wenn es sich um eine wichtige Aufnahme handeln sollte, bleibt Ihnen sonst u.U. nur die Möglichkeit, diese mit einer anderen Kleidung zu wiederholen.

Abb. 3.36:
Ansicht bei einer Auflösung von 2.700 dpi

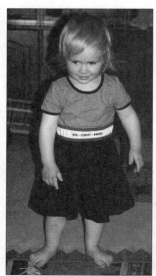

Abb. 3.37:
Ansicht bei reduzierter Auflösung und eingeschalteter Entrasterung. Danach wurde das Bild noch mit einem Bildfilter in der Bildverarbeitung nachgeschärft.

3.1 Einführung in den Scanvorgang

Nach einer Vervielfachung der Scanauflösung sieht das Hemdchen aus Abb. 3.35 wie in Abb. 3.36 aus. Trotz einer Auflösung von 2.700 dpi für die Kleinbilddiavorlage ist das Ergebnis aber nur gerade noch akzeptabel.

Eine Alternative mit Kompromiß zur speicherfressenden Hochauflösung bietet die Entrasterung. Der Kompromiß besteht darin, daß die feinen Linien im Hemdchen durch die bewußte Unschärfe bei der Entrasterung zur homogenen Fläche verfließen. Durch ein nachfolgendes Schärfen des Bildes erhalten Sie u.U. sogar wieder den Eindruck einer Struktur. Die richtige Einstellung für die Entrasterung müssen Sie durch Ausprobieren selbst herausfinden.

3.1.4 Rohdaten

Rohdaten werden als HDR (*High Dynamic Range*) bezeichnet, was soviel bedeutet wie „Rohdaten mit unreduziertem Dynamikumfang". Wenn Ihr Scanner ein solches Bilddatenformat unterstützt, haben Sie die Möglichkeit, den eigentlichen Scanvorgang von der Bildaufbereitung zu trennen. Da HDR-Bilder alle Rohdaten des Scans enthalten, kann zu einem späteren Zeitpunkt verlustfrei weiterverarbeitet werden. Ihre Scan-Software benötigt im Prinzip nur die Funktion, um ein solches Dateiformat zu erstellen, und kann ansonsten relativ einfach gestaltet sein.

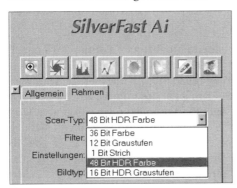

Abb. 3.38:
Mit SilverFast HDR-Daten erstellen

Die weitere Verarbeitung (Optimierung) kann dann in einer Bildverarbeitung oder einem speziellen Werkzeug zur Verarbeitung von HDR-Daten erfolgen. So ist es auch möglich, einen Scan schnell auf einem anderen System zu erstellen und dann verlustfrei und ohne Zeitaufwand für die Bearbeitung weiterzugeben. Dieses System wird dann nicht unnötig für die Bildaufbereitung vor dem Scan blockiert, und der Scanner kann sofort wieder für andere Arbeiten eingesetzt werden.

Die Scanner-Software SilverFast bietet die Möglichkeit, HDR-Daten zu erstellen, falls der Scanner das Lesen von Rohdaten unterstützt. Die vielfältigen Werkzeuge von SilverFast sind hierbei deaktiviert, da eine Bearbeitung zu diesem Zeitpunkt nicht erfolgt.

3.1.5 Vorlagenausrichtung und Scanbereich

Bei der Plazierung der Vorlage auf dem Scanner läßt sich bereits einiges falsch machen. Kleinigkeiten können sich hier sehr schnell zu langwierigen Aktionen ausweiten.

Besitzen Sie einen Film- bzw. Diascanner, so legt Ihr Scanner die Vorlage selbständig auf. Sie müssen nur darauf achten, welche Seite des Dias Sie dem Scanner zuführen. In den Handbüchern zu Filmscannern ist dies in aller Regel angegeben. Hierbei kommt es darauf an, auf welcher Seite sich die Filmbeschichtung befindet. Normalerweise ist die Vorlage dann richtig eingelegt, wenn das Bild nicht spiegelverkehrt in der Vorschau erscheint.

Im folgenden werden wichtige Punkte die es bei der Auflage von Vorlagen zu beachten gibt, beschrieben. Betroffen sind hier ausschließlich Flachbettscanner.

- Angenommen, Sie haben einen Fotoabzug im Format 9*13 cm als Vorlage. Nun stellt sich die Frage, an welcher Stelle der Glasscheibe dieser positioniert werden soll. Um diese Frage beantworten zu können, müssen Sie zunächst bestimmen, wo Ihr Scanner mit einem Scanvorgang beginnt – von oben oder von unten. Dort sollten Sie auch Ihre Vorlage plazieren, besonders wenn sie kleiner als der Gesamtscanbereich ist. Hierdurch sparen Sie bei jedem Scannvorgang Zeit. Der Scanschlitten wird dann nicht sinnlos über die Scheibe gefahren, bis er an der Position des Bildes angelangt ist, sondern kann sofort mit seiner Arbeit beginnen. Um herauszufinden, von welcher Seite Ihr Scanner mit der Arbeit beginnt, müssen Sie ihn einmal bei der Arbeit beobachten bzw. bei aufgeklappter Vorlagenabdeckung schauen, wo der Scanschlitten

3.1 Einführung in den Scanvorgang

steht. Oft ist die Anfangsposition auch an den Einteilungen am Rand des Vorlagenglases zu erkennen.

- Eine weitere Möglichkeit, dem Scanner seine Arbeit zu vereinfachen, ist die feste Eingrenzung des Vorschaubereichs. Einige Scanprogramme bieten die Möglichkeit, den Bereich, den der Scanner für das Vorschaubild abfahren soll, einzuschränken. Besonders bei kleinen Vorlagen ist es sinnvoll, wenn der Scanner für die Vorschau nicht seinen gesamten Erkennungsbereich abtastet. Neben festen Vorgaben, wie z.B. *DIN A5* oder *DIN A6* können meist auch benutzerdefinierte Formate festgelegt werden.

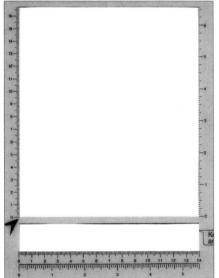

Abb. 3.39:
Anhand der Einteilung am Vorlagenglas erkennt man bei diesem Scanner, daß sein Scanbereich unten beginnt.

- Wenn Sie wissen, von welcher Seite Ihr Scanner mit der Arbeit beginnt, können Sie daraus schließen, in welcher Richtung Sie Ihre Vorlage auflegen müssen. Sie sollten Ihre Vorlage immer so plazieren, daß deren Oberkante an der Stelle liegt, an der Ihr Scanner mit der Arbeit beginnt. Sie ersparen sich dadurch ein unnötiges Drehen des Bildes in der Bildverarbeitung. Je nach Dateigröße kann ein Drehvorgang auch einige Zeit in Anspruch nehmen. Es gibt allerdings inzwischen auch Scanprogramme, die eine solche Drehung bereits in der Vorschau vollziehen.

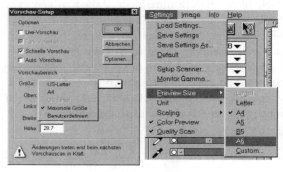

Abb. 3.40:
Das englische Wort „Preview" steht für den Begriff „Vorschau".

Abb. 3.41:
So sollte eine Vorlage nicht aufgelegt werden.

- Einer der wichtigsten Punkte, die beim Auflegen der Vorlage bei Flachbettscannern zu beachten sind, ist das exakte Ausrichten der Vorlage. Die Werkzeuge im Scanprogramm beziehen sich immer auf den Ausschnitt des Bildes, der mit dem Auswahlrahmen markiert ist. Mit dem in Abb. 3.41 gezeigten Beispiel gibt es Probleme: Wenn Sie vom Bild nichts wegschneiden möchten, müssen Sie die weißen Ränder mitnehmen. Dies verfälscht aber Ihre Bilddaten völlig, weil der weiße Rand ja nicht dazugehört. Automatikwerkzeuge liefern als Folge einer solchen Ausrichtung meist falsche Ergebnisse. Wenn Sie den Ausschnittbereich so verkleinern, daß Sie wirklich nur Bildteile einfassen, schneiden Sie große Teile des Bildes weg und der Scanbereich wird bei weitem nicht ausgenützt. Um solche Schwierigkeiten zu vermeiden, sollten Sie beim Auflegen der Vorlage peinlichst genau darauf achten, daß diese sauber rechtwinklig ausgerichtet ist. Nehmen Sie dazu die leicht hervorgehobenen Ränder des Scanners rund ums Vorlagenglas zu Hilfe. Richten Sie eine Vorlage lieber noch einmal neu aus, statt in der Bildverarbeitung das gescannte Bild gradweise zu drehen.

3.1.6 Zielbestimmung

Sie kennen nun die verschiedenen Vorlagentypen und die dazugehörigen Einstellungen und wissen, worauf Sie beim Auflegen der Vorlage achten sollten. Bevor Sie sich ans Scannen machen, sollten Sie sich zunächst überlegen, wofür Sie Ihr Ergebnis verwenden möchten. Wenn Sie sich noch nicht sicher sind, ob das Ergebnis als Strichgrafik, Graustufenbild oder Farbbild dargestellt werden soll, scannen Sie lieber in der höheren Stufe. Ein Farbbild können Sie jederzeit in ein Graustufenbild umwandeln; umgekehrt ist dies jedoch nicht möglich.

Bei der Auflösung verhält es sich genau so: Mit Ausnahme von Strichgrafiken ist bei jedem Bild eine nachträgliche Verringerung der Auflösung möglich; eine Erhöhung bringt dagegen immer einen Verlust an Bildqualität mit sich.

3.2 Scanauflösung

Der Begriff „Scanauflösung" ist leicht mißzuverstehen. Es bezeichnet nämlich die Auflösung der Bilddatei, die durch den Scan entstanden ist. Der Begriff „Bildauflösung" beschreibt die Sache eindeutiger. Die vom Scanner verwendete Hardware-Scanauflösung kann – muß aber nicht mit – der Scanauflösung identisch sein. Um die Begriffe „Scanauflösung" und „Hardware-Scanauflösung" deutlicher von einander zu trennen, wird im folgenden meist der Begriff „Bildauflösung" verwendet.

3. Scannen

3.2.1 Wichtige Begriffe bei der Auflösung

Die in der folgenden Tabelle aufgeführten Abkürzungen tauchen im Zusammenhang mit der Bildauflösung immer wieder auf.

Abkürzung	Bedeutung	Übersetzung
dpi	Dots per Inch	Punkte pro Zoll
lpi	Lines per Inch	Linien pro Zoll
ppi	Pixel per Inch	Bildpunkte pro Zoll

Unter *Dots*, zu deutsch Punkte, sind Maschinenpunkte zu verstehen. Ein quadratisches Bild mit der Kantenlänge 1 Zoll enthält 150*150 = 22.500 Bildpunkte. Der Längenwert *Inch* kann durch Zentimeter ersetzt werden, statt *dpi* heißt es dann *dpcm*. Der Faktor, der diese beiden Maßeinheiten verbindet, ist 2,54. 254 dpi entsprechen also 100 dpcm.

In erster Linie werden Sie auf die Abkürzung dpi (oder dpcm) treffen. Sie läßt sich fast überall optimal anwenden – bei der Bildschirm-, Drucker-, Scanner- oder Bildauflösung.

3.2.2 Hardware-Scanauflösung

Bei der Hardware-Scanauflösung handelt es sich um den Auflösungswert, mit dem ein Scanner wirklich scannt. Der höchste mögliche Wert der Hardware-Scanauflösung entspricht der physikalischen Auflösung eines Scanners. Wenn Sie diese Werte immer durch ganze Zahlen teilen (2, 3, 4, 5 usw.), erhalten Sie die möglichen Werte der Hardware-Auflösung.

Welche Hardware-Auflösung Ihr Scanner zum Scannen verwendet, können Sie nur indirekt durch die richtige Wahl der Scanauflösung (Bildauflösung) beeinflussen. Mehr hierzu erfahren Sie im folgenden in Abschnitt 3.2.6.

3.2.3 Physikalische und interpolierte Scanauflösung

Die Scanauflösung legt die Detailgenauigkeit eines Bildes fest. Angegeben wird Sie in dpi oder dpcm. Im Einstellbereich für die Auflösung in der Scanner-Software können Sie sehen, mit was für hohen Auflösungszahlen hier gearbeitet werden kann. Bei der Betrachtung

3.2 Scanauflösung

der Scanauflösungen müssen Sie grundsätzlich zwei elementare Dinge unterscheiden:

- Zum einen den Bereich der physikalischen oder auch optischen Auflösung, den Ihr Scanner liefert,
- und zum zweiten den Bereich der interpolierten Auflösung, der mit Ihrer Scan-Software durch mathematische Algorithmen abgedeckt wird.

Nur wenn Sie mit der physikalischen Auflösung des Scanners arbeiten, entspricht jeder Bildpunkt der Bilddatei tatsächlich einem Bildpunkt der Vorlage. Bei der Interpolation werden die fehlenden Bildpunkte durch mehr oder weniger gute Annäherung an die vorhandenen Daten berechnet. Die Bildqualität der physikalischen Auflösung kann nur annähernd erreicht werden. Die verschiedenen Interpolationsmethoden und ihre Wirkung werden in Kapitel 4 beschrieben.

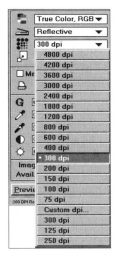

Abb. 3.42:
Hier können Sie per Mausklick auswählen, welche Auflösung Sie wünschen.

Das in Abb. 3.42 dargestellte Scanprogramm bietet dem Anwender 4.800 dpi als maximale Bildauflösung an. Wenn man weiß, daß der dazugehörige Scanner eine physikalische Auflösung von 300 dpi hat, ist das ziemlich hoch. Mit Bildqualität ist bei so einer Auflösungsscalierung durch Interpolation nicht mehr zu rechnen.

3. Scannen

Abb. 3.43:
Das Bild wurde mit einem Flachbettscanner mit 300 dpi physikalischer Auflösung bei der Einstellung 4.800 dpi gescannt.

Die Hersteller von Scanprogrammen kommen mehr und mehr davon ab, dem Anwender die Wahl der Auflösung in der obigen Form zu präsentieren. Zu sehr verführen die hohen Auflösungswerte den unerfahrenen Anwender zum Ausprobieren. Bei 4.800 dpi und 24 Bit Farbtiefe hat ein Quadratzentimeter eines Bildes bereits ein Datenaufkommen von über 10 MByte. Bei einer DIN A4 Seite liegt der Speicherbedarf bereits zwischen 6 und 7 GByte. Daher bieten mehr und mehr Scannerprogramm-Hersteller nur noch ein Eingabefenster, in das Sie manuell den Auflösungswert eingeben müssen. Noch besser ist es, wenn Sie sowohl eingeben, als auch in Form eines Reglers fest vorgegebene Vielfache oder Unterteilungen Ihrer physikalischen Auflösung wählen können.

3.2.4 Höhe der Auflösung

Da die Auflösung eines Bildes dessen Detailgenauigkeit bestimmt, liegt es nahe, daß auch die Bildqualität mit steigender Auflösung zunimmt. In der Tat ist diese Aussage nicht ganz von der Hand zu weisen, muß jedoch eingeschränkt werden. Eine Erhöhung der Auflösung macht nur bis zu einer bestimmten Grenze einen Sinn. Bei Überschreiten dieser Grenze werden nur größere Dateien erzeugt – mit der Folge, daß die Bearbeitung der Bilder immer zeitaufwendiger wird, da der Rechner immer langsamer läuft. Eine Qualitätssteigerung des Bildes ist dann jedoch nicht mehr zu beobachten. Als Obergrenze bei der Auflösung wird ein Wert von ca. 300 dpi angesehen. Damit kann das Gros aller Anwendungen in der Bildverarbeitung optimal bedient werden.

3.2 Scanauflösung

Abb. 3.44:
72 dpi: Die Standardbildschirmauflösung (für einen Druck zu niedrig).
Der Speicherbedarf beträgt gerundet 0,01 MByte, ausgehend von einem Farbbild mit 24 Bit Farbtiefe.

Abb. 3.45:
150 dpi: Der Druck kommt sehr gut, der Speicherbedarf beträgt gerundet 0,20 MByte.

Abb. 3.46:
300 dpi: Der Speicherbedarf beträgt gerundet 0,81 MByte.

Abb. 3.47:
600 dpi: Der Speicherbedarf beträgt gerundet 3,24 MByte.

Wenn Sie sich den unterschiedlichen Speicherbedarf dieser vier Bilder betrachten, wird klar, wie wichtig die Wahl der richtigen Bildauflösung ist. Orientieren Sie sich daran, was Ihr Ausgabegerät verlangt – darüber hinaus gehende Werte sind sinnlos. Die folgende Zusammenstellung vermittelt einen Eindruck, welche Scanauflösung für welches Ausgabegerät Sinn macht. Alle Zahlenangaben verstehen sich als Durchschnittswerte und sind in dpi angegeben.

Ausgabegerät	Farbbild	Graustufenbild	Strichgrafik
Monitor	72	72	Druckerauflösung
Farbtintenstrahldrucker	100-150	100-150	Druckerauflösung
Thermosublimationsfarbdrucker	Druckerauflösung	Druckerauflösung	Druckerauflösung
S/W-Laserdrucker	150	150	Druckerauflösung
Farblaserdrucker	100-150	150	Druckerauflösung
Filmbelichter und Druckmaschine	150-3200	150-300	Druckerauflösung

Dies sind Werte, die bei den meisten Bildern zutreffen. Um für Ihren eigenen Drucker die optimale Bildauflösung zu ermitteln, machen Sie am besten ein paar Probedrucke. Orientieren Sie sich an den Richtwerten in der Tabelle, und scannen Sie mehrmals in verschiedenen Auflösungen. Führen Sie diese Prozedur mit einem Farbbild, einem Graustufenbild und einer Strichvorlage durch. Vermerken

3.2 Scanauflösung

Sie auf den Ausdrucken die Bildauflösung und die Farbtiefe. So erhalten Sie Ihre eigene Scananweisung mit Beispielen und können bei späteren Arbeiten darauf zurückgreifen. Weitere Informationen dazu finden Sie in Kapitel 5.

3.2.5 dpi und lip

Sollten Sie das Ziel verfolgen, mit Ihrem Scan eine Ausgabe für eine Druckmaschine zu erstellen, müssen Sie zur Ermittlung der richtigen Bildauflösung die sogenannte „Rasterweite" des späteren Drucks wissen. Die Rasterweite wird in lpi bzw. lpcm angegeben und liegt z.B. beim Druck für ein Magazin bei 133 lpi (dies entspricht 52 lpcm). Aus diesem Wert können Sie die zu wählende Auflösung für den Scan berechnen. Als Faktor für die Umrechnung wird der sogenannte „Q-Faktor" oder „Qualitätsfaktor" verwendet. Der Q-Faktor liegt zwischen 1 und maximal 2,5. Hauptsächlich finden Werte im Bereich zwischen 1,4 und 2,0 Verwendung. Welchen Wert Sie wählen, hängt von der gewünschten Ausgabequalität ab. Diese wiederum ist von der eingesetzten Druckmaschine abhängig. Bei einem Q-Faktor von 1,5 und einer Rasterweite von 133 lpi benötigen Sie eine Bildauflösung von gerundet 200 dpi. Die Formel lautet: Bildauflösung = Rasterweite * Qualitätsfaktor, für das genannte Beispiel also

```
200 dpi = 133 lpi * 1,5
```

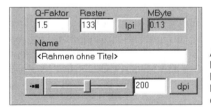

Abb. 3.48:
Berechnung der richtigen Bildauflösung: Nach der Eingabe von Rasterweite und Q-Faktor erhalten Sie die Auflösung in dpi.

Den Wert für die Bild- oder Scanauflösung müssen Sie nun in das Auflösungsfenster Ihres Scanprogrammes eingeben.
Die folgende Tabelle gibt einen kurzen Überblick über verschiedene Rasterweiten und die dazugehörigen Bildauflösungen bei einem Q-Faktor von 1,5.

Medium	Rasterweite in lpi	Bildauflösung in dpi
Zeitungen	85	128
Zeitschriften/ Magazine	133	200
Buchdruck	150	225
Kunstdrucke	200-300	300-450

Um die richtige Rasterweite für ein geplantes Druckvorhaben zu erfahren, sollten Sie sich aber unbedingt an Ihren Druckereibetrieb wenden.

Hinweis:
Vor dem Scannen eines Bildes für die spätere Ausgabe auf einer Druckmaschine sollten Sie sich über die Abmessungen des gedruckten Bildes im klaren sein, um nicht durch spätere Größenänderungen womöglich die Bildqualität zu verschlechtern.

3.2.6 Interpolation oder Scannen mit optischer Auflösung

Der Begriff „Interpolation" leitet sich aus dem lateinischen Wort *interpolatio* ab, was zu deutsch „Veränderung durch Einfügen" heißt. In der Bildverarbeitung bedeutet dies, daß Bildpunkte nicht das direkte Produkt des CCD-Sensors sind, sondern unter Berücksichtigung der vom CCD-Sensor ermittelten Daten berechnet werden. Dies geschieht immer dann, wenn die physikalische Auflösung des Scanners mit der zu erstellenden Bilddatei nicht konform geht. Dies ist nicht problematisch, solange Sie ein gutes Scanprogramm mit einem gut arbeitenden Interpolationsalgorithmus einsetzen. Betrachten Sie daher die folgenden Erklärungen als zusätzliche Information zum besseren Verständnis für die Scanauflösung und nicht als unbedingtes Muß.

Bei der Wahl der Bildauflösung ist folgender Zusammenhang noch interessant: Um Interpolation durch das Scanprogramm zu vermeiden, sollten Sie sich bei der Wahl der Auflösung in einem Bereich bewegen, der in einem Verhältnis zur physikalischen Auflösung steht. Je nach Qualität des Scanprogramms bzw. deren Interpolationsalgorithmen kann es sonst zu einer Bildqualitätseinbuße durch diese Interpolation kommen. Um das Verhalten des eigenen Scanprogramms besser beurteilen zu können, müssen Sie dieses ausprobieren. Um ganz sicherzugehen, daß kein Qualitätsverlust entsteht, sollten Sie bei der Auswahl der Auflösung folgende Formel verwenden:

```
interpolationsfreie Auflösung =
physikalische Scannerauflösung / ganze Zahl
```

Bei einem Scanner mit 600 dpi wären dies z.B. 300, 150, 75, 60, 50 usw. dpi. Hierdurch ist sichergestellt, daß das gescannte Bild nur durch eine Zusammenfassung der physikalischen Auflösung entstanden ist. Es handelt sich sozusagen immer um eine Hardware-Scanauflösung, da das Scanprogramm stets gleich große Blöcke von CCD-Elementen zusammen betrachtet, um einen Bildpunkt zu bestimmen, und keine Zwischenpunkte berechnen muß. Gute Scanprogramme bieten bei der Auswahl der Auflösung immer gleich die optimalen Werte an, so daß Sie gar nicht lange rechnen müssen.

Oft läßt sich eine Interpolation unterhalb der physikalischen Auflösung aufgrund der Vorgaben für das Ergebnisbild aber gar nicht umgehen. Wenn Sie ein gutes Scanprogramm haben, wird Ihnen so etwas auch nicht auffallen. Wenn Sie jedoch glauben, daß Sie Qualitätseinbußen im Bild haben, so scannen Sie die Vorlage in der physikalischen Auflösung Ihres Scanners und überlassen dann Ihrer Bildverabeitung die Interpolation bzw. Zusammenfassung von Bilddaten. Beachten Sie aber, daß Sie in diesem Fall keine Scalierung im Scanprogramm anbringen dürfen, da Sie sonst wieder Gefahr laufen, eine Interpolation auszulösen. Im folgenden Abschnitt wird die Vermeidung der Interpolation nochmals anhand von Beispielen erläutert.

3.2.7 Scalierung

Es stellt sich die Frage, warum manche Scanner ein Auflösungsvermögen von mehreren 1.000 dpi haben, obwohl für die meisten Anwendungen 300 dpi ausreichen. Die Antwort liegt darin begründet, daß der zu scannende Bildausschnitt oftmals vergrößert werden muß und daß trotzdem natürlich eine gute Auflösung erhalten bleiben soll. Bei den bisher beschriebenen Beispielen zur Auflösung wurde davon ausgegangen, daß das Größenverhältnis zwischen Eingabe und Ausgabe 1:1 beträgt. Wenn jedoch die Ausgabe größer sein soll als das zu scannende Bild bzw. der zu scannende Bildausschnitt, so muß dies durch eine höhere Hardware-Scanauflösung ausgeglichen werden.

Abb. 3.49:
Scalierungsfaktor 200 %, die Maße der Ausgabe sind genau doppelt so groß wie die der Eingabe.

Die wenigsten Scanprogramme zeigen Ihnen die wirklich verwendete Hardware-Scanauflösung an. Der im Fenster *Auflösung* dargestellte Zahlenwert gibt nicht die Hardware-Scanauflösung, sondern die Auflösung der Bilddatei, die durch den Scan entstehen soll, an. Solange das Ein-/Ausgabegrößenverhältnis eines Bildes bei 1:1 liegt, entspricht dieser Wert – einmal abgesehen von Interpolationen – der Hardware-Scanauflösung. Sobald Sie ein Bild jedoch in seiner Größe verändern (scalieren), muß sich die Hardware-Scanauflösung ändern, um die Qualität des Ausgabeproduktes zu gewährleisten. Durch die Angabe eines Scalierungsfaktors weisen Sie Ihr Scanprogramm an, das Auflösungsvermögen Ihres Scanners besser auszunutzen, solange die physikalische Auflösung nicht überschritten wird. Der Scalierungsfaktor wird in Prozent angegeben. 200 % entsprechen einem Verdoppeln der Bildgröße. Ein Scalierungsfaktor von 50 % reduziert die Ausmaße eines Bildes auf die Hälfte.

In dem in Abb. 3.50 dargestellten Scanprogramm stellt sich die Scalierung etwas anders dar. Neben der Auswahl von fest vorgegebenen Faktoren können Sie hier auch, wie oben, beliebige Zwischenwerte einstellen. Hinzu kommt die Möglichkeit, die X- und Y-Scalierung unterschiedlich festzulegen.

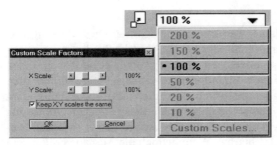

Abb. 3.50:
Menü für die Scalierung

3.2 Scanauflösung

Nach der Wahl eines Scalierungsfaktors können Sie in den meisten Scanprogrammen nicht mehr festelle, welche Hardware-Scanauflösung verwendet wird. Sie können höchstens anhand der Berücksichtigung des Scalierungsfaktors selbst ausrechnen, welche Hardware-Scanauflösung wahrscheinlich verwendet wird. Am Beispiel von SilverFast in Abb. 3.51 können Sie sehen, welche anderen Möglichkeiten es gibt. Links sind die Einstellungen mit Scalierungsfaktor 200 % zu sehen. Unten im linken Bild sehen Sie die gewünschte Auflösung des Ausgabebildes (*150 dpi*). Halten Sie die [Strg]-Taste gedrückt, zeigt SilverFast Ihnen die verwendete Hardware-Scanauflösung rechts unten an.

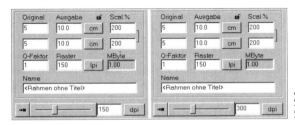

Abb. 3.51: Scalierung mit SilverFast

Beim Einsatz der Scalierung führt das Scanprogramm in vielen Fällen, ohne daß Sie es bemerken, eine Interpolation zur Bestimmung des Ausgabebildes durch. Abhängig von der gewählten Auflösung für das Ausgabeprodukt entscheidet das Scanprogramm, ob es einen Interpolationsalgorithmus einsetzen muß. Je nach Qualität des Interpolationsalgorithmus im Scanprogramm kann es durch eine solche Interpolation durchaus zu Einbußen in der Bildqualität kommen. Ob der Scanner bei Verwendung der Scalierung eine interpolierte Auflösung durch das Scanprogramm verwendet, hängt von zwei Faktoren ab:

- Zum einen muß das Scanprogramm interpolieren, wenn die für das Ausgabebild benötigte Auflösung unter Anrechnung des Scalierungsfaktors über der maximalen physikalischen Auflösung des Scanners liegt. Dies ist schnell dann der Fall, wenn z.B. mit einem 300-dpi-Scanner gearbeitet wird und der zu scannende Bildausschnitt in der Ausgabe doppelt so groß (200 % Scalierung) sein soll und eine Auflösung von 300 dpi braucht. Der Bildausschnitt

müßte dann mit 600 dpi gescannt werden, damit bei einer Scalierung von 200 % beim Ausgabebild noch 300 dpi Auflösung übrig bleiben.
- Zum anderen kommt es zur Interpolation durch das Scanprogramm, wenn die Auflösung des Ausgabebildes – wiederum unter Anrechnung des Scalierungsfaktors – es nicht erlaubt, durch einfache Multiplikation mit einer ganzen Zahl auf die physikalische Scanauflösung zu kommen.

Ein einfaches Beispiel zur Verdeutlichung: Angenommen, Sie möchten einen 5 * 5 cm großen Bildausschnitt scannen. Das Ausgabebild soll 10 * 10 cm groß sein und eine Auflösung von 150 dpi haben. Ihr Scanner hat eine physikalische Auflösung von 600 dpi. Um nun das Ausgabebild mit 150 dpi zu erhalten, müßte bei einem Bild-Ein-/Ausgabeverhältnis von 1:1 das Ausgabebild 300 dpi haben. Bei einem Verhältnis von 1:1 wäre dies auch die anzustrebende Hardware-Scanauflösung. Diese Auflösung von 300 dpi multipliziert mit der ganzen Zahl 2 ergibt die maximale physikalische Auflösung Ihres Scanners. Sie können in diesem Fall davon ausgehen, daß eine Interpolation bei der Bilderstellung nicht notwendig ist, da das Scanprogramm nur jeweils die Daten von zwei nebeneinanderliegenden CCD-Elementen betrachten muß, um einen Bildpunkt zu bestimmen.

Es gibt auch Scanprogramme, die dem Anwender anzeigen, ob die Auflösung des Scans interpoliert ist.
In Abb. 3.52 sehen Sie die Einstellungsdaten. Das Ausgabebild soll eine Auflösung von 72 dpi haben. Die Hardware-Scanauflösung beträgt hier 150 dpi, die interpolierte Auflösung 144 dpi (2 * 72 dpi).

3.2.8 Der Zeitfaktor

Durch die Wahl einer zu hohen Bildauflösung haben Sie zwar die Sicherheit einer hohen Bildqualität, jedoch müssen Sie dies womöglich durch einen erheblich erhöhten Zeitaufwand bei der Bearbeitung des Bildes bezahlen. Um sich dies zu vedeutlichen, müssen Sie nur das Quadrat der hohen Bildauflösung durch das Quadrat der notwendigen Bildauflösung teilen, z.B.:

```
(600 dpi)² / (400 dpi)² = 2,25facher Zeitaufwand
```

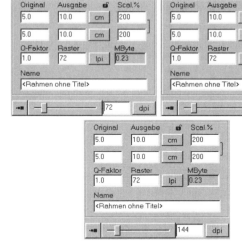

Abb. 3.52:
Links oben: Einstellungsdaten,
rechts oben: Hardware-Scanauflösung,
links unten: interpolierte Auflösung

3.3 Einstellmöglichkeiten im Scanprogramm

Einen Teil der verschiedenen Menüs aus Scanprogrammen und deren Funktionen kennen Sie bereits. Da Aufbau und Aussehen dieser Programme von Hersteller zu Hersteller oft leider sehr verschieden sind, werden im folgenden unterschiedliche Scanprogramme zusammengestellt, wobei Bereiche mit gleichen Funktionen mit der gleichen Zahl gekennzeichnet sind, um Ihnen die Handhabung und das Auffinden verschiedener Werkzeuge oder Funktionen zu erleichtern. Selbst wenn Sie Ihr spezielles Scanprogramm hier nicht finden, werden Sie anhand der verschiedenen Beispiele die verschiedenen Menüpunkte auch Ihrem Programm zuordnen können. Vergleichen Sie mit dem Handbuch Ihres Scanners, um den einen oder anderen Begriff, der mit einem anderen Icon oder einem anderen Wort umschrieben wird, zuordnen zu können. Abgesehen von Unterschieden, die sich zwangsläufig durch die Bauart des Scanners ergeben, sind sich die verschiedene Scanprogramme im Grunde sehr ähnlich.

3. Scannen

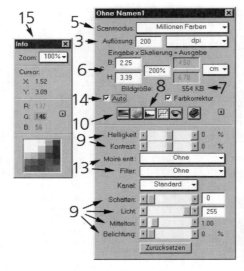

Abb. 3.53:
Beispiel für verschiedene Einstellmöglichkeiten eines Scanprogramms

Die folgenden Begriffe können Sie anhand der Nummer den Bildern zuordnen:

1. Vorschaufenster
2. Auswahlrahmen
3. Scanauflösung (Ausgabebildauflösung)
4. Vorlagentypbestimmung
5. Farbmodus für den Scanvorgang
6. Scalierung
7. Dateigrößenanzeige
8. Histogramm
9. Manuelle Bildwerteinstellungen
10. ErweiterteBildwerkzeuge
11. Weißpunktbestimmung
12. Schwarzpunktbestimmung
13. Filter
14. Bildoptimierungsautomatik
15. Densitometer, Pixelfarbwertbestimmer
16. Vorschaustart
17. Scanstart

3.3 Einstellmöglichkeiten im Scanprogramm

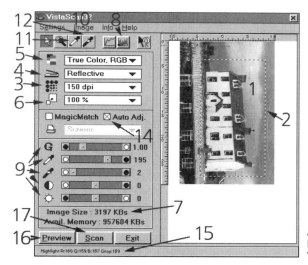

Abb. 3.54: Das Programm VistaScan32

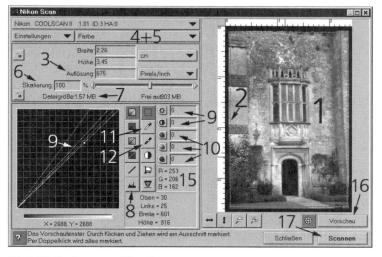

Abb. 3.55: Das Programm Nikon Scan

3. Scannen

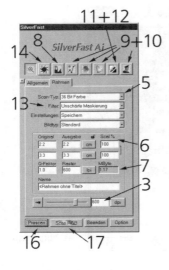

Abb. 3.56:
Das Programm SilverFast

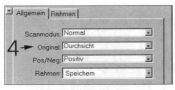

Abb. 3.57:
Fenster zur Vorlagentypbestimmung

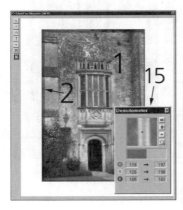

Abb. 3.58:
SilverFast Microtek SM X6

3.4 Reihenfolge der einzelnen Arbeitsschritte

Im folgenden wird Schritt für Schritt ein Scandurchgang nachvollzogen, um Ihnen einen Eindruck von der Praxis zu vermitteln. Beachten Sie dabei, daß Sie die Reihenfolge der einzelnen Schritte – insbesondere beim Benutzen der Bildwerkzeuge – nicht verändert werden darf. Ob Sie den einen oder anderen Schritt weglassen, können Sie, abhängig vom betreffenden Bild, selbst entscheiden.

3.4.1 TWAIN-Quelle auswählen

Als erstes müssen Sie Ihren Scanner und Ihre Bildbearbeitungs-Software miteinander „bekannt machen". Dieser Schritt wird als *TWAIN-Quelle auswählen* bezeichnet. Hierbei wählen Sie aus einem Auswahlfenster den Namen Ihres Scanners aus. (Wenn Sie nur einen Scanner an Ihren Rechner angeschlossen haben, werden Sie im Fenster *Quelle wählen* auch nur einen zur Auswahl finden – es sei denn, Sie haben mehrere Scanprogramme installiert.)

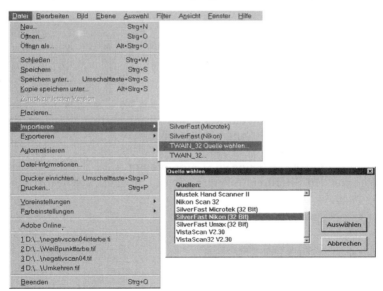

Abb. 3.59: Um das Fenster „Quelle wählen" zu öffnen, gehen Sie in Photoshop auf „Importieren/TWAIN_32 Quelle wählen..."

3. Scannen

Hinweis:
Die Scannerauswahl erfolgt nur einmal. Solange Sie den Scanner nicht wechseln, müssen Sie bei jeder Arbeitssitzung nur noch das Scanprogramm starten.

3.4.2 Scanprogramm aktivieren

Nachdem Sie den Scanner ausgewählt haben, können Sie dann über den Menüpunkt *TWAIN_32* Ihr Scanprogramm aktivieren. Ein Scanprogramm können Sie auf gleiche oder ähnliche Weise auch aus anderen Programmen, wie z.B. einer Textverarbeitung, starten.

Hilfreich sind hier sogenannte *Plugins*. Durch die Installation eines solchen Plugins erhalten Sie in einem Menü Ihres Bildbearbeitungsprogrammes einen zusätzlichen Befehl, der das Scanprogramm aufruft. Ein Nachteil dieser Plugins ist jedoch, daß sie programmspezifisch sind. Deshalb kann das Scanprogramm nur von derjenigen Bildverarbeitung aufgerufen werden, die das entsprechende Plugin installiert hat.

Abb. 3.60:
Bei Photoshop finden Sie installierte Plugins direkt oberhalb der Auswahl der TWAIN-Quelle.

Vorlage plazieren

Als nächstes legen Sie Ihre Vorlage auf das Vorlagenglas des Scanners. Falls Sie nicht mit einem Flachbettscanner arbeiten, gehen Sie den Vorgaben Ihres Scanners entsprechend vor.

3.4.3 Grundeinstellungen im Scanprogramm

Nun müssen Sie Ihrem Scanprogramm mitteilen, welche Art von Vorlage Sie verwenden.

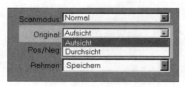

Abb. 3.61:
Wählen Sie aus, ob es sich um eine Aufsicht- oder um eine Durchsichtvorlage handelt.

3.4 Reihenfolge der einzelnen Arbeitsschritte

1. Wählen Sie als erstes aus, ob es sich um eine Aufsicht- oder um eine Durchsichtvorlage handelt. Abhängig vom verwendeten Scannertyp kann es natürlich sein, daß für den einen oder anderen Punkt gar keine Auswahlmöglichkeit besteht.
2. Legen Sie nun fest, ob es sich bei der Vorlage um ein Positiv oder um ein Negativ handelt. Es kann auch sein, daß Ihr Scanprogramm einen Auswahlpunkt, wie z.B. *Dia*, anbietet und dadurch gleichzeitig die Bedingungen *Durchsicht* und *Positiv* festlegt.

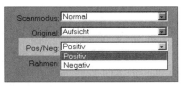

Abb. 3.62:
„Positiv" wurde ausgewählt.

Hinweis:
Bei der Auswahl des Punktes *Negativ* beachten Sie auch das Handbuch Ihres Scanprogramms. Manche Scanprogramme erfordern für den Vorschauscan eines Negativs zunächst die Einstellung *Positiv* und erst danach die Auswahl *Negativ*.

3. Nun müssen Sie den Farbmodus für den Scan auswählen. Sie legen damit fest, in welcher Form das Ergebnisbild vorliegen soll. Das Ergebnis ist auch abhängig von der Farbart der Vorlage.

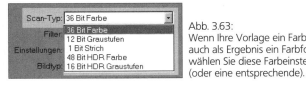

Abb. 3.63:
Wenn Ihre Vorlage ein Farbfoto ist und Sie auch als Ergebnis ein Farbfoto wünschen, wählen Sie diese Farbeinstellung (oder eine entsprechende).

Hinweis:
Manche Scanprogramme behalten die Einstellungen vom letzten Scan. Stellen Sie hier zuerst alle Werte auf *Standard* zurück, um nicht Bildverfälschungen vorzuprogrammieren. Schalter wie *Reset*, *Zurücksetzen* oder *Farbsteuerung zurücksetzen* (siehe Abb. 3.64) gewährleisten einen neutralen Vorschauscan. Wenn Sie Ihre alten Einstellungen nicht verlieren möchten, gehen Sie zuvor auf *Speichern*, um das Einstellungsprofil unter einem anderen Namen abzuspeichern.

3. Scannen

Abb. 3.64:
Solche Angaben gewährleisten einen neutralen Vorschauscan.

Vorschaubereich einschränken

Bevor Sie den ersten Vorschauscan machen, können Sie noch den Vorschaubereich einschränken. Dies ist immer dann interessant, wenn Sie Vorlagen haben, die nur einen geringen Teil der Vorlagefläche bedecken. Durch eine Verkleinerung des Vorschaubereichs wird die Arbeitsgeschwindigkeit des Scanners oftmals erheblich gesteigert, da der Scanner nicht den ganzen Scanbereich abfahren muß. Wenn Sie einige Zeit nur kleine Vorlagen scannen, so bietet sich eine Verkleinerung des Vorschaubereichs an.

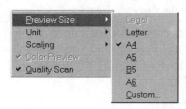

Abb. 3.65:
Verkleinern des Vorschaubereiches über „Preview Size" (Vorschau Größe)

Hinweis:
Falls Sie eine große Vorlage auf Ihren Scanner legen und in der Vorschau erhalten Sie nur das halbe Bild, überpüfen Sie ob Sie den Vorschaubereich noch klein eingestellt haben.

Vorschauscan

Starten Sie den Vorschauscan. Der entsprechende Schalter wird meist mit *Vorschau*, *Preview* oder *Prescan* bezeichnet. Es finden sich aber auch Bezeichnungen wie *Overview* oder *Übersichtsscan*.
Nach dem Start der Vorschaufunktion beginnt Ihr Scanner zu arbeiten. Manche Scanprogramme dokumentieren ihre Arbeit am Bildschirm, andere wiederum zeigen einfach nichts an.

3.4 Reihenfolge der einzelnen Arbeitsschritte

Abb. 3.66:
Anzeige während aktiver
Vorschaufunktion

Nach relativ kurzer Zeit haben Sie dann die Vorschau im Vorschaubereich Ihres Scanprogrammes. Die Vorschau geht im Verhältnis zum sogenannten Feinscan meist wesentlich schneller, da in einer niedrigeren Auflösung gescannt wird.

Auswählen des Scanbereichs

Da der Scanner beim Vorschauscan nicht weiß, wo die Vorlage liegt, tastet er den eingestellten Vorschaubereich komplett ab. Um sich nun die weiteren Arbeitsschritte zu erleichtern, sollten Sie daher darauf achten, daß das Vorschaubild möglichst groß angezeigt wird. Hierzu bieten viele Scanprogramme spezielle Vergrößerungsfunktionen, die in aller Regel durch eine Lupe gekennzeichnet sind. Bevor Sie diese Lupe aktivieren, bestimmen Sie aber zuerst den Bereich, der für den späteren Scan in Frage kommt, um sowohl der Lupe als auch den nachfolgenden Funktionen den Bereich anzugeben, auf den sie sich beziehen sollen. Diese Auswahl ist auch dann wichtig, wenn das ganze Bild erfaßt werden soll, da in fast allen Fällen der mögliche Scanbereich größer ist als die Vorlage. Meist sehen Sie in der Vorschau einen weißen oder schwarzen Rand, der das Bild umgibt. Um einen Auswahlrahmen zu bestimmen, haben Sie generell zwei Möglichkeiten:

- Die einfachste Art, einen Bildbereich auszuwählen, ist die Benutzung der Maus. Bewegen Sie hierzu den Mauszeiger in das Vorschaufenster und plazieren Sie den Zeiger so, daß er sich an einer späteren Bildecke befindet. Halten Sie dann die linke Maustaste gedrückt und ziehen Sie die Maus zu der diagonal liegenden Bildecke. Durch diesen Vorgang ziehen Sie ein Rechteck auf, das den späteren Scanbereich angibt. Zugleich legt dieser Rahmen auch den Bereich fest, auf den sich alle Bildwerkzeuge im Scanprogramm beziehen. Grundsätzlich gilt: erst den Bereich festlegen, dann weiterarbeiten. Sobald Sie die Maustaste loslassen, ist der Auswahlrahmen vorerst festgelegt.

Abb. 3.67:
Durch eine diagonale Bewegung weg vom Anfangspunkt ziehen Sie einen Auswahlrahmen auf.

Um den Rahmen noch zu verändern, fahren Sie mit dem Mauszeiger an die Rahmenecken bzw. Rahmenseiten. Der Mauszeiger verändert dann seine Gestallt und gibt Ihnen die Möglichkeit, bei gedrückter linker Maustaste Änderungen am Auswahlrahmen durchzuführen.

- In den Rahmenecken verwandelt sich der Mauszeiger in ein Pfeilkreuz. Dies zeigt an, daß Sie den Rahmen gleichzeitig horizontal und vertikal verändern können.
- An den Rahmenseiten verwandelt sich der Mauszeiger in einen Doppelpfeil. Hier besteht die Möglichkeit einer horizontalen oder einer vertikalen Rahmenänderung.
- Wenn Sie den Mauszeiger in den Auswahlrahmen hineinbewegen, erhält dieser eine Handform und das Verschieben des ganzen Rahmens wird möglich.

Abb. 3.68:
Veränderungen des Mauszeigers

- Daneben haben Sie meist auch die Möglichkeit, einen Auswahlrahmen anhand von Zahlenwerten zu bestimmen. Diese Möglichkeit ist dann wichtig, wenn Sie ein festes Format für das Zielpro-

3.4 Reihenfolge der einzelnen Arbeitsschritte

dukt vorgegeben haben. Durch die Eingabe der Maße 9 cm * 13 cm für das Original wird z.B. ein 9 * 13 cm großer Auswahlrahmen im Vorschaufenster angezeigt. Sie können diesen Rahmen nun nach Belieben verschieben und so plazieren, daß der gewünschte Bereich eingeschlossen ist.

Abb. 3.69:
Eingabe der Maße des Rahmens

3.4.4 Optimierung der Vorschau

Wenn Sie Ihren Auswahlrahmen plaziert haben, sollten Sie, wie bereits angesprochen, gegebenenfalls die Darstellungsgröße der Vorschau optimieren. Einen oder ähnlichen Schalter wie in Abb. 3.70 finden Sie bei sehr vielen Scanprogrammen. Ein gutes Scanprogramm vergrößert damit nicht einfach den bereits vorhandenen Ausschnitt des Vorschauscans, sondern scannt einen neuen Vorschauscan mit angepaßter Auflösung.

Abb. 3.70:
Mit diesem Symbol wird die Größe des Auswahlrahmens verändert.

Nun ist Ihr Vorschauscan vielleicht schon optimal zur Betrachtung und Beurteilung. Falls Ihr Bild noch nicht in der richtigen Position angezeigt wird, können Sie es noch drehen. Dreh- und Kippwerkzeuge sind bei den meisten Scanprogrammen um das Vorschaufenster angeordnet.

Abb. 3.71:
Dreh- und Kippwerkzeuge

Um zu entscheiden, inwiefern Korrekturen über das Scanprogramm nötig sind, müssen Sie sich den Vorschauscan zunächst genau betrachten.

Automatische Bildkorrektur

Viele Scanner führen den Scan zu dunkel aus. Dies ist insofern nicht problematisch, als ein zu dunkles Bild (wenn sich die Dunkelheit in Grenzen hält) im Gegensatz zu einem zu hellen Bild noch alle Bilddaten enthält. Um einen zu dunklen Scan aufzuhellen, bedarf es der Nachbearbeitung. Die meisten Scanprogramme bieten hierfür Automatismen an, welche diese Aufgabe mehr oder weniger gut ausführen können. Diese Bildoptimierungsautomatiken können aber in aller Regel nicht mit einer manuellen Korrektur konkurrieren. Unabhängig davon müssen Sie auf jeden Fall wissen, wie ein Bild manuell korrigiert werden kann, da selbst die beste Automatik bei manchen Bildern versagt. Außerdem kann eine Automatik nicht auf Sonderwünsche oder gewünschte Spezialeffekte eingehen.

Abb. 3.72:
Die Bildoptimierungsfunktion hilft beim Optimieren des Vorschauscans.

Abb. 3.73:
Die Bildoptimierungsfunktion von SilverFast

3.4.5 Weiß- und Schwarzpunkt einstellen

Um ein Bild beurteilen zu können, steht Ihnen neben dem optischen Eindruck des Vorschaubildes noch das Histogramm zur Verfügung, das die Tonwertverteilung darstellt. Das in Abb. 3.74 dargestellte Vorschaubild ist noch ohne jegliche Korrektur. Die Bildoptimierungsautomatik ist ausgeschaltet.

Hinweis:
Beachten Sie, daß die folgenden Beschreibungen bei extremen Lowkey- bzw. High-key-Bildern (extrem dunkle bzw. helle Motive) nur mit Einschränkung anzuwenden sind. Bei der Wahl von Weiß- und Schwarzpunkt sollten Sie sich bei solchen Bildern von den Vorschaubildern leiten lassen und schrittweise vorgehen, um den Bildeindruck nicht zu verfälschen.

3.4 Reihenfolge der einzelnen Arbeitsschritte

Abb. 3.74: Der unkorrigierte Vorschauscan wirkt zu dunkel und dadurch monoton.

Das Histogramm in Abb. 3.75 spiegelt den dunklen Bildeindruck wider. Im linken Bereich des Histogramms, dem Bereich für die dunklen Tonwerte, sind mehr Bildpunkte als im rechten Bereich. Die ganz hellen Tonwerte fehlen (rechter Bereich). Durch diesen Umstand kann auch der Tonwertbereich nicht ausgeschöpft werden. Ungefähr ein Viertel davon geht verloren.

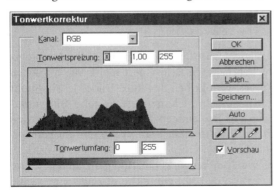

Abb. 3.75: Histogramm, bei dem die ganz hellen Tonwerte fehlen

Durch das Setzen eines Weißpunkts soll der Tonwertbereich in den hellen Bereich ausgedehnt (gespreizt) werden. Mit dem Weißpunkt wird ein neuer Begrenzungswert für den hellsten Tonwert gesetzt. Im besten Fall handelt es sich hierbei um reines Weiß (RGB: 255/255/255). Die meisten Scanprogramme bieten hierzu unter anderem eine Weißpunktpipette an. Fahren Sie mit der Pipette auf den Bildpunkt, der in Wirklichkeit weiß ist. Mit Hilfe eines Densitometers, das die Helligkeitswerte der drei Farbkomponenten des gewählten Bildpunktes anzeigt, können Sie gezielt den gewünschten Bildpunkt auswählen. Sehr viele Scanprogramme bieten eine solche Meßmöglichkeit an.

Im Beispielscan wird angenommen, daß die Fensterrahmen der Dachfenster ein reines Weiß darstellen.

Abb. 3.76:
Ein Densitometer

Das in Abb. 3.76 gezeigte Densitometer zeigt links die Ausgangswerte des noch nicht bearbeiteten Scans und rechts die aktuellen Helligkeitswerte der drei Grundfarben des RGB-Bildes je Bildpunkt an. Im vergrößerten Bildausschnitt kann eine gezielte Bildpunktwahl durchgeführt werden. Bei einigen Scanprogrammen werden diese wichtigen Angaben auch in einer Statusleiste und im Fensterrahmen angezeigt.

Nach dem Setzen des Weißpunkts wirkt das Bild ganz anders (siehe Abb. 3.77). Das Haus tritt in den Mittelpunkt und zeigt seine weiße Farbe. Der Detailreichtum des Bildes nimmt zu.

3.4 Reihenfolge der einzelnen Arbeitsschritte

Abb. 3.77: Veränderung nach dem Setzen des Weißpunkts

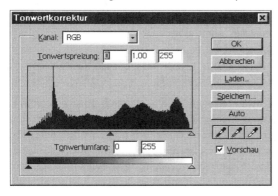

Abb. 3.78:
Auch im Histogramm hat sich das Bild grundlegend geändert. Die Tonwerte nutzen den ganzen Tonwertbereich aus.

Neben dem Weißpunkt können Sie nun auch den Schwarzpunkt definieren. Hierbei handelt es sich um den dunkelsten Tonwert des Bildes. Im besten Fall wäre dies ein reines Schwarz (RGB: 0/0/0). Die obige Vorlage enthält z.B. reines Schwarz. Da das Histogramm auch in den dunklen Bereichen den Tonwertbereich voll ausschöpft und die dunklen Bereiche im Bild bereits reines Schwarz enthalten, macht ein erneutes Festlegen des Schwarzpunkts keinen Sinn.

Nicht alle Vorlagen sind jedoch so optimal, daß sich darin wirklich ein reines Weiß bzw. ein reines Schwarz verbirgt. Bei einem Bild, das hauptsächlich dunklere Tonwerte enthält, wäre es auch nicht richtig, den hellsten Punkt auf reines Weiß zu setzen. Daher kann die Weißpunktpipette nicht immer eingesetzt werden. Deshalb finden Sie in den Scanprogrammen neben der Weißpunktpipette auch die Möglichkeit, den Weißpunkt über Schieberegler einzustellen – entweder direkt am Histogramm oder durch die Veränderung einer sogenannten „Gradationskurve". Außerdem bieten einige Scanprogramme die Möglichkeit, für Weiß- und Schwarzpunkt auch prozentuale Grauwerte auf die Pipette zu legen. Hierdurch können Sie ebenfalls einen Weiß- bzw. Schwarzpunkt festlegen und dadurch den vorhandenen Tonwertbereich spreizen. Hierdurch erreichen Sie ebenfalls die Erhöhung der erkannten Tonwerte eines Bildes bzw. eine gleichmäßigere Verteilung verschiedener Tonwertbereiche und damit die bessere Ausnutzung des gesamten Tonwertbereichs.

Weiß-/Schwarzpunkt-Einstellung mit Schieberegler

Viele Scanprogramme ermöglichen die Manipulation des Tonwertbereichs mit Hilfe eines Schiebereglers.

Abb. 3.79:
„Schatten" entspricht hier dem Schwarzpunktregler, „Licht" dem Weißpunktregler.

Am Vorschauscan können Sie verfolgen, wie sich Ihre Einstellungen auswirken. Sie müssen sich bei der Betrachtung der beiden Regler (Abb. 3.79) ein Histogramm vorstellen. Im obigen Bild entspricht die momentane Position des Schattenreglers dem linken Skalenende des Histogramms. Entsprechend steht der Regler für Licht am rechten Skalenende. Vor der Arbeit mit den Reglern sollten Sie sich immer erst das Histogramm zum Bild betrachten, um entscheiden zu können, welcher Bereich der Bearbeitung bedarf.

Weiß-/Schwarzpunkt-Einstellung am Histogramm

Viele Scanprogramme bieten auch die Möglichkeit, direkt im Histogramm Einstellungen durchzuführen. Unterhalb der horizontalen Histogrammskala befinden sich oft kleine Regler in Form von Dreiecken, die im Prinzip den obigen Schiebereglern entsprechen. Der

3.4 Reihenfolge der einzelnen Arbeitsschritte

Vorteil dieser Art von Einstellung ist, daß Sie das Histogramm betrachten können. Am Vorschauscan können Sie verfolgen, wie sich Ihre Einstellungen auswirken.

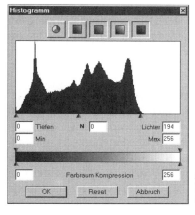

Abb. 3.80:
Unterhalb der Tonwertskala befindet sich der Gammaregler.

Die kleinen Dreiecke unterhalb der Tonwertskala können mit der Maus bei gedrückter linker Maustaste verschoben werden. In Abb. 3.80 ist der vom Scanner erkannte Tonwertbereich zwischen Weißpunkt (rechts) und Schwarzpunkt (links) eingegrenzt Das Dreieck in der Mitte legt fest, wie sich die Tonwerte rechts und links vom Tonwert 128 verteilen. Dieses Dreieck wird daher auch als Mittenregler oder Gammaregler bezeichnet.

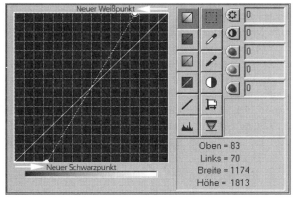

Abb. 3.81:
Festlegen von Weiß-/Schwarzpunkt mittels Gradationskurve

Weiß-/Schwarzpunkt-Einstellung mittels Gradationskurve

Eine weitere Möglichkeit, um Weiß- und Schwarzpunkt einzustellen, bieten einige Scanprogramme in Form einer Gradationskurve (siehe dazu Abb. 3.81).
Durch Verschieben der Endpunkte der Diagonalen in Richtung der Pfeile können ein neuer Weiß- und/oder Schwarzpunkt festgelegt werden. Das Vorschaubild verändert sich entsprechend Ihren Einstellungen.

Weiß-/Schwarzpunkt-Einstellung mittels Pipetteneinstellung

Um zu verhindern, daß beim Weiß- oder Schwarzpunktsetzen mittels Pipette die absolute Farbe Weiß oder Schwarz Verwendung findet, kann bei manchen Scanprogrammen der Pipettenwert in Grauwertprozenten angegeben werden, z.B. beim Programm SilverFast. Durch die Eingabe von Grauwerten in Prozent für die Lichter und Tiefen legen Sie den hellsten bzw. dunkelsten Wert für die Pipette fest.

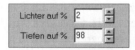

Abb. 3.82:
Pipettenwert in Grauwertprozenten (SilverFast)

Welche Art der Einstellung Sie wählen, hängt natürlich von Ihrem Scanprogramm ab. Falls Bildeindruck und Histogramm stimmen, müssen Sie natürlich nichts verändern.

3.4.6 Anpassen der Mitteltöne

Die Anpassung der Mitteltöne wird auch als Gammakorrektur bezeichnet. Diese Korrektur wirkt sich auf die Mitteltöne des Bildes aus. Die ganz hellen und ganz dunklen Bereiche werden kaum berührt. Dadurch kann ein Aufhellen bzw. Abdunkeln des Bildes erreicht werden, ohne daß dieses zu hell oder zu dunkel erscheint.
In Abb. 3.83 ist besonders im Hausdach und im Himmel die Aufhellung zu erkennen. Die schwarzen und weißen Fensterbereiche bleiben davon unberührt.

3.4 Reihenfolge der einzelnen Arbeitsschritte

Abb. 3.83: Aufhellung der Mitteltöne

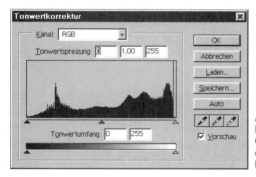

Abb. 3.84:
Durch die Erhöhung des Gammawertes nehmen die Tonwerte im helleren Bereich zu.

Eine solche Anpassung der Mitteltöne kann, wie bei Weiß- und Schwarzpunkt, – abhängig vom Scanprogramm – in Form eines Reglers (Mitten-, Mittelton- oder Gammaregler), durch den mittleren Regler am Histogramm oder in Form einer Veränderung an einer Gradationskurve erfolgen.

Abb. 3.85:
Mittelton-Einstellung für das unkorrigierte Bild

Der Wert *1,00* in Abb. 3.85 stellt die Mittelton-Einstellung für das unkorrigierte Bild dar. Werte über 1,00 (Regler nach rechts) bewirken eine Aufhellung, Werte unter 1,00 eine Abdunkelung.

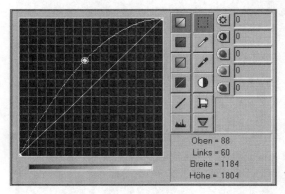

Abb. 3.86: Kurvenveränderung

Eine Kurvenveränderung bewirkt das gleiche wie der Regler. Anhand der Kurve können Sie deutlich sehen, daß sich die Veränderung vermehrt auf die Mitteltöne auswirkt. Die Diagonale in Abb. 3.86 entspricht von unten links nach oben rechts den Tonwerten 0 bis 255. Schwarz- und Weißpunkt bleiben unberührt.

3.4.7 Farbkorrektur

Wenn Ihr Scanprogramm eine Farbkorrekturfunktion aufweist, können Sie hiermit einen Farbstich bereits über den Vorschauscan beseitigen. Auch ein späteres Beseitigen in der Bildverarbeitung ist möglich und oftmals wesentlich anwenderfreundlicher. Die Ursache eines solchen Farbstichs kann ein nicht kalibrierter Scanner oder auch die Vorlage selbst sein. Vorbedingung für eine Farbkorrektur ist jedoch ein kalibrierter Monitor, da ansonsten die erkannte Farbabweichung auch vom Monitor stammen kann. Wenn Sie Monitor und Scanner kalibriert haben, kann ein Farbstich eigentlich nur noch von der Vorlage stammen.

Die Werkzeuge zur Farbbearbeitung in den Scanprogrammen umfassen einen Bereich zur manuellen Farbtonkorrektur und zur Regelung der Farbsättigung. Manche Scanprogramme haben hier noch zusätzlich Optionen für die Einstellung des Filmtyps bei Negativfilmen.

3.4 Reihenfolge der einzelnen Arbeitsschritte

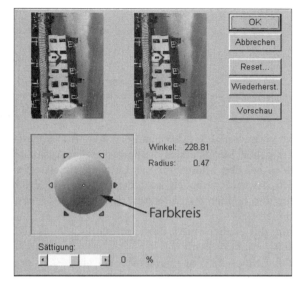

Abb. 3.87:
Bereich für die manuelle Farbkorrektur und die „Sättigung"

Die in Abb. 3.87 dargestellte Funktion *Tönen* gibt Ihnen die Möglichkeit, einen Farbstich zu entfernen. Der kleine Punkt in der Mitte des Farbkreises ist ein Farbwähler, der mit gedrückter linker Maustaste in die verschiedenen Farbbereiche verschoben werden kann. Das rechte der beiden kleinen Bilder zeigt die Folgen der Veränderung an.

Unter dem Farbkreis befindet sich der Regler für die Farbsättigung. Die Farbsättigung ist ein Maß für die Intensität einer Farbe. Die Sättigungsfunktion sollte mit Vorsicht angewendet werden, da eine übertriebene Farbsättigung unnatürliche Farbeindrücke hervorruft. Aber ebenso kann sie z.B. aus einer stumpf wirkenden, blassen Wiese eine satte, grasgrüne Wiese machen.

3.4.8 Scalierung der Ein- und Ausgabe, Scanauflösung, Dateigröße

Nachdem das Bild optimiert ist, müssen Sie noch bestimmen, wie groß das Ausgabebild sein soll und welche Scanauflösung es haben soll. Außerdem dürfen Sie die Dateigröße der neuen Bilddatei nicht außer Acht lassen.

Abb. 3.88:
Die Ausgabedatei soll die Maße 9*13 Zentimeter aufweisen und eine Auflösung von 150 dpi haben. Das Bild mit 24 Bit Farbtiefe hat einen Speicherbedarf von 1,17 MByte.

1. Wenn Sie nicht vorhaben, 1:1 (also Scanformat = Ausgabeformat) zu scannen, geben Sie als erstes die gewünschten Ausmaße des Ergebnisbildes bei den Maßen für das Original ein. Ist dies vom Scanbereich her nicht möglich, so teilen Sie die Maße für Länge und Breite durch einen festen Faktor, damit das Seitenverhältnis erhalten bleibt.
2. Schließen Sie nun das Scalierschloß, das verhindert, daß das Seitenverhältnis sich verändern kann.
3. Wenn Sie jetzt die Maus im Vorschaufenster an eine Ecke des Auswahlrahmens bewegen, erhalten Sie ein Pfeilkreuz.
4. Halten Sie die linke Maustaste gedrückt und ziehen Sie den Auswahlrahmen in die gewünschte Größe. Die Proportionen bleiben hierbei erhalten. Nun können Sie noch den ganzen Auswahlrahmen in die richtige Position schieben.
5. Geben Sie jetzt in die Kästchen für die Ausgabegröße die Maße (z.B. 9*13) ein, wird der Scalierungsfaktor automatisch berechnet.

Falls Ihre Scalierungswerkzeuge kein Schloß beinhalten, lesen Sie in Abschnitt 3.7 *(Tips und Tricks)* nach, wie es auch anders geht.

Nachdem die Ausgabegröße des Bildes festgelegt ist, müssen Sie als nächstes die Auflösung des Ausgabebildes bestimmen. Hierbei ist wichtig, daß Sie sich darüber im klaren sind, wofür der Scan eingesetzt werden soll. Benötigen Sie beispielsweise nur eine Bildschirmdarstellung, reichen in der Regel 72 dpi aus. Für einen Ausdruck auf einem Tintenstrahldrucker hingegen benötigen Sie 100-150 dpi (siehe hierzu Abschnitt 3.2, Scanauflösung). Im Zweifelsfall sollten Sie immer eine höhere Scanauflösung wählen. Achten Sie hierbei jedoch auf die Dateigröße, damit Sie keine Überraschungen erleben (doppelte Auflösung bedeutet vierfache Dateigröße).

3.4 Reihenfolge der einzelnen Arbeitsschritte

Abb. 3.89:
Wählen Sie die Scanauflösung.

Filterwahl

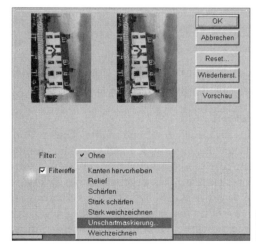

Abb. 3.90:
Filterauswahl in einem Scanprogramm

Es gibt einige Scanprogramme, die als Zusatz Filterfunktionen anbieten. Das kann z.B. bei leicht unscharfen Vorlagen von Vorteil sein. So können Sie z.B. mit dem Filter *Unschärfe-Maskierung* bereits im Scanprogramm den Unschärfeeindruck des Scans reduzieren. Zwingend ist die Anwendung solcher Filter aber nicht. Bildbearbeitungsprogramme bieten meist bessere Filter und Möglichkeiten, um Bildfehler zu korrigieren. Probieren Sie Ihre Filter aus, um sich selbst ein Bild machen zu können. Unter Kapitel 4 (*Bearbeiten des Scans*) finden Sie ebenfalls Beschreibungen zu Filtern.

Manche Scanprogramme führen auch den Punkt *Entrastern*, den Sie zum Scannen von gedruckten Vorlagen einsetzen müssen (ebenfalls unter *Filter*). Falls Sie eine gedruckte Vorlage scannen, achten Sie auf die entsprechende Einstellung. Lesen Sie hierzu am besten Abschnitt 3.1.3 (*Problemvorlagen*).

3.4.9 Festlegen des Ausgabeformats

Manche Scanprogramme enthalten zusätzlich zur Farbmodusauswahl auch noch die Auswahl das Farbsystems für die Ausgabedatei. Hierbei werden jedoch von der Software nur die RGB-Farbdaten für den Druck ins CMYK-Farbsystem umgerechnet. Einfluß auf die Farberkennung durch den Scanner hat diese Einstellung nicht.

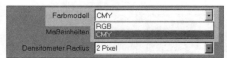

Abb. 3.91:
Hier wird CMYK mit CMY bezeichnet.

Die Umwandlung, ob RGB oder CMYK, kann aber auch erst später im Bildbearbeitungsprogramm erfolgen.

3.4.10 Scanvorgang ausführen

Nun kommt der Start des eigentlichen Scanvorgangs. Dieser Vorgang wird auch als „Feinscan" bezeichnet. Je nach gewählter Auflösung werden Sie merken, daß dieser erheblich mehr Zeit in Anspruch nimmt als der Vorschauscan. Das Ergebnis dieses Scanvorgangs wird in aller Regel direkt in die Bildverarbeitung übertragen. Einige Scanprogramme erstellen aber auch gleich Dateien auf der Festplatte, die vor dem Weiterbearbeiten erst geladen werden müssen.

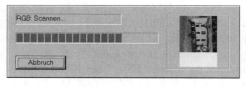

Abb. 3.92:
Der Verlauf des Feinscans wird mit einem Bild angezeigt.

Während des Feinscans wird der Verlauf meist durch eine Balkenanzeige oder wie in Abb. 3.92 sogar zusätzlich mit einem kleinen Bild angezeigt.

Um nun Ihr Scanprogramm wieder zu verlassen, klicken Sie auf *Ende* bzw. *Exit* oder auf das Kreuz zum Schließen des Fensters in der rechten oberen Bildecke.

Hinweis:
Achten Sie darauf, daß das Vorlagenglas Ihres Flachbettscanners sauber ist. Verunreinigungen lassen sich mit einem weichen Lappen und einem sanften Fensterreiniger entfernen. Der Fensterreiniger sollte dabei nicht direkt auf das Vorlagenglas Ihres Scanners gelangen.

3.5 Scannen mit Hilfe der Bildverarbeitung

Wenn Sie sich lieber auf Bildwerte aus Ihrem Bildverarbeitungsprogramm verlassen, können Sie beim Scannen auch Scanprogramm und Bildbearbeitungsprogramm Hand in Hand arbeiten lassen.

1. Betrachten und untersuchen Sie den unverbesserten Scan zuerst in der Bildverarbeitung.
2. Bestimmen Sie dort Einstellwerte, die Sie dann ins Scanprogramm übertragen.
3. Führen Sie mit den Einstellwerten dort den Feinscan aus.

Abb. 3.93:
Auf einem Flachbettscanner mit Durchlichteinheit gescanntes Bild

Bedingung hierfür ist natürlich die Eingabemöglichkeit dieser Werte im Scanprogramm. Vorteil dieser Methode ist, daß Bildbearbeitungsprogramme meist viel bessere Möglichkeiten haben, um Bilddaten zu analysieren. Um sicher zu sein, daß der erste Scan zur Bildanalyse nicht bereits durch das Scanprogramm beeinflußt wurde, müssen Sie alle Einstellwerte des Scanprogramms auf *Standard* zurücksetzen. Achten Sie auch unbedingt darauf, daß die Bildoptimierungsautomatik deaktiviert ist. Die Auflösung können Sie vorerst vernachlässigen, da diese für die Bestimmung von Einstellwerten vollkommen ausreicht. So wird auch die Arbeit beschleunigt.

Das in Abb. 3.93 dargestellte Diapositiv wird als Scan mit neutralen Einstellungen viel zu dunkel wiedergegeben. Zunächst muß nun der richtige Weiß- und Schwarzpunkt mit Hilfe des Bildverarbeitungsprogrammes bestimmt werden. Betrachten Sie hierfür das Histogramm in Abb. 3.94: Die Tonwerte liegen weit im dunklen Bereich. Der Bereich von 147 bis 255 wird nicht ausgeschöpft. Der Tonwert 147 wird als hellster Bildpunkt (Weißpunkt) bestimmt. Im Bereich von 147 bis 255 befinden sich nur 667 Pixel, die heller sind und durch den Weißpunkt betroffen wären und deren Bildinformation verloren ginge. Im Verhältnis zur Gesamtpixelzahl des Bildes von 412.800 sind dies 0,16 %. Dieser Wert wird als „Spreizung" bezeichnet. Da die Tonwertkurve bis zum Tonwert 0 reicht und dort eine starke Häufung von Bildpunkten zu erkennen ist, wird auf die Wahl eines Schwarzpunktes verzichtet.

Um z.B. in Photoshop einen Weißpunkt zu ermitteln, gehen Sie folgendermaßen vor:

1. Lassen Sie sich über *Bild/Histogramm* das Histogramm anzeigen und klicken mit der linken Maustaste an den rechten Anfang der Tonwertskala in den Tonwertbereich des Histogramms.
2. Halten Sie die Maustaste gedrückt, und ziehen Sie die Maus nach links bis an den Kurvenbeginn. Zur jeweiligen Mausposition werden Ihnen der aktuelle Tonwert und die Summe der Bildpunkte (Häufigkeit), die sich im Bereich zwischen dem Tonwert 255 und dem aktuellen befinden, angezeigt. Anhand des Spreizungswertes sehen Sie, welche Auswirkung ein Weißpunkt an dieser Stelle hätte.

3.5 Scannen mit Hilfe der Bildverarbeitung

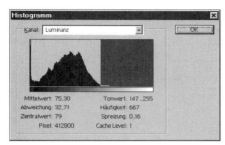

Abb. 3.94:
Histogramm mit Spreizung

3. Der Wert, der für den Weißpunkt ermittelt wurde, muß nun aufgeschrieben und in das Fenster Tonwertkorrektur übertragen werden. Um die Tonwerte wieder gleichmäßig im Bereich der Tonwertskala (0 bis 255) zu verteilen, wird der ermittelte Weißpunktwert von 147 eingegeben und damit der bestehende Tonwertbereich beschnitten.

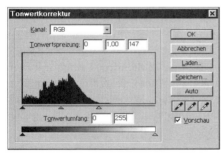

Abb. 3.95:
Beschneidung des Tonwertbereichs

4. Schließen Sie das Fenster *Tonwertkorrektur* mit *OK*, und öffnen Sie es dann erneut, um zu sehen, was sich verändert hat.

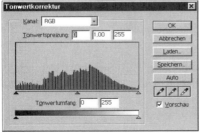

Abb. 3.96:
Kammstruktur als Ergebnis der Korrektur

Die Auswirkungen dieser Korrektur sind in Abb. 3.96 zu erkennen. An der Kammstruktur wird deutlich, daß die Anzahl der Tonwerte den nun größeren Wertebereich nicht mehr ausfüllen kann. Es entstehen Aussetzer.

Abb. 3.97:
Das Bild von Abb. 3.93 nach der Verteilung der vorhandenen Tonwerte auf den ganzen Wertebereich

Sollten Sie den Eindruck haben, daß eines Ihrer Bilder nach der Festlegung von Weiß- und Schwarzpunkt immer noch zu dunkel oder zu hell wirkt, so können Sie den Bildeindruck noch mit dem Mitten- oder Gammaregler verändern. Dies erfolgt am zweckmäßigsten gleich bei der Tonwertkorrektur. Wenn der Bildeindruck stimmt, schreiben Sie sich den Gammawert, den Sie festgelegt haben, auf.

1. Starten Sie nun das Scanprogramm erneut, und geben Sie die ermittelten Werte in die entsprechenden Menüs ein. Sollte das Histogramm im Scanprogramm einen anderen Weiß- oder Schwarzpunkt zeigen, lassen Sie sich davon nicht beeinflussen. Geben Sie genau die Werte ein, die Sie ermittelt haben.
2. Wählen Sie nun auch die richtige Scanauflösung, und starten Sie dann den Feinscan.

Bei Bedarf können Sie nun noch eine Farbkorrektur anbringen. Hierzu müssen Sie das am Bildschirm angezeigte Bild mit Ihrem Original vergleichen.

3.5 Scannen mit Hilfe der Bildverarbeitung

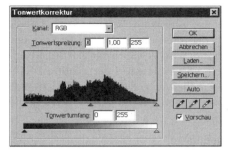

Abb. 3.98:
Histogramm des Feinscans.
Die Kurve weist nun keine Lücken mehr auf.

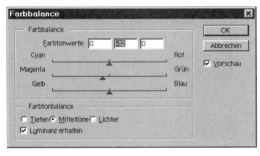

Abb. 3.99:
Das Fenster „Farbbalance"

Wie in Abb. 3.99 dargestellt, kann im Fenster *Farbbalance* z.B. ein leichter Grünstich beseitigt werden. Dies erfolgt durch die Verschiebung zur dazugehörigen Komplementärfarbe (bei Grün wäre dies Magenta).

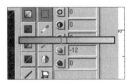

Abb. 3.100:
Je nach Scanprogramm sind die Einstellmöglichkeiten für Farbkorrekturen anders realisiert.

Wenn Sie glauben, daß die Farben von Original und Bildschirmanzeige übereinstimmen, schreiben Sie sich die Farbtonwerte, die Ihre Bildverarbeitung anzeigt, auf und übertragen Sie diese in Ihr Scanprogramm, zusammen mit den zuvor schon ermittelten Werten für die Tonwertkorrektur und dem Gammawert. Setzen Sie zuvor am besten alle Werte auf *Standard* (*Reset, Zurücksetzen*). Mit den optimierten Werten führen Sie den endgültigen Feinscan aus.

3.5.1 Scannen in der physikalischen Auflösung

Ziel eines Scanvorganges in der physikalischen Auflösung eines Scanners ist es, auf jeden Fall eine Interpolation durch die Scanner-Software zu vermeiden. Hierdurch wird gewährleistet, daß die Bildqualität des Scans nicht durch eine schlechte Interpolation beeinträchtigt wird. Zu beachten ist dabei aber, daß – je nachdem, wie hoch die physikalische Auflösung Ihres Scanners ist – recht große Bilddateien entstehen können.

1. Vorschaubild und Bildeinstellungen:
Nachdem Sie Ihr Scanprogramm gestartet haben, machen Sie wie gewöhnlich einen Vorschauscan. Setzen Sie dann den Auswahlrahmen auf den zu scannenden Bildbereich und führen Sie die Bildeinstellungen durch.

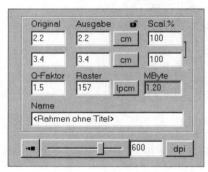
Abb. 3.101:
Der Scalierungsfaktor steht auf 100 %.

2. Wählen der richtigen Auflösung:
Um die richtige Auflösung für einen interpolationsfreien Scan zu erhalten, müssen Sie die physikalische Auflösung des Scanners einstellen. Schauen Sie im Zweifelsfall unter den technischen Daten im Handbuch Ihres Scanners nach. Unter dem Punkt *physikalische* oder auch *optische Auflösung* finden Sie den richtigen Wert. Nun müssen Sie noch darauf achten, daß Ihr Scanner keine Scalierung durchführt, die zwangsläufig wieder zu einer Interpolation führen würde. Stellen Sie sicher, daß im Feld *Scalierung* der Wert *100* % steht. Damit ist Eingabegröße gleich Ausgabegröße. In Abb. 3.101 sehen Sie, daß das Verhältnis von Original und Ausgabe 1:1 beträgt. Wenn nun noch die physikalische Hardware-

3.5 Scannen mit Hilfe der Bildverarbeitung

Scanauflösung gewählt ist, wird keine Interpolation durch das Scanprogramm durchgeführt..
3. Wenn Sie alle Einstellungen gemacht haben, lassen Sie Ihren Scanner den Feinscan erstellen.
4. Berechnung der Bildgröße und Bildauflösung:
Ist Ihnen die genaue Bildgröße nicht wichtig, so können Sie durch Eingabe der gewünschten Ausgabeauflösung Ihr Ausgabebild ohne Interpolation erstellen. Für eine Bildschirmdarstellung sind dies in der Regel 72dpi.

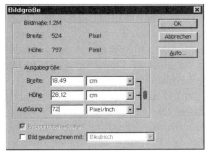

Abb. 3.102:
Das Menü „Bildgröße" von Photoshop

Wenn Sie im Menü *Bildgröße* von Photoshop den Punkt *Bild neuberechnen mit* nicht aktiviert haben, erfolgt keine Interpolation. Sie können die Bildgröße oder Auflösung ändern, die Gesamtpixelzahl bleibt aber konstant.

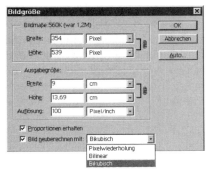

Abb. 3.103:
Die Option „Bild neuberechnen mit"

Um Ausgabegröße und Auflösung auf bestimmte Werte einzustellen, muß das Bild neu berechnet werden. Hierzu können Sie sich die Interpolationsmethode auswählen. Durch die Autofunktion können Sie sich nach Angabe der Qualität einen Auflösungswert für den Druck vorgeben lassen.

3.6 Texterkennung OCR

Die Informationen, die Bilder beim Erfassen liefern, beschränken sich auf die Daten der einzelnen Bildpunkte. Auch wenn Sie einen Text scannen, haben Sie diesen dann nicht in Form einzelner Buchstaben vorliegen, sondern als Bild. Die Wörter und Buchstaben können Sie nicht weiterverarbeiten. Um diesem Problem zu begegnen, wurde die sogenannte „Texterkennung" entwickelt. Meist wird dafür der Begriff OCR (Abkürzung für *Optical Charakter Recognition* – zu deutsch „optische Zeichenerkennung") verwendet.
Texterkennung ist ein Verfahren zur Umsetzung von Texten, die als Bilddatei vorliegen, in die Textform. Die Erstellung solcher Bilddateien wird in der Regel von Scannern durchgeführt. Nach der Umsetzung (Erkennung) der Texte in die Textform können sie in jeder Textverarbeitung als Text verwendet oder eingebunden und weiterverarbeitet werden.

3.6.1 Merkmalsbeschreibung

Als Grundlage zur Texterkennung verwenden die meisten Texterkennungsprogramme das Verfahren der Merkmalsbeschreibung. Hierbei werden die als Bitmap (schwarze oder weiße Punkte) vorliegenden Buchstaben nach bestimmten Merkmalen untersucht und mit bekannten Mustern verglichen. Senkrechte Striche, Bögen und Kreuzungspunkte bieten hierbei gute Vergleichsmöglichkeiten, da bei ihnen keine so große Abhängigkeit von Schriftarten, Schriftformatierungen oder Schriftgrößen besteht.

3.6.2 Die Vorlage

Sehr wichtig ist beim Scannen einer Vorlage für die Texterkennung die Qualität der Vorlage selbst. Grundsätzlich darf es sich nur um Druckwerke handeln, nicht um handschriftliche Aufzeichnungen. Auch bei Druckwerken gibt es jedoch Einschränkungen. So können recht ausgefallene verschnörkelte Schriften meist nicht erkannt wer-

3.6 Texterkennung OCR

den. Auch sollte die Vorlage sauber sein, also keine Flecken, handschriftliche Notizen oder Markierungen aufweisen. Drucke auf farbigem Papier eignen sich nicht gut, da der Kontrast zwischen Hintergrund und Schrift abgeschwächt wird. Allgemein gilt: Je höher die Qualität der Vorlage ist, desto weniger Erkennungsfehler werden auftreten.

Bei der Ausrichtung der Vorlage auf dem Vorlagenglas eines Flachbettscanners sollte peinlich genau darauf geachtet werden, daß die Vorlage gerade ausgerichtet wird. Als Vorlagentypeinstellung beim Scannen bevorzugen Schrifterkennungsprogramme den Typ *Strichgrafik* oder *Lineart*. Eine Auflösungseinstellung von 300 dpi ist meist ausreichend.

3.6.3 Texterkennung mit dem Flachbettscanner

Für die Texterkennung mit dem Flachbettscanner sind folgende Schritte notwendig:

1. Legen Sie die Vorlage auf das Vorlagenglas und richten sie möglichst genau aus.
2. Starten Sie dann das Texterkennungsprogramm.
3. Wählen Sie nun als erstes Ihren Scanner aus. Dies geschieht wie bei Bildbearbeitungsprogrammen in der Regel über den Punkt *TWAIN-Quelle wählen*.

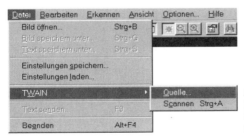

Abb. 3.104:
Hier wählen Sie Ihren Scanner über „Datei/TWAIN/Quelle..." aus.

4. Bei den meisten Texterkennungen können sie noch wählen, ob Sie mit den Scaneinstellungen der Texterkennung oder mit der Maske Ihres Scanprogramms arbeiten möchten. Einfacher geht es meistens direkt über das Texterkennungsprogramm. Jedoch wird eine gezielte manuelle Einstellung über das Vorschaubild Ihres Scanprogrammes oft durch eine höhere Erkennung belohnt. (Da-

her wird im folgenden auch die etwas aufwendigere Variante über das Scanprogramm beschrieben.)

Daß Grundeinstellungen, wie z.B. die Sprache, bereits eingestellt sind, wird vorausgesetzt, da dies meist bei der Installation der Texterkennungs-Software geschieht.

Beim Texterkennungsprogramm *Recognita* bestimmen Sie z.B. durch Aktivieren des Punktes *Eingebaute Bedienungselemente*, daß nicht das Scanprogramm des Texterkennungsprogrammes verwendet wird.

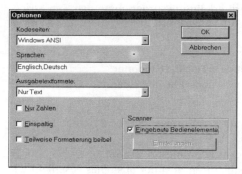

Abb. 3.105:
Das Optionsmenü des Texterkennungsprogramms Recognita

5. Indem Sie den Erkennungsvorgang aktivieren, wird automatisch Ihr Scanprogramm aufgerufen.

Abb. 3.106:
Wählen Sie „Erkennen/vom Scanner".

6. Nachdem das Scanprogramm gestartet ist, wählen Sie den Vorlagentyp *Strichgrafik* oder *Lineart* aus. Lassen Sie dann einen Vorschauscan durchführen.

7. Die Einstellung *Strichgrafik* (*1 Bit Strich*) und *300* dpi Auflösung gewährleisten meist gute Erkennung. Durch eine bedarfsabhängige Anpassung des Schwellenwertes mit dem Helligkeitsregler kann die Erkennungsrate noch verbessert werden. Auch sollte nur derjenige Bereich der Vorlage mit dem Auswahlrahmen ausgewählt werden, der in Text konvertiert werden soll.

3.6 Texterkennung OCR

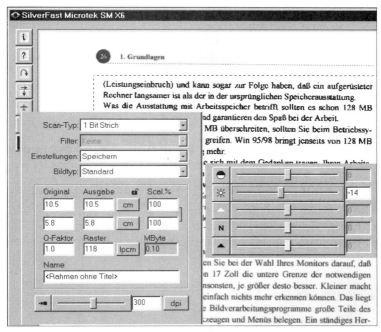

Abb. 3.107: Einstellungen zur Texterkennung in SilverFast

8. Nachdem Sie alle Einstellungen festgelegt haben, starten Sie den Scanvorgang. Nach Abschluß des Scanvorgangs wird die Bilddatei automatisch in die Texterkennung importiert und die Erkennung ausgeführt.

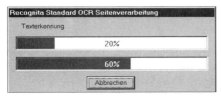

Abb. 3.108:
Die Durchführung der Texterkennung wird dargestellt.

9. Sie müssen nun noch den erkannten Text auf Fehler durchsehen. Die Texterkennungsprogramme unterstützen Sie hier durch farbige Marken, die an Wortstellen oder Buchstaben plaziert werden, wo keine eindeutige Erkennung durchgeführt werden konnte.

Hinweis:
Wenn Sie sich die Arbeit etwas leichter machen wollen, kopieren Sie den erkannten Textabschnitt über die Zwischenablage (Clipboard) in Ihre Textverarbeitung. Hier lassen Sie dann die Rechtschreibprüfung darüberlaufen.

3.7 Tips und Tricks

Im folgenden finden Sie eine Zusammenstellung verschiedener Hilfsmöglichkeiten, um spezielle Probleme, die immer wieder auftauchen, leichter zu lösen.

3.7.1 Feinschliff mit der Gradationskurve

Es kommt nicht selten vor, daß trotz aller Bildoptimierung der Bildeindruck noch zu wünschen übrig läßt. Um hier Abhilfe zu schaffen, können Sie gezielt einzelne Tonwertbereiche über die Gradationskurve manipulieren.

Abb. 3.109:
Veränderung der Gradationskurve in eine S-Form

Sie müssen bei diesem Verfahren nur beachten um welche Art von Vorlage es sich handelt, d.h. wie die Verteilung der Bildpunkte auf der Tonwertskala aussieht.

- Bei einem Average-key-Bild (Normal-Bild) erhalten Sie die besten Erfolge durch eine Veränderung der Gradationskurve in eine S-Form. Beachten Sie die beiden Fixpunkte in der Kurve in Abb. 3.109: Der untere Punkt bewirkt, daß die Tiefen im Bild leicht abgedunkelt werden. Er zieht die Kurve nach unten. Der

3.7 Tips und Tricks

obere Punkt wirkt sich mehr auf die Lichter aus. Diese erfahren eine leichte Aufhellung. Das Ergebnis dieser Manipulation ist ein kontrastreicheres Bild.

- High-key-Bilder haben oft das Problem, daß durch das vermehrte Auftreten der hellen Bereiche einiges an Ausdruck verlorengeht. Durch ein gezieltes Abdunkeln eben dieser Bereiche kann hier gegengesteuert werden. Durch die Fixierung der Gradationskurve im Bereich der Tiefen wird verhindert, daß auch dort eine Abdunkelung erfolgt.

Abb. 3.110:
Fixierung der Gradationskurve im Bereich der Tiefen

- Um Low-key-Bilder zu optimieren, wird meist eine Anhebung der helleren Tonwertbereiche durchgeführt. Hierdurch wird der Bildeindruck allgemein aufgewertet, da die Mitteltöne und Lichter besser zu unterscheiden sind.

Abb. 3.111:
Fixierung der Gradationskurve in den Tiefen, die Mitten und Höhen erfahren eine Anhebung.

Um eine dieser drei Bildmanipulationen im Scanprogramm anbringen zu können, muß dieses natürlich über eine Einstellmöglichkeit für die Gradationskurve verfügen. Eine spätere Manipulation im Bildbearbeitungsprogramm wird meistens unterstützt.

3.7.2 Kopieren vor dem Scan

Bei Strichgrafiken – insbesondere Texten –, die unscharf oder verwaschen wirken, kann es manchmal helfen, die Vorlage zu fotokopieren und den Scan mit der Kopie durchzuführen. Gerade Texterkennungsprogramme erreichen hierdurch oft bessere Erkennungsraten.

3.7.3 Durchleuchtung verhindern

Beim Scannen von Aufsichtsvorlagen, wie z.B. gedruckten Seiten, kann es vorkommen, daß aufgrund der Durchleuchtung des Papiers die Schrift auf der Rückseite sichtbar wird, die dann den Scan negativ beeinflußt.

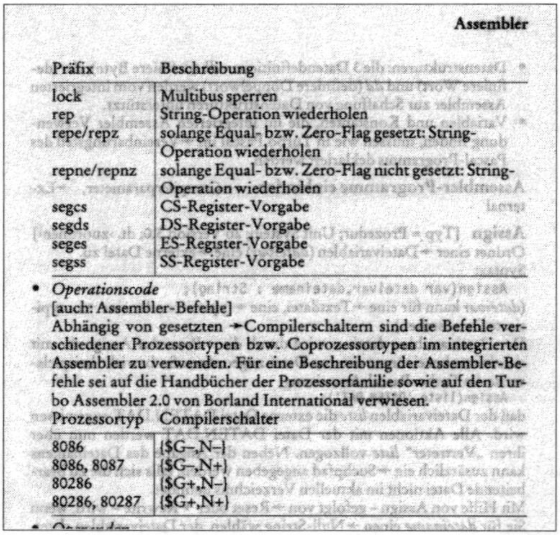

Abb. 3.112:
Auf diesem Scan wird auch die Rückseite des Blattes sichtbar.

Um dies zu vermeiden, decken Sie vor dem Scannen die Rückseite des zu scannenden Textes mit einem schwarzen Blatt Papier ab. Hierdurch wird der rückseitige Text meist unsichtbar. Einziges Manko dabei ist ein leichter Grauschleier, der den Scan nun hinterlegt. Dieser kann aber schnell durch eine Tonwertkorrektur beseitigt werden.

3.7 Tips und Tricks

1. Verschieben Sie dazu als erstes den Regler für den Weißpunkt so weit nach links, daß der Grauschleier verschwindet.

	Assembler
Präfix	Beschreibung
lock	Multibus sperren
rep	String-Operation wiederholen
repe/repz	solange Equal- bzw. Zero-Flag gesetzt: String-Operation wiederholen
repne/repnz	solange Equal- bzw. Zero-Flag nicht gesetzt: String-Operation wiederholen
segcs	CS-Register-Vorgabe
segds	DS-Register-Vorgabe
seges	ES-Register-Vorgabe
segss	SS-Register-Vorgabe

- *Operationscode*
  [auch: Assembler-Befehle]
  Abhängig von gesetzten →Compilerschaltern sind die Befehle verschiedener Prozessortypen bzw. Coprozessortypen im integrierten Assembler zu verwenden. Für eine Beschreibung der Assembler-Befehle sei auf die Handbücher der Prozessorfamilie sowie auf den Turbo Assembler 2.0 von Borland International verwiesen.

Prozessortyp	Compilerschalter
8086	{$G-,N-}
8086, 8087	{$G-,N+}
80286	{$G+,N-}
80286, 80287	{$G+,N+}

- *Operanden*

Abb. 3.113:
Die Schrift auf der Rückseite ist fast verschwunden.

2. Dann steuern Sie mit dem Mittenregler (Gamma) so nach, daß die Schrift wieder stärker erscheint.

	Assembler
Präfix	Beschreibung
lock	Multibus sperren
rep	String-Operation wiederholen
repe/repz	solange Equal- bzw. Zero-Flag gesetzt: String-Operation wiederholen
repne/repnz	solange Equal- bzw. Zero-Flag nicht gesetzt: String-Operation wiederholen
segcs	CS-Register-Vorgabe
segds	DS-Register-Vorgabe
seges	ES-Register-Vorgabe
segss	SS-Register-Vorgabe

- *Operationscode*
  [auch: Assembler-Befehle]
  Abhängig von gesetzten →Compilerschaltern sind die Befehle verschiedener Prozessortypen bzw. Coprozessortypen im integrierten Assembler zu verwenden. Für eine Beschreibung der Assembler-Befehle sei auf die Handbücher der Prozessorfamilie sowie auf den Turbo Assembler 2.0 von Borland International verwiesen.

Prozessortyp	Compilerschalter
8086	{$G-,N-}
8086, 8087	{$G-,N+}
80286	{$G+,N-}
80286, 80287	{$G+,N+}

- *Operanden*

Abb. 3.114:
Der Grauschleier ist verschwunden.

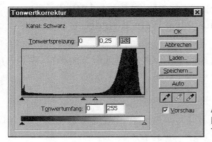

Abb. 3.115:
Entfernung des Grauschleiers mit der Tonwertkorrektur

Wenn bei einer Vorlage die Schrift auf der Rückseite beim Scannen nur ganz leicht durchkommt, genügt es oft, nur eine Tonwertkorrektur durchzuführen.

3.7.4 Spezielle Ausgabegrößen, DIN-Größen, Schlösser

Bei der Auswahl des Scanbereichs sind oft Vorgaben für die Ausgabegröße zu beachten. Angenommen, Sie haben die Vorgabe, einen Scan zu erstellen, der im Format DIN A4 auf Papier gebracht werden soll. Gehen Sie so vor:

1. Beschaffen Sie sich die genauen Maße dieses Formats. Ein Blatt in DIN A4 Größe hat die Maße 210 mm auf 297 mm. Abhängig von der Scanfläche Ihres Scanners wählen Sie nun für die Maße des Auswahlrahmens Werte, die im gleichen Seitenverhältnis stehen wie die Maße 210 * 297. Dies kann bei einem Filmscanner z.B. 2.10 cm auf 2.97 cm sein. Dieses Maß geben Sie dann in die Bereiche für die Eingabe ein.

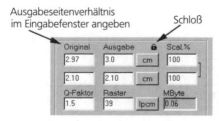

Abb. 3.116:
Fixierung des Größenverhältnisses

2. Fixieren Sie dann dieses Seitenverhältnis. Hierfür bieten viele Scanprogramme Schlösser im Bereich der Scalierungsangabe an. Lesen Sie in Ihrem Scanprogrammhandbuch nach, falls Sie sich

3.7 Tips und Tricks

nicht sicher sind, welches Schloß welche Funktion hat. Wenn Sie das richtige Schloß daraufhin durch einen Mausklick geschlossen haben, kann sich das eingegebene Seitenverhältnis nicht mehr verändern. In Abb. 3.116 sehen Sie die Fenster für die Größe des Auswahlrahmens (*Original*).

3. Nun können Sie mit der Maus den Auswahlrahmen über seine Eckpunkte proportional vergrößern und verkleinern. Das Verhältnis zwischen Länge und Breite der Seiten des Auswahlrahmens bleibt immer gleich.
4. Wenn Sie die richtige Größe eingestellt haben, ist es eventuell noch notwendig, den Rahmen genau zu plazieren. Hierzu gehen Sie mit dem Mauszeiger ins Innere des Auswahlrahmens. Der Mauszeiger verwandelt sich dadurch bei den meisten Scanprogrammen in eine Hand, die signalisiert, daß Sie den Rahmen verschieben können. Halten Sie hierzu die linke Maustaste gedrückt und bewegen Sie dann die Maus. Haben Sie die richtige Position für den Auswahlrahmen gefunden, lassen Sie die Maustaste los.
5. Geben Sie nun die Scanauflösung für das Endprodukt ein.
6. Nun können Sie die Werte für die Ausgabegröße in die jeweiligen Fenster eingeben. Der Scalierungsfaktor errechnet sich dann automatisch.

Nach der Anpassung des Auswahlrahmens hat dieser die Maße 2,2 * 3,1 cm (Abb. 3.117). Das Seitenverhältnis zur DIN A4 Größe ist bis auf Rundungen gleich geblieben. Nach der Eingabe der A4 Maße in die Ausgabefenster errechnet sich der Scalierungsfaktor von 959 %.

Abb. 3.117:
Der Scalierungsfaktor wird errechnet.

Falls die Scalierungswerkzeuge Ihres Scanprogramms kein Schloß beinhalten, Sie aber ein festes Ausgabeseitenverhältnis brauchen,

3. Scannen

können Sie sich auch anders behelfen. Vorgabe ist, daß das Ausgabeformat fest vorgegeben ist und nicht 1:1 gescannt wird. Als Beispiel soll ein Ausgabeformat von 9 * 13 cm angenommen werden.

1. Berechnen Sie als erstes die Bildproportionen. Bei einer Ausgabegröße von 9 * 13 cm wäre dies

```
9 : 13 = 1 : 1,44444
```

   Setzen Sie dazu die kürzere Seite auf den Wert 1 und teilen die längere Seite durch die kürzere (K1), also *13 / 9 = 1,44444*. Nennen Sie die Zahl *1,44444* „Zielfaktor Z".

2. Legen Sie nun den Auswahlrahmen mit der Maus so fest, daß er das gewünschte Bild einschließt. Halten Sie sich hierbei bereits in etwa an die Bildproportionen.

3. Nun lesen Sie die Maße ab, die Sie mit dem Auswahlrahmen vorerst festgelegt haben. Angenommen, dies wären *17 * 21,7* cm. Nennen Sie die kurze Seite K2 und die lange L2. Setzen Sie nun wieder die kürzere Seite auf den Wert 1. Das Verhältnis wäre dann *1 : 1,27647*. Nennen Sie diesen Faktor „Ausgangsfaktor A".

4. Sollte A größer als Z sein, so folgt daraus, daß Sie die kürzere Seite modifizieren müssen. Rechnen Sie daher:

```
K2=K2*A/Z
```

   Geben Sie nun das neue K2 in Ihr Scanprogramm ein.
   Angenommen, A ist kleiner als Z, so folgt daraus, daß Sie die längere Seite modifizieren müssen. Rechnen Sie daher:

```
L2=L2*Z/A
L2=21,7*1,44444/1,27647=24,55557 cm
```

   Geben Sie nun das neue L2 in Ihr Scanprogramm ein.

5. Nun müssen Sie nur noch den Scalierungsfaktor berechnen. Nehmen Sie hierzu die kürzere Zielseite (im Beispiel *9 cm*), teilen Sie diese durch die kürzere Ausgangsseite (hier *17 cm*) und multiplizieren Sie dann das Ganze mit 100:

```
Scalierungsfaktor = K1 / K2 * 100
Scalierungsfaktor = 9 / 17 * 100 = 53 %
```

Wenn nach der Eingabe des Scalierungsfaktors nicht ganz genau 9 * 13 in den Ausgabefenstern angezeigt wird, liegt dies an den Rundungen.

3.7.5 Scaneinstellung für Faxausgabe

Einen Scanner können Sie in Verbindung mit einem Modem auch als Faxgerät benutzen. Um eine optimale Vorlage für ein Fax zu schaffen, stellen Sie den Vorlagentyp *Strichgrafik* oder *Lineart* ein. Da das Faxformat in der Regel sowieso nur Schwarz/Weiß unterstützt, ist es sinnvoll, diesen Typ zu verwenden. Bei anderen Vorlageneinstellungen haben Sie keine Kontrolle darüber, wie das Bild (bzw. der Text) sich verändert, wenn es vom Faxprogramm in eine Strichgrafik umgewandelt wird.

Durch eine Anpassung des Schwellenwertes mit dem Helligkeitsregler im Scanprogramm können Sie Bilder für eine Faxsendung optimieren. Allerdings haben Sie nur die Farben Schwarz und Weiß zur Verfügung.

Abb. 3.118: Durch den richtigen Schwellenwert wird ein Bild auch mit zwei Farben brauchbar zum Faxen.

Um ein Bild für ein Fax vorzubereiten, können Sie die Umwandlung in eine Strichgrafik auch erst im Bildbearbeitungsprogramm durchführen. Sie können dann ganz normal in Graustufen scannen. Dies hat den Vorteil, daß Ihnen hierbei meist zusätzliche Optionen angeboten werden. So können Sie z.B. die Raster- und Dither-Möglichkeiten Ihrer Bildverarbeitung nutzen.

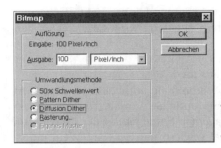

Abb. 3.119:
Für die Umwandlung in Bitmap (Strichgrafiken) hat Photoshop verschiedene Möglichkeiten.

Bei all diesen Methoden ist es notwendig, zunächst verschiedene Möglichkeiten auszuprobieren. Abhängig von der Vorlage sind die Ergebnisse oft sehr verschieden. Zu klein strukturierte Abbildungen können in der Regel schlecht dargestellt werden.

Abb. 3.120: Diffusions Dither mit 100 dpi

Was die Scanauflösung angeht, genügen 200 dpi. Meist können Sie schon mit erheblich weniger auskommen. Achten Sie darauf, welche Auflösung bei Ihrer Fax-Software eingestellt ist und verwenden Sie diese Auflösung auch als Bildauflösung, um sicherzugehen, daß als Fax auch das herauskommt, was Sie in Ihrer Bildverarbeitung angezeigt bekommen.

Um das Fax abzuschicken, gehen Sie in das Druckmenü des Bildverarbeitungsprogramms und wählen dort vor dem Druckstart den Namen des Faxprogramms aus (meist unter *Eigenschaften* oder *Einrichtung*).

3.7.6 Scannen von gerahmten Dias

Im Gegensatz zu Filmscannern weisen Flachbettscanner oft keine speziellen Filmhalter für das Scannen von gerahmten Dias auf. Dies führt dann dazu, daß der Filmträger je nach Dicke des Rahmens bis zu 1 mm vom Vorlagenglas entfernt liegt. Dieser Umstand kann bereits zu einer Verschlechterung der Bildqualität beitragen. Um dies zu vermeiden, ist es bei Flachbettscannern mit Durchlichtaufsatz manchmal hilfreich, die Dias (falls möglich) aus ihren Rähmchen zu nehmen und direkt auf das Vorlagenglas zu legen. Dabei muß das Vorlagenglas unbedingt sauber sein.

3.7.7 Scannen von Farbnegativen

Farbnegative unterscheiden sich von allen anderen Vorlagen dadurch, daß sie generell einen Farbstich aufweisen, der vom Filmmaterial herrührt. Hinzu kommt, daß Farbnegative im Gegensatz zu Schwarz/Weiß-Negativen nicht einfach durch die Invertierung der Bilddaten zum Positiv werden, sondern noch Nachbearbeitung erfordern. Um Farbnegative zu scannen, gibt es grundsätzlich zwei Wege: Einmal kann die Umsetzung vom Negativ in ein Positiv durch das Scanprogramm durchgeführt werden. Die zweite Möglichkeit besteht darin, ein Negativ zu scannen und dieses dann im Bildbearbeitungsprogramm in ein Positiv umzuwandeln.

Umwandlung durch das Scanprogramm

Bei der Umwandlung von Farbnegativen liefern die verschiedenen Scanprogramme sehr unterschiedliche Ergebnisse. Einige Programme verlangen, vor der Umwandlung einen Vorschauscan in der Einstellung *Positiv* durchzuführen, um daraus Bilddaten zu entnehmen, und erst nach Auswahl des Scanauswahlrahmens den Vorlagentyp *Negativ* auszuwählen. Andere Programme scannen gleich in der Einstellung *Negativ*. Sobald der Vorlagentyp *Negativ* ausgewählt ist, erscheint im Vorschaufenster ein mehr oder weniger gutes Positiv.

1. Wählen Sie den Auswahlrahmen bei manueller Korrektur im Scanprogramm immer so groß, daß der unbelichtete Rand des Filmstreifens mit in den Auswahlbereich fällt.

2. Achten Sie auch darauf, daß alle Einstellmöglichkeiten auf ihren Ausgangswert zurückgestellt sind (*Reset*), um nicht Einstellungen von anderen Bildern auf das aktuelle Bild zu übertragen.
3. Mit Hilfe des Schwarzpunktwerkzeugs können Sie nun dem Scanprogramm mitteilen, daß der unbelichtete Bereich als Schwarz definiert sein soll. Hierdurch wird sich der Bildeindruck bereits erheblich verbessern.

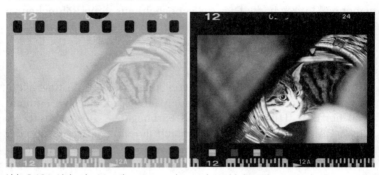

Abb. 3.121: Links der Vorschauscan, rechts nach Wahl des Schwarzpunkts im Bereich des unbelichteten Filmrandes

4. Betrachten Sie sich die Tonwertverteilung am Histogramm, und schränken Sie den Tonwertbereich beim Weißpunkt eventuell ein. Wenn Sie ein klares Weiß im Bild haben, können Sie natürlich auch einen Weißpunkt setzen.
5. Falls das Bild jetzt noch zu hell oder zu dunkel wirkt, regeln Sie die Mitteltöne nach.

Umwandlung in der Bildverarbeitung

Sollten Sie beim Scannen von Farbnegativen mit dem Scanprogramm Probleme mit der Bildqualität haben, so wandeln Sie das Negativ besser erst in der Bildverarbeitung um.

1. Scannen Sie daher das Negativ in der Einstellung *Positiv*. Achten Sie darauf, daß Sie auch die Randbereiche des Filmes mitscannen. Sie erhalten dann ein rotoranges Negativ in Ihrer Bildverarbeitung, das schwarz/weiß wie in Abb. 3.122 aussieht.

3.7 Tips und Tricks

Abb. 3.122:
Negativ in der Bildverarbeitung

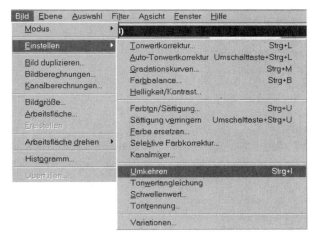

Abb. 3.123:
Die „Umkehren"-Funktion in Photoshop

2. Um einen realistischen Eindruck zu bekommen, müssen Sie nun dieses Negativ in ein Positiv umwandeln. Hierzu finden Sie in den Bildverarbeitungsprogrammen Menüpunkte wie *Umkehren* oder *Invertieren*.

Nach der Umwandlung können Sie die Fehler im Bild besser beurteilen. Wenn Sie z.B. den Filmrand betrachten, sehen Sie, daß dieser eher grau als schwarz ist.

3. Scannen

Abb. 3.124:
Setzen Sie im Randbereich des Films den Schwarzpunkt.

Abb. 3.125:
Der Randbereich ist nun schwarz; zusätzlich wurde der Weißpunkt in die weiße Stelle am Hals der Katze gesetzt.

Hinweis:
Achten Sie beim Setzen eines Weißpunkts darauf, daß dieser wirklich auf ein echtes Weiß gesetzt wird. Handelt es sich nicht um Weiß, sondern nur um ein sehr helles Grau, so ändern Sie den Wert der Weißpunktpipette entsprechend. Ein prozentualer Grauwert berechnet sich aus 255-256/100*Prozentwert. Bei einem Grauwert von 5 % wäre dies 242 als Wert für alle drei Farbkomponenten.

In Photoshop öffnet sich durch einen Doppelklick auf die Weißpunktpipette des Tonwertkorrekturfensters das Farbwahlfenster. Unter *R*, *G* und *B* geben Sie die Farbwerte ein. Das Fenster oben gibt die Farbe Weiß an (siehe Abb. 3.126). Falls Sie mit der Farbe des Bildes noch nicht zufrieden sein sollten, beseitigen Sie die Farbstiche, wie in Abschnitt 4.4 beschrieben.

Bei der Umwandlung in der Bildverarbeitung taucht jedoch noch ein weiteres Problem auf: Da die meisten Bilddateien bereits auf 24 Bit reduziert im Bildverarbeitungsprogramm ankommen, entstehen durch die Korrekturen zwangsläufig Einbußen im Tonwertumfang des Bildes. Falls Sie die Möglichkeit haben, Rohdaten zu übertragen, dann arbeiten Sie lieber mit diesen. Ändern Sie die Rohdaten erst nach der Umwandlung und den Korrekturen in ein 24 Bit-Farbbild um.

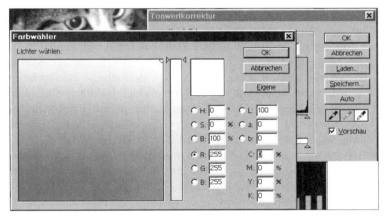

Abb. 3.126: Farbwähler in Photoshop

3.7.8 Handschuhe

In Photolabors werden bei der Arbeit mit den Filmen oft Handschuhe getragen. Dies dient weniger dem Schutz der Hände, sondern vielmehr dem Schutz des Filmmaterials. Beim Auflegen der Scanvorlagen auf den Scanner läßt es sich oft nicht vermeiden, daß Fingerabdrücke sowohl auf das Vorlagenglas als auch auf die Vorlagen kommen. Besonders diffizil ist das Auflegen von Dias und Negativen auf einen Flachbettscanner mit einer Durchlichteinheit, wenn dieser keinen separaten Filmhalter aufweist. Aber selbst das Justieren eines Filmes in einem Filmhalter ist ohne Handschuhe problematisch. Der Schweiß der Fingerkuppen kann so agressiv sein, daß er die Filmschicht angreift. Passende Handschuhe für den Umgang mit Filmstreifen können Sie sich im Fotogeschäft besorgen.

3.7.9 Stapelverarbeitung

Einige Scanprogramme bieten für das Scannen von mehreren Vorlagen, die alle gleichzeitig Platz auf dem Vorlagenglas finden, einen Stapelverarbeitungsmodus an. Wenn Sie beispielsweise vorhaben, sich eine Fotodatenbank aus Ihren Dias aufzubauen, kann eine solche Funktion sehr bequem sein.

1. Legen Sie zunächst die gewünschte Zahl an Dias auf das Vorlagenglas.
2. Dann lassen Sie einen Vorschauscan machen.
3. Wählen Sie für jedes Dia einen Auswahlrahmen. Wenn Sie die Scans nur als Ansicht in einer Datenbank brauchen, genügt es in den meisten Fällen, den Auswahlrahmen auch ohne vergrößerten Ansichtsbereich zu setzen. Auch die automatische Bildoptimierung reicht oft aus, wenn das Bild nur als kleine Vorschau in einer Datenbank verwendet wird. Achten Sie nur darauf, daß Sie für jeden Auswahlrahmen und somit für jedes Bild separat die Bildoptimierung durchführen, denn jedes Bild ist anders.
4. Bevor Sie nun den Stapelscan starten, können Sie oft noch festlegen, ob die einzelnen Scans in die Bildverarbeitung übertragen oder gleich mit durchnumerierten Namen auf der Festplatte gespeichert werden sollen.

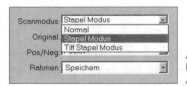

Abb. 3.127:
Im Menü „Scanmodus" wurde „Stapel Modus" ausgewählt.

In dem in Abb. 3.127 dagestellten Scanprogramm wählen Sie z.B. im Menü *Scanmodus*, ob bei Stapelverarbeitung in ein Bildverarbeitungsprogramm übertragen (*Stapel Modus*) oder aber gleich auf Festplatte gespeichert wird (*Tiff Stapel Modus*).

Hinweis:
Beachten Sie beim direkten Scan in die Bildverarbeitung, daß meist nur eine begrenzte Zahl an Bildern gleichzeitig in dieser geöffnet sein darf.

3.7 Tips und Tricks

Je nach Scannermodell und gewählter Auflösung für die einzelnen Scans nimmt der Vorgang einige Zeit in Anspruch.

Abb. 3.128:
Nach Beendigung der Arbeit erscheint eine Meldung des Scanprogramms.

4. Bearbeiten des Scans

Um ein gescanntes Bild zu optimieren, muß es mit Hilfe eines entsprechenden Programms weiterbearbeitet werden. Da Scannen also untrennbar mit Bildbearbeitung zusammenhängt, werden im folgenden einige wichtige Punkte der Bildverarbeitung erklärt, deren Handhabung jedem Scanoperator bekannt sein sollte, um ein Bild zum fertigen Produkt zu machen.

4.1 Lagekorrektur und Randbeschneidung

Wenn Ihr Scan z.B. schief oder zu groß geraten ist, können Sie dies mit den Funktionen *Drehen* und *Freistellen* aus der Bildverarbeitung wieder korrigieren

4.1.1 Drehen

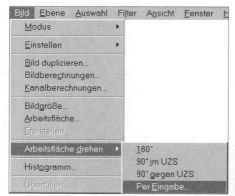

Abb. 4.1:
In Photoshop müssen Sie den Punkt „Per Eingabe" auswählen, um benutzerdefinierte Bilddrehungswerte einzugeben.

Es passiert immer wieder, daß die Scanvorlage trotz größter Mühe nicht exakt rechtwinklig auf das Vorlagenglas plaziert werden kann. In einem solchen Fall hilft die *Drehen*-Funktion aus dem Bildbear-

4.1 Lagekorrektur und Randbeschneidung

beitungsprogramm. In der Regel werden Ihnen in der *Drehen*-Auswahl die drei Winkelbereiche *90 Grad im Uhrzeigersinn*, *180 Grad* und *90 Grad gegen den Uhrzeigersinn* angeboten. Diese drei Drehwinkel sind bei Bildern interessant, die auf dem Kopf stehen oder aufgrund der Vorlagengröße nur um 90 Grad gedreht auf den Scanner gepaßt haben. Viel wichtiger für das genaue Ausrichten einer leicht schief gescannten Vorlage ist der Punkt für benutzerdefinierte Gradeingabe im *Drehen*-Menü (Abb. 4.1).

Abb. 4.2:
Hier können Sie einzelne Grad oder auch Bruchteile davon drehen.

Bis ein Bild endgültig lagerichtig ist, muß es aber fast immer mehrfach hin- und hergedreht werden. Ein iteratives Drehverfahren mit immer kleineren Drehwinkeln ist daher optimal.

Hinweis:
Manche Bildbearbeitungsprogramme, wie z.B. Corel PhotoPaint, zeigen sich beim Drehen von schiefen Bildern besonders hilfreich. Sie beinhalten eine Geraderichten-Funktion.

Falls Ihr Bildbearbeitungsprogramm keine Möglichkeit zur Bilddrehung in kleinen Winkelbereichen bietet, bleibt Ihnen nur die Möglichkeit, das Bild durch Beschneiden der Ränder (unter *Freistellen*) in eine entsprechende Lage zu bringen oder den Scanvorgang zu wiederholen.

4.1.2 Freistellen und Zuschneiden

Wenn Sie nach dem Scannen feststellen, daß der Ausschnitt, den Sie für den Scan gewählt haben, zu viel enthält bzw. zu groß ist, bieten Ihnen die Funktionen *Freistellen* oder *Zuschneiden* die Möglichkeit, den Bildbereich innerhalb des dargestellten Bildes neu festzulegen. Durch das Setzen eines Auswahlrahmens im Bild bestimmen Sie, welcher Bildbereich erhalten bleiben soll und welche Bereiche weggeschnitten werden sollen. Zu beachten ist allerdings, daß durch ein Freistellen auch die Gesamtpixelzahl im Bild abnimmt. Wenn Sie die Ausgabegröße beibehalten möchten, sinkt so-

4. Bearbeiten des Scans

mit die Auflösung des Bildes. Dies kann sich unter Umständen in der Druckqualität bemerkbar machen.

Um das *Freistellen*-Werkzeug benutzen zu können, müssen Sie zunächst mit der Maus einen Auswahlrahmen im Bild aufziehen, der den Bildteil einschließt, der erhalten bleiben soll.

Abb. 4.3:
Freistellen eines Bildausschnitts

Mit Hilfe der *Freistellen*-Funktion läßt sich auch das Verdrehungsproblem lösen, wobei allerdings die Ränder geopfert werden müssen. Lagerichtig ist das Bild dann zwar nicht, aber bei vielen Motiven fällt eine leichte Schräglage ohnehin nicht auf.

Sollte Ihr Bildbearbeitungsprogramm keine Freistellen- (oder entsprechende) Funktion enthalten, können Sie sich auch anders behelfen:

1. Wählen Sie den zu erhaltenden Bildbereich aus und anschließend die Funktion *Bearbeiten/Kopieren*.
2. Legen Sie nun mit *Datei/Neu* eine neue Bilddatei an.
3. Gehen Sie dann auf *Bearbeiten/Einfügen*.

4.2 Die Gradationskurve – Funktion und Wirkung

Durch die Gradationskurve bietet Ihnen Ihr Bildbearbeitungsprogramm vielfältige Möglichkeiten, um ein Bild zu beeinflussen. Zunächst ist es dabei wichtig, das Prinzip der Gradationskurve zu verstehen: Bei der Gradationskurve handelt es sich um einen Graphen, der das Ein-/Ausgabeverhältnis von Tonwerten anzeigt. Um dies möglich zu machen, bewegt sich dieser Graph in einem Koordinatensystem, das in seiner einen Achse Eingabetonwerte aufträgt und in seiner zweiten Achse Ausgabetonwerte. Bei den Eingabetonwerten handelt es sich um die Werte, die z.B. Ihr Scanner bestimmt und ans Bildbearbeitungsprogramm übergeben hat. Bei den Ausgabetonwerten handelt es sich um die optimierten oder veränderten Eingabetonwerte, die Sie durch eine Veränderung der Gradationskurve erzeugen.

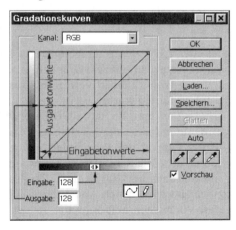

Abb. 4.4:
Die Gradationskurve in ihrer Ausgangsform: Eingabetonwert ist gleich Ausgabetonwert

Der Graph der in Abb. 4.4 dargestellten Gradationskurve beschreibt eine Gerade. Dies zeigt an, daß Eingabetonwert und Ausgabetonwert in jedem Punkt des Graphen gleich sind. Der Graph beginnt links unten mit dem Tonwert *0* für Schwarz und endet rechts oben mit dem Tonwert *255* für Weiß. Im Koordinatensystem von Eingabetonwerten und Ausgabetonwerten hätten die beiden Farben die Koordinaten 0/0 und 255/255. Durch das Anklicken des Graphen mit der Maus in einem beliebigen Punkt kann bei gehaltener linker

Maustaste das Verhältnis zwischen Eingabe- und Ausgabetonwerten beliebig geändert werden. Damit wird Ihnen ein überaus nützliches Werkzeug zur Bildmanipulation geliefert.

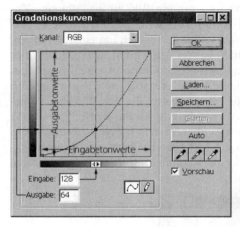

Abb. 4.5:
Hier wurde der Eingabetonwert 128 zum Ausgabetonwert 64 reduziert.

In Abb. 4.5 wurde der Eingabetonwert 128 zum Ausgabetonwert 64 reduziert. Dies wirkt sich natürlich auf den ganzen Graphen aus. Alle Tonwerte, außer Schwarz und Weiß, werden verringert, was hier zu einer Verdunklung des Bildes führen würde.

Neben der Darstellung der Gradationskurve für das RGB-Farbsystem bieten Bildbearbeitungsprogramme auch die Möglichkeit, die Gradationskurve im CMYK-Farbsystem in der Prozentdarstellung anzuzeigen. Hierbei liegt dann die Farbe Weiß mit 0 % im Ursprung des Graphen (links unten) und Schwarz mit 100 % am Ende des Graphen (rechts oben). Entsprechend wirken sich Änderungen am Graphen auch mit umgekehrten Vorzeichen aufs Bild aus. Im folgenden wird jedoch immer von RGB-Bildern ausgegangen.

Das Prinzip von Eingabe- und Ausgabetonwerten, die durch die Gradationskurve bestimmt werden, wird am besten an grundsätzlichen Veränderungen der Gradationskurve deutlich.

4.2.1 Das Original

Das erste Bild (Abb. 4.6) stellt das Ausgangsbild dar, das zum Vergleich mit den dann folgenden Bildern dient. Da dieses Ausgangsbild bereits optimal ist, führen die darauf folgenden Beispiele nicht

4.2 Die Gradationskurve – Funktion und Wirkung

zu einer Bildoptimierung. Dies ist auch nicht beabsichtigt. Vielmehr soll deutlich werden, was die einzelnen Änderungen an der Gradationskurve für Auswirkungen auf ein Bild haben. Sie können diese Änderungen dann an einer Vorlage mit Fehlern einsetzen, um diese zu korrigieren.

Einen noch besseren Eindruck erhalten Sie, wenn Sie die folgenden Beschreibungen an einem Farbbild in Ihrer Bildverarbeitung ausprobieren. Auch wenn Sie nicht mit Adobe Photoshop arbeiten, werden Sie in Ihrer Bildverarbeitung sicher ähnliche Gradationskurven-Menüs finden. In den Beispielen wurde von Farbbildern ausgegangen. Entsprechend lauten die Angaben in der Gradationskurve RGB.

Abb. 4.6: Das Original

4.2.2 Helligkeitsänderung

Um ein Bild ausschließlich in seiner Helligkeit zu ändern, erfährt die Gradationskurve eine parallele Verschiebung nach oben bzw. unten. Betrachten Sie hierzu die Abb. 4.7 und 4.8 und die dazugehörigen Gradationskurven.

- Eine Parallelverschiebung nach oben kommt einer Erhöhung der Helligkeit gleich. Dunkle Tonwertbereiche gehen hierbei verloren.
- Eine Parallelverschiebung nach unten kommt einer Verringerung der Helligkeit gleich. Helle Tonwertbereiche gehen hierbei verloren.

4. Bearbeiten des Scans

Abb. 4.7: Erhöhung der Helligkeit

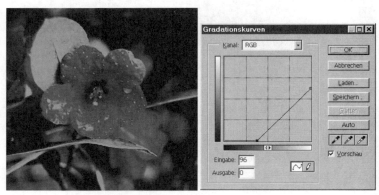

Abb. 4.8: Verringerung der Helligkeit

Diese beiden Beispiele für eine Helligkeitsänderung zeigen zwar deutlich die Auswirkung der Parallelverschiebung der Gradationskurve, bergen aber immense Nachteile bzw. Tonwertverluste in sich. Wenn Sie Anfangspunkt und Endpunkt der Gradationskurve auf die Tonwertausgabeachse projizieren, wird klar, daß der verwendete Tonwertbereich erheblich reduziert ist, was einem Verlust von Bilddaten gleichkommt. Um ein Bild gleichmäßig aufzuhellen bzw. abzudunkeln, gehen Sie besser wie in den folgenden beiden Bildern dargestellt vor. Beachten Sie aber hier, daß eine Änderung der Mitteltöne (siehe Abschnitt 4.2.4) meist vorzuziehen ist.

4.2 Die Gradationskurve – Funktion und Wirkung

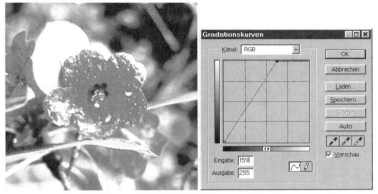

Abb. 4.9: Wenden Sie diese Art von Aufhellung bei Bildern an, die allgemein zu dunkel wirken.

Abb. 4.10: Verdunkelung

Bei einem Bild, das den Eindruck macht, grundsätzlich zu hell zu sein, liegen Sie mit der in Abb. 4.10 dargestellten Änderung richtig. Sollten jedoch die Tiefen und Höhen des Bildes in Ordnung sein, greifen Sie zur Gammakorrektur.

4.2.3 Kontraständerung

Der Kontrast eines Bildes bestimmt im hohen Maß den Eindruck, den es auf den Betrachter macht. Durch eine Drehung der Gradationskurve um ihren Mittelpunkt können Sie den Kontrast beeinflussen. Die beiden folgenden Bilder zeigen, was dabei zuviel und was zuwenig ist. Die dazugehörigen Gradationskurven zeigen, wie Sie welche Wirkung erzielen können.

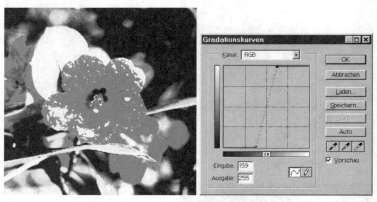

Abb. 4.11: Drehung der Gradationskurve gegen den Uhrzeigersinn

- Durch die Drehung der Gradationskurve gegen den Uhrzeigersinn um ihren Mittelpunkt wird der Kontrast erhöht, solange die Steigung der Geraden zunimmt.

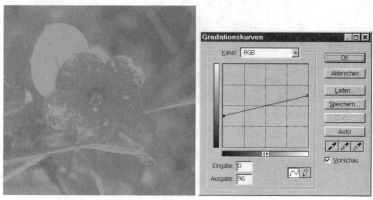

Abb. 4.12: Die Steigung der Geraden wurde verringert.

- Verringern Sie die Steigung der Geraden, so nimmt der Kontrast ab und das Bild wird immer monotoner.

4.2.4 Gammakorrektur – Verändern der Mitteltöne

Bei der sogenannten Gammakorrektur werden in erhöhtem Maß die Mitteltöne von einer Kurvenveränderung betroffen. Wenn Sie sich die Kurven der beiden folgenden Abbildungen betrachten, erkennen Sie, daß durch die Gammakorrektur die Gradationskurve sowohl Komponenten einer Verschiebung als auch solche einer Drehung erhält. Das heißt, daß das Bild sowohl eine Helligkeits- als auch eine Kontraständerung erfährt.

Abb. 4.13: Aufhellung der Mitteltöne des Bildes

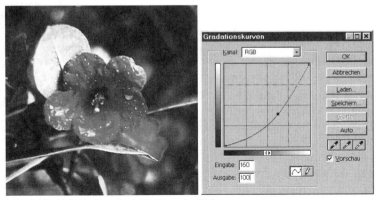

Abb. 4.14: Abdunkelung der Mitteltöne des Bildes

Die ganz dunklen und ganz hellen Bereiche des Bildes sind prozentual am wenigsten von dieser Bildmanipulation berührt. Daher bezeichnet man dieses Verfahren auch als „Aufhellen bzw. Abdunkeln der Mitteltöne". Anfangspunkt und Endpunkt des Graphen bleiben unverändert.

Durch die Kurvenänderung in Abb. 4.13 erfahren die Mitteltöne des Bildes eine Aufhellung, durch die Kurvenänderung in Abb. 4.14 eine Abdunkelung. Die Tiefen (dunkle Bildbereiche) und Höhen (helle Bildbereiche) verändern sich kaum.

4.2.5 Tonwerte umkehren

Um die Tonwerte eines Bildes umzukehren, muß der Verlauf der Gradationskurve um 90 Grad gedreht werden. Hierdurch verwandeln Sie ein Positiv in ein Negativ und umgekehrt.

Abb. 4.15: Aus der positiven Vorlage wird so ganz schnell ein Negativ.

Als Umkehrmöglichkeit für Tonwerte mag diese Manipulation manchmal ihren Sinn erfüllen. Ansonsten liegt sie bereits eher im Bereich der Spezialeffekte. Bei der Bildoptimierung im natürlichen Bereich der Bilddarstellung sollten Sie jedoch eine fallende Gradationskurve unbedingt vermeiden. Dies kann z.B. versehentlich in kleinen Teilbereichen einer Kurve geschehen. Die Folge wäre aber auch in einem solchen Fall eine Tonwertumkehrung, wenn auch in einem kleinen Bereich.

4.2 Die Gradationskurve – Funktion und Wirkung

4.2.6 Spezialeffekte

Mit der Gradationskurve haben Sie die Möglichkeit, auch ganz spezielle Bildveränderungen durchzuführen. Mit Bildoptimierung hat dies zwar nichts mehr zu tun, aber der eine oder andere Spezialeffekt kann erzeugt werden. Im folgenden Bild wurde die Gradationskurve entsprechend verändert: Bis zu einem Eingabetonwert von 128 steigt der Graph der Gradationskurve an. Dann fällt er wieder ab, was ab diesem Bereich einer Umkehrung der Tonwerte gleichkommt.

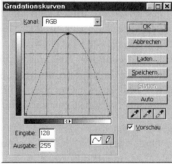

Abb. 4.16: Ein Spezialeffekt wurde erzeugt.

Die Darstellung der Blume wirkt ein wenig verfremdet. Auf diese Art lassen sich oft die tollsten Spezialeffekte erzeugen, besonders in Farbe.

Neben den bisher dargestellten Beispielen der Bildänderung durch Änderung der Gradationskurve haben Sie auch die Möglichkeit, verschiedene Änderungen miteinander zu kombinieren.

4.2.7 Gradationskurven-Automatik

Im Fenster *Gradationskurven* ist über den Farbpipetten ein Schalter mit der Bezeichnung *Auto* plaziert. Klicken Sie diesen Schalter an, so führt das Bildverarbeitungsprogramm eine automatische Anpassung der Gradationskurve durch. Bei den meisten Vorlagen erhalten Sie hierdurch auch gute Ergebnisse, jedoch kann dies von Bild zu Bild sehr verschieden sein. Solange Sie mit den Ergebnissen der Automatik zufrieden sind, spricht nichts gegen deren Verwendung. Sollte sie jedoch nicht zum gewünschten Ergebnis führen, versuchen Sie es mit den beschriebenen manuellen Korrekturen.

4.2.8 Gradationskurve in Photoshop

Um eine Gradationskurve in Photoshop zu verändern, gehen Sie so vor:

1. Gehen Sie mit dem Mauszeiger auf den Graphen, klicken Sie ihn mit der linken Maustaste an und halten Sie diese fest.
2. Wenn Sie nun die Maus bewegen, ändert sich auch der Graph Ihrer Gradationskurve. An der Stelle, an der Sie den Graphen angeklickt haben, bildet sich ein sichtbarer Haltepunkt, der den Kurvenverlauf an der Stelle fixiert, an der Sie die Maustaste wieder loslassen.
3. Durch erneutes Anklicken dieses Punktes können Sie wiederum eine Änderung durchführen. Sie können noch an beliebigen anderen Stellen des Graphen solche Punkte setzen und den Kurvenverlauf fixieren bzw. verändern.

Hinweis:
Um sicherzustellen, daß die Ausgabetonwerte den ganzen Bereich der Tonwertskala ausschöpfen, sollten Sie immer darauf achten, daß der Graph der Gradationskurve die komplette Skala der Ausgabetonwerte abdeckt. Falls dies nicht geschieht, erhalten Sie Ergebnisse wie in den Bildern zur Helligkeitsänderung durch Parallelverschiebung. Hier werden Tonwertbereiche abgeschnitten.

4.3 Tonwertkorrektur – Funktion und Wirkung

Mit der Tonwertkorrektur verfügen Sie über ein weiteres Werkzeug, um Bilder zu bearbeiten. Beim Scannen haben Sie schon mehrmals mit den Funktionen der Tonwertkorrektur gearbeitet. Bildbearbeitungsprogramme weisen ebenfalls dieses Werkzeug auf, mit dessen Hilfe Sie – durch Bestimmung von Schwarzpunkt, Weißpunkt und einer Gammakorrektur – Einfluß auf die Darstellung eines Bildes nehmen können.

4.3 Tonwertkorrektur – Funktion und Wirkung

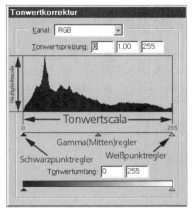

Abb. 4.17:
Eine etwas modifizierte Darstellung des Tonwertkorrekturfensters mit Beschreibung der einzelnen Werkzeugkomponenten

Der Schwarzpunktregler und der Weißpunktregler legen die beiden äußeren Begrenzungspunkte der Tonwertskala fest. Mit dem Gammaregler wird bestimmt, welchen Bereich die jeweils 128 dunklen und hellen Tonwerte auf der gesamten Tonwertskala für sich beanspruchen dürfen. Wenn Sie den Gammaregler nach links bewegen, vergrößern Sie den Bereich für die hellen Tonwerte – folglich wird das Bild heller. Mit einer Bewegung nach rechts vergrößern Sie den Bereich der dunklen Tonwerte, und das Bild wird dunkler.

Das Prinzip von Tonwertveränderungen durch die Tonwertkorrektur ist am besten an Beispielen zu den verschiedenen Veränderungsmöglichkeiten zu erkennen.

4.3.1 Vorgehensweise

Im folgenden stellt immer das linke Bild das Ausgangsbild dar. Das rechte Bild zeigt nicht grundsätzlich den optimierten Zustand, sondern soll vielmehr zusammen mit dem linken Bild die Veränderung, die im Tonwertkorrekturfenster durchgeführt wurde, dokumentieren. Der sinnvolle Einsatz der verschiedenen Beispiele ist natürlich abhängig von der entsprechenden Vorlage.

Einen noch besseren Eindruck erhalten Sie, wenn Sie die folgenden Beschreibungen selbst an einem Farbbild in Ihrer Bildverarbeitung ausprobieren. Auch wenn Sie nicht mit Adobe Photoshop arbeiten, werden Sie in Ihrer Bildverarbeitung sicher ähnliche Tonwertkorrekturmenüs finden.

4. Bearbeiten des Scans

Bei den Beispielen wurde von Farbbildern ausgegangen. Entsprechend sind die Angaben in den Tonwertkorrekturfenstern *RGB*.

4.3.2 Helligkeitsänderung

Um ein Bild gleichmäßig aufzuhellen, schieben Sie den Weißpunktregler nach links. Bedenken Sie jedoch, daß Sie hierdurch den Eingabetonwertbereich beschneiden.

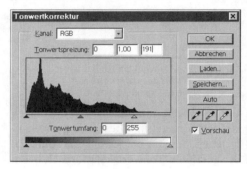

Abb. 4.18:
Durch Verschieben des Weißpunktreglers nach links erfährt das Bild eine gleichmäßige Aufhellung.

Abb. 4.19: Links das Ausgangsbild, rechts das Ergebnis nach der Verschiebung des Weißpunktreglers auf den Tonwert 191

Soll das Bild eine gleichmäßige Abdunkelung erfahren, schieben Sie den Schwarzpunktregler nach rechts. Beachten Sie auch hier die Verringerung des Eingabetonwertbereichs.

4.3 Tonwertkorrektur – Funktion und Wirkung

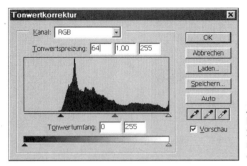

Abb. 4.20:
Durch Verschieben des Schwarzpunktreglers nach rechts erfährt das Bild eine gleichmäßige Abdunkelung.

Abb. 4.21: Links das Ausgangsbild, rechts das Bild nach der Verschiebung des Schwarzpunktreglers auf den Tonwert 64

Ein weiteres Werkzeug, um ein Bild aufzuhellen, ist der Mitten- oder auch Gammaregler. Die Position des Gammareglers legt einen Grauton von 50 % fest. Im Farbbild ist das ein diesem Grauton entsprechender Helligkeitswert. Durch die Verschiebung des Gammareglers nach links wird dieser Grauton an einer neuen Position festgelegt. Er entspricht aber weiterhin dem Tonwert 128. Hierdurch kommt es in den dunklen Tonwerten (0 bis 128) zu einer Spreizung der vorhandenen Tonwerte. Der helle Tonwertbereich wird dagegen gestaucht. Im Bild hat dies eine Aufhellung der Mitteltöne zur Folge.

4. Bearbeiten des Scans

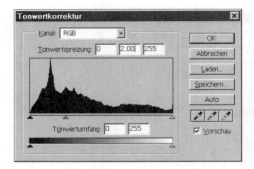

Abb. 4.22:
Durch Verschieben des Gammareglers nach links erhält seine Position den Tonwert 128.

Abb. 4.23: Links das Ausgangsbild, rechts das Resultat. Schwarz- und Weißpunkt werden nicht verändert.

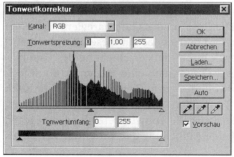

Abb. 4.24:
Fehlende Tonwerte im linken Tonwertbereich

4.3 Tonwertkorrektur – Funktion und Wirkung

Eine Beschneidung des Eingabetonwertbereiches erfolgt hier nicht, obgleich es im gestauchten dunklen Tonwertbereich zu Aussetzern kommen wird. In Abb. 4.24 sind deutlich die fehlenden Tonwerte im linken (dunklen) Tonwertbereich zu erkennen – eine logische Konsequenz aus der zuvor durchgeführten Verschiebung des Mittelpunktes (50 % Grauwert).

Über den Gammaregler kann natürlich auch eine Abdunkelung der Mitten erzeugt werden. Hierzu verschieben Sie diesen nach rechts.

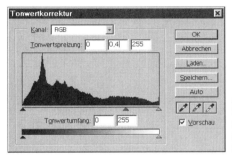

Abb. 4.25:
Durch das Verschieben des Gammareglers nach rechts erfährt das Bild eine Abdunkelung in den mittleren Tönen.

Abb. 4.26: Abdunkelung der mittleren Töne

Daß sich diese Tonwertveränderung verstärkt auf die mittleren Töne auswirkt und damit z.B. die ganz hellen Bereiche kaum betrifft, ist gut am unveränderten weißen Stempel der Blume zu erkennen.

4.3.3 Kontraständerung

Durch die Eingrenzung des effektiv vorhandenen Tonwertbereichs mittels des Schwarz- und Weißpunktreglers können Sie den Kontrast im Bild verstärken. Bedingung für eine solche Kontrastverbesserung ist aber, daß das Bild im Original annähernd weiße und schwarze Farbbereiche enthält.

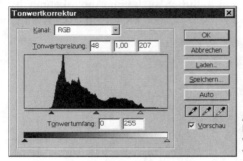

Abb. 4.27:
Der Eingabetonwertbereich wurde auf den effektiv vorhandenen eingegrenzt.

Abb. 4.28: Das linke Ausgangsbild wirkt kontrastarm, rechts hebt die Kontrastverstärkung das Bild hervor.

4.3.4 Tonwerte umkehren

Um aus einem Negativ ein Positiv (oder umgekehrt) zu machen, müssen Sie Anfangspunkt und Endpunkt der Tonwertskala vertauschen. Das können Sie entweder durch das Austauschen der Grenz-

4.3 Tonwertkorrektur – Funktion und Wirkung

werte *0* und *255* gegen *255* und *0* erreichen, oder Sie ziehen einfach die unter den Eingabefenstern liegenden Regler jeweils auf die Position vis-à-vis.

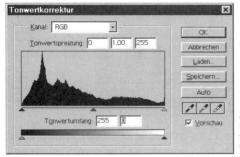

Abb. 4.29:
Geben Sie in die zwei Eingabefenster für Tonwertumfang die Werte 0 und 255 ein.

Abb. 4.30: Aus dem Positiv wird ein Negativ.

Wenn Sie von einem Negativ ausgehen, erhalten Sie durch die Manipulation an den Schiebern für den Tonwertumfang natürlich ein Positiv.

4.3.5 Automatische Tonwertkorrektur

Nachdem erklärt wurde, wie sich verschiedene Tonwertmanipulationen auswirken, noch ein kurzer Blick auf die Automatik: Bildbearbeitungsprogramme bieten Ihnen fast immer Automatismen zur Tonwertkorrektur an. Hierbei wird ein vorliegendes Bild anhand

4. Bearbeiten des Scans

seiner Bildinformationen untersucht und dann ein entsprechender Korrekturwert berechnet. Dies ist für den Anwender bequem und schnell einzusetzen, wenn auch nicht immer mit optimalem Ergebnis. In vielen Fällen ist die automatische Tonwertkorrektur aber vollkommen ausreichend.

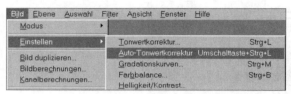

Abb. 4.31:
Der Punkt „Auto-Tonwertkorrektur" in Photoshop

Wann Sie die automatische Tonwertkorrektur einsetzen und wann Sie lieber manuelle Einstellungen vornehmen, müssen Sie von Fall zu Fall und von Motiv zu Motiv selbst entscheiden.

Hinweis:
In Photoshop sind die drei Funktionen *Auto-Tonwertkorrektur*, *Gradationskurven-Auto-Taster* und *Tonwertkorrektur-Auto-Taster* von ihrer Auswirkung aufs Bild her identisch.

Bei allen Tonwertkorrekturen sollten Sie aber immer eines bedenken: So gut das Bild sich auch präsentiert, die Anzahl der Tonwerte ist nicht größer geworden. Am Beispiel der Kontraständerung ist dies am deutlichsten zu erkennen. Abb. 4.32 zeigt das Histogramm der Tonwertverteilung nach der erneuten Verteilung auf die 256 Tonwerte.

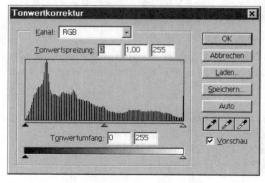

Abb. 4.32:
Nach der Kontraständerung sind die fehlenden Tonwerte zu erkennen.

Deutlich sind die tonwertaussetzer im Histogramm zu sehen, die von fehlenden Tonwerten herrühren. Was der Scanner an Tonwerten nicht liefert, kann auch das beste Bildbearbeitungsprogramm nicht erfinden.

4.3.6 Regler für Helligkeit und Kontrast

Sowohl Bildbearbeitungsprogramme als auch Scanprogramme bieten separate Einstellmöglichkeiten für Helligkeit und Kontrast. Diese Einstellmöglichkeiten sind in aller Regel als Schieberegler dargestellt.

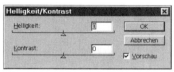

Abb. 4.33:
Die Helligkeit/Kontrastregler in Photoshop

Vom Prinzip her passiert bei Verwendung solcher Regler auch nichts anderes als bei den entsprechenden Manipulationen an Gradationskurve und Tonwerthistogramm. Jedoch haben Sie hier keinen Überblick darüber, wie sich diese Veränderungen auf den Tonwertumfang des zu bearbeitenden Bildes auswirken. Deshalb ist etwas Vorsicht geboten. Bei Veränderungen an Helligkeit und Kontrast in geringem Maße ist der Einsatz dieser Funktionen tolerierbar. Ansonsten sollten Sie besser mit der Tonwertkorrektur und der Gradationskurve arbeiten.

4.4 Beseitigen von Farbfehlern

Farbfehler im Bild rühren meist von einer falschen Farbinterpretation beim Digitalisieren des Bildes durch den Scanner her. Ist der Scanner nicht der Verursacher des vermeintlichen Farbfehlers, kann dieser nur noch von der Vorlage selbst stammen. Bei den nun folgenden Erklärungen zur Beseitigung von Farbfehlern wird immer davon ausgegangen, daß Ihr Monitor kalibriert ist, da ansonsten eine Korrektur der Farbdarstellung zwecklos wäre. Aber auch dann sollten Sie unbedingt vor einer Farbkorrektur an einem Bild darauf achten, daß der Arbeitshintergrund Ihre Farbwahrnehmung nicht

4. Bearbeiten des Scans

beeinflußt. Ein neutraler 50 % Grauton, wie ihn die meisten Bildbearbeitungsprogramme als Hintergrund anbieten, eignet sich hierfür besonders gut. Falls Sie ein zweites Bild gleichzeitig geöffnet haben, so legen Sie dieses für den Zeitraum der Farbkorrektur einfach ab.

Abb. 4.34: Hier können Sie ohne störende Einflüsse eine Farbkorrektur vornehmen.

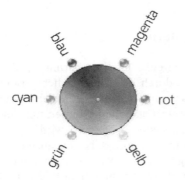

Abb. 4.35:
Komplementärfarben liegen sich im Farbkreis immer gegenüber.

4.4 Beseitigen von Farbfehlern

Um einen Farbfehler zu beseitigen, ist es wichtig, die Zusammenhänge zwischen Farben und ihren Komplementärfarben zu kennen. Einen Farbstich beseitigen Sie immer mit der entsprechenden Komplementärfarbe. Im sogenannten „Farbkreis" liegen sich die Farbe und ihre entsprechende Komplementärfarbe des Farbspektrums genau gegenüber.

Je nachdem, welchen Farbstich Sie entfernen möchten, sehen Sie hier, welche Komplementärfarbe Sie wählen müssen. Einen Grünstich beseitigen Sie beispielsweise durch Zugabe der Komplementärfarbe Magenta.

Hinweis:
Falls Sie vorhaben, Ihr Bild in das CMYK-Farbsystem umzuwandeln, weil es für eine spätere Ausgabe auf einer Druckmaschine vorgesehen ist, so warten Sie mit der Umwandlung am besten, bis Sie die Farbkorrekturen angebracht haben. Da CMYK vier Farbkanäle hat, tun Sie sich bei der Arbeit im RGB-Farbsystem leichter. Hier ist die Bilddatei nicht so groß und Sie sparen dadurch Verarbeitungszeit.

4.4.1 Farbbalance mit Variationen

Eine besonders einfache und komfortable Methode zur Beseitigung eines Farbstiches ist ein Farbbalance-Menü mit verschiedenen Variationen. Durch die verschiedenen Bildvariationen sehen Sie gleich die Auswirkung von Farbänderungen in verschiedenen Bereichen. Besonders für den noch nicht so versierten Farbkorrektor ist diese Art der Farbfehlerbehebung anschaulich und effektiv. Mit dem Fein-Grob-Regler geben Sie die Intensität der Farbverschiebung an, die Ihnen immer gleich in allen Vorschaubildern angezeigt wird. Durch die drei Auswahlpunkte *Tiefen*, *Mitten* und *Lichter* geben Sie an, welcher Tonwertbereich von der Farbverschiebung betroffen werden soll. Zusätzlich können Sie noch die Farbsättigung regulieren.

Bei der Auswahl des Tonbereichs geben Ihnen Bildverarbeitungsprogramme meist die Voreinstellung *Mittenkorrektur* oder nur *Mitten* an, da eine Farbstichkorrektur an den Mitten meist die größte Auswirkung hat. Erst danach ist es sinnvoll, die Lichter- und Tiefenbereiche zu bearbeiten.

4. Bearbeiten des Scans

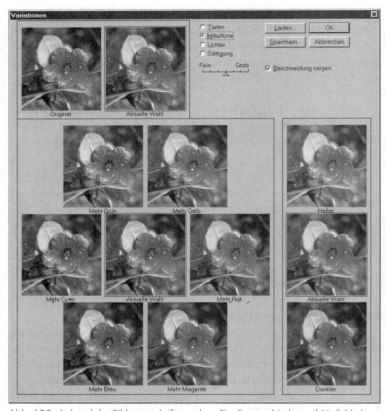

Abb. 4.36: Anhand der Bildunterschriften sehen Sie die verschiedenen Möglichkeiten.

Wenn Sie durch einen Mausklick das Vorschaubild auswählen, das der Vorlage am nächsten kommt, wird dieses zur aktuellen Wahl und alle anderen Vorschaubilder werden – ausgehend von der aktuellen Wahl – wieder aktualisiert.

4.4.2 Farbbalance

Die Einstellung der Farbbalance über die Farbbalance-Regler ist im Prinzip das gleiche wie im vorigen Abschnitt. Durch die Verschiebung des Reglers hin zur Komplementärfarbe wird ein Farbstich beseitigt.

4.4 Beseitigen von Farbfehlern

Das kleine Kästchen *Vorschau* sollte immer angeklickt sein, damit Sie die Veränderungen in Ihrem Bild genau mitverfolgen können. Wenn Sie Ihre Vorlage neben den Bildschirm legen, wird es kein Problem sein, die Farben anzugleichen.

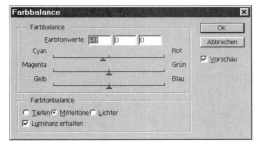

Abb. 4.37:
Hier wurde ein Rotstich entfernt.

4.4.3 Farbkanaltonwertkorrektur

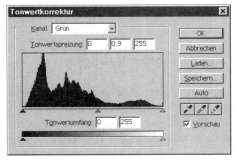

Abb. 4.38:
Durch eine leichte Abdunkelung der Mitten mit dem Gammaregler wird hier ein leichter Grünstich aus dem Bild entfernt.

Eine weitere Möglichkeit, eine Korrektur an der Bildfarbe vorzunehmen, besteht darin, daß Sie die Tonwertwerkzeuge Gradationskurve und Tonwertkorrektur gezielt immer nur auf einen Farbkanal anwenden. Die Handhabung entspricht der zuvor beschriebenen. Sie müssen nur anstelle von *RGB* den jeweiligen Farbkanal auswählen. Ein Aufhellen eines Farbkanals entspricht einer Zunahme der jeweiligen Grundfarbe, welche dieser Farbkanal repräsentiert. Ein Abdunkeln bewirkt das Gegenteil, so daß es zu einer Farbverschiebung zur jeweiligen Komplementärfarbe kommt. Im Prinzip entspricht dies der Farbbalance, nur mit dem Unterschied, daß Sie bei Ihren Manipulationen noch flexibler agieren können. Diese Methode setzt allerdings eine gehörige Portion Erfahrung voraus. Auch sollten Sie auch hierbei die als Vorschau in Ihrem Bild dargestellten Farbveränderungen bei den Einstellarbeiten genau beobachten.

Abb. 4.39:
Das Äquivalent zur oberen Farbmanipulation würde an der Gradationskurve so aussehen.

Vergessen Sie nicht, immer zuerst den Farbkanal auszuwählen.

4.5 Bildgrößen- und Auflösungsänderungen

Eine Methode, um die Bildgröße zu ändern, haben Sie bereits durch die *Freistellen*-Funktion kennengelernt. Im folgenden geht es um die Bildgrößenänderung, ohne den Motivbereich zu beschneiden. Eine solche Änderung der Bildgröße ist fast immer mit Interpolation verbunden.

4.5.1 Interpolationsmethoden

Das wichtigste bei der Interpolation ist, daß der Gesamteindruck des Bildes möglichst gut erhalten bleibt. Ein einfaches Entfernen von Pixelreihen bei der Bildverkleinerung bzw. Hinzufügen (Kopieren) von schon vorhandenen Pixelreihen wirkt sich negativ auf die Bildqualität aus. Vielmehr muß eine gute Interpolationsmethode das zu scalierende Bild in seiner Gesamtheit betrachten und grundsätzlich alle Bildpunkte des neuen Bildes neu bestimmen.

4.5 Bildgrößen- und Auflösungsänderungen

Pixelwiederholung

Die Pixelwiederholung stellt die einfachste der drei hier beschriebenen Interpolationsmethoden dar. Durch eine simple Verdoppelung von Pixelreihen bei der Bildvergrößerung bzw. eine Pixelreihenentfernung bei der Bildverkleinerung bestimmt diese Interpolationsmethode das neue Bild. Dies ist zwar einfach, jedoch im Interesse der Bildqualität nicht zu empfehlen.

Abb. 4.40:
Deutlich ist das grobe Pixelmuster zu erkennen, das sich durch die Pixelwiederholung bildet.

In Abb. 4.40 wurde die Auflösung wurde von 50 dpi auf 200 dpi erhöht, wie auch bei den folgenden Bildern. Auf Bildschärfung wurde bewußt verzichtet, um einen Vergleich zu ermöglichen.

Bilineare Interpolation

Die bilineare Interpolation liefert erheblich bessere Ergebnisse. Bei der Interpolation der Farbwerte wird sie jedoch von der bikubischen Interpolation noch übertroffen.

Abb. 4.41:
Das Bild ist zwar sehr unscharf, weist jedoch eine gleichmäßige Struktur auf.

Bikubische Interpolation

Die bikubische Interpolation ist die beste der drei hier vorgestellten Interpolationsmethoden. Daher sollten Sie, falls Ihnen Ihr Bildbearbeitungsprogramm oder auch Ihr Scanprogramm die Wahl läßt, immer die bikubische Interpolation verwenden. Der etwas höhere Zeitbedarf, der bei der Bildberechnung anfällt, zahlt sich in der Bildqualität aus.

Abb. 4.42:
Die Qualitätssteigerung ist auch im Graustufenbild noch zu erkennen.

4.5.2 Auswahl der Interpolationsmethode

Einige Bildbearbeitungsprogramme und auch manche Scanprogramme bieten die zu verwendende Interpolationsmethode zur Auswahl an.

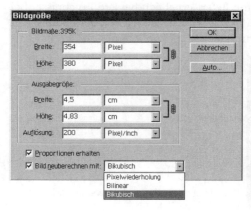

Abb. 4.43:
Photoshop bietet Ihnen die drei beschriebenen Interpolationsmethoden.

4.5 Bildgrößen- und Auflösungsänderungen

Eine Auswahlmöglichkeit für die Interpolationsmethode im Programm ist insofern immer gut, als Sie dann zumindest wissen, nach welcher Methode eine Interpolation durchgeführt wird, und so selbst entscheiden können, ob Sie beispielsweise im Scanprogramm ganz auf Interpolation verzichten und erst durch die Bildverarbeitung die Bildgröße ändern lassen.

Abb. 4.44:
Die Auswahl in diesem Scanprogramm bietet Ihnen zwei Interpolationsmethoden an.

Hinweis:
Nicht nur bei Größenänderungen von Bildern verwenden Bildbearbeitungsprogramme Interpolationen, sondern auch bei vielen Filtern werden diese eingesetzt. Auch das Drehen eines Bildes verlangt Interpolationsalgorithmen, wenn es sich nicht um die Standarddrehungen 90, 180 und 270 Grad handelt.

4.5.3 Bildgrößenänderung

Um die Größe eines Bildes zu ändern, bieten Bildverarbeitungsprogramme dem Anwender spezielle Einstell- bzw. Eingabemöglichkeiten an, mit denen bestimmt werden kann, wie und was geändert werden soll.

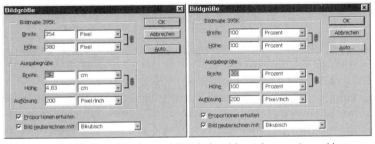

Abb. 4.45: Verschiedene Einheiten und Eingabebereiche stehen zur Auswahl.

4. Bearbeiten des Scans

Zusätzlich kann noch festgelegt werden, ob die Bildproportionen erhalten bleiben sollen und ob eine Interpolation durchgeführt werden soll.

Im folgenden wird davon ausgegangen, daß bei der Bildgrößenänderung auch eine Interpolation durchgeführt wird, d.h. daß das Bild nach der Werteeingabe neu berechnet werden muß. Zur Änderung der Bildgröße haben Sie grundsätzlich zwei Möglichkeiten:

- Zum einen können Sie durch neue Pixelmaße die Höhe und Breite des Bildes verändern. Die resultierenden Maße in einer Maßeinheit, wie z.B Zentimeter, werden hierbei automatisch berechnet und angezeigt.
- Die andere Möglichkeit besteht darin, die Zielgröße des Bildes in Form einer Maßeinheit, wie z.B. Zentimeter oder Prozent, einzugeben. Die resultierenden Bildpunkte werden anhand der Bildauflösung und der eingegebenen Maße für die Bildgröße neu berechnet.

Angenommen, Sie haben eine Vorlage von 13 auf 9 cm mit 150 dpi gescannt. Nun möchten Sie die Auflösung beibehalten, aber das Bild auf 80 % seiner Ausgangsgröße verkleinern.

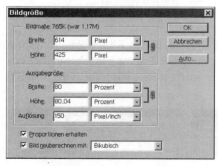

Abb. 4.46:
Durch die Änderung der Maßeinheit in Prozent können Sie den Skalierungsfaktor direkt angeben.

4.5.4 Änderung der Bildauflösung

Es kann vorkommen, daß Sie mit der Bildgröße zufrieden sind, aber im nachhinein merken, daß Ihr Drucker das Bild mit einer Auflösung von 150 dpi ebensogut druckt wie mit 600 dpi. Nun wäre es eine eklatante Zeitverschwendung, diese viel zu große Datei womöglich durch zig Bildverarbeitungsfunktionen zu schleppen. Da-

4.5 Bildgrößen- und Auflösungsänderungen

her bietet sich hier eine Verringerung der Bildauflösung an. Geben Sie hierzu die neue Bildauflösung im entsprechenden Fenster an und lassen dann das Bild neu berechnen.

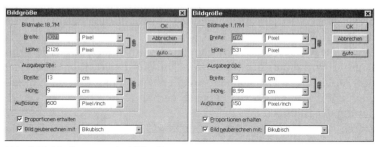

Abb. 4.47: Verringerung der Bildauflösung

Unter *Auflösung* (siehe linkes Bild, Abb. 4.47) geben Sie „150 dpi" ein und lassen das Bild neu berechnen. Rechts in der Abbildung sehen Sie das Ergebnis. Daß die Bildhöhenangabe nun nur noch *8,99 cm* beträgt, ergibt sich aufgrund von Rundungen bei der Umrechnung von Inch in Zentimeter, da die Auflösung in dpi angegeben ist. Beachten Sie den veränderten Speicherbedarf, der sich durch die Auflösungsänderung ergeben hat. Das Bild mit 600 dpi hat eine Dateigröße von 18,7 MByte. Mit 150 dpi sind es nur noch 1,17 MByte.

4.5.5 Änderung der Bildauflösung oder Bildgröße ohne Interpolation

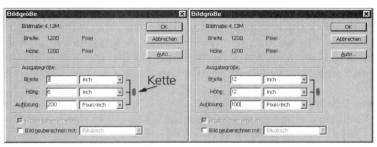

Abb. 4.48: Änderung ohne Interpolation

Durch Fixieren der Dateigröße wird verhindert, daß das Bildbearbeitungsprogramm bei einer Änderung der Bildmaße oder Bildauflösung eine Interpolation durchführt. Wenn Sie die Bildmaße vergrößern, sinkt automatisch die Bildauflösung. Die Gesamtpixelzahl bleibt gleich. Bei einer Erhöhung der Bildauflösung verringert sich die Bildgröße.

Durch die Verkettung von Breite, Höhe und Auflösung werden Dateigröße und damit die Pixelanzahl im Bild fixiert. Eine Änderung der Auflösung wirkt sich entsprechend mit umgekehrten Vorzeichen auf die Bildmaße aus. Ebenso verhält es sich bei einer Veränderung der Bildmaße.

Durch das Ausschalten der Option *Bild neuberechnen mit* fixieren Sie in Photoshop die Dateigröße. Sie können nun an der Bildgröße beliebig Änderungen vornehmen, ohne an den Bilddaten etwas zu verändern, da keine Interpolation möglich ist.

Diese Methode ist immer dann interessant, wenn Sie ohne Interpolation ein möglichst großes Ausgabeformat erhalten möchten. Führen Sie den Scan in der physikalischen Auflösung Ihres Scanners durch, und legen Sie dann in der Bildverarbeitung die optimale Auflösung für die Ausgabe fest. Die Bildgröße resultiert aus der gewählten Auflösung.

4.6 Filter

Im Bereich der digitalen Bildbearbeitung wird eine große Menge verschiedenster Filter durch die Bildbearbeitungsprogramme angeboten. Auch einige Scanprogramme enthalten bereits Filter zur Auswahl. Da die Vielzahl der verschiedenen Filter leicht ein eigenes Buch füllen könnte, sollen im folgenden nur drei für das Bearbeiten von Scans wichtige Filter bzw. Filterarten angesprochen werden.

4.6.1 Störungen entfernen

Die einfachste und wohl jedem bekannte Störung in einem gescannten Bild ist das Staubkorn auf der Vorlage oder dem Vorlagenglas.
Viele Bildbearbeitungsprogramme können Sie bei der Beseitigung solcher unliebsamen Bildbestandteile unterstützen. Besonders die sogenannten „Störungsfilter" helfen hier weiter. Interessant für den

4.6 Filter

Scanoperator sind hier insbesondere die Filter *Staub & Kratzer entfernen* sowie *Störungen entfernen*.

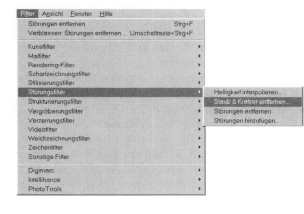

Abb. 4.49:
Das Filterauswahlmenü in Photoshop

Staub und Kratzer entfernen

Abb. 4.50:
Deutlich ist der Staubfaden zu erkennen. Ein Teil davon wurde zur Bearbeitung ausgewählt.

Bevor Sie den Filter *Staub & Kratzer entfernen* auswählen, sollten Sie erst einen Auswahlrahmen um den betreffenden Bereich festlegen. Schließen Sie den Bereich so eng wie möglich ein, d.h. verwenden Sie ein Auswahlwerkzeug, mit dem Sie die Konturen (z.B. des

4. Bearbeiten des Scans

Haars) abfahren können. Dies ist wichtig, damit bei der folgenden Arbeit nicht auch noch andere Bildbereiche beeinflußt und womöglich mit entfernt werden.

1. Öffnen Sie nun das Menüfenster des Filters.
2. Schieben Sie die Regler für den Radius und den Schwellenwert ganz nach links auf ihre Ausgangswerte.
3. Erst danach beginnen Sie, den Regler für den Radius schrittweise nach rechts zu schieben, bis der Staubfaden im Vorschaufenster des Menüs nicht mehr zu erkennen ist.
4. Nun können Sie den Wert für den Schwellenwert ebenso erhöhen. Der Schwellenwert stellt sicher, daß nur die Kontur des störenden Staubfadens entfernt wird. Sobald der Staubfaden wieder sichtbar wird, nehmen Sie wieder etwas vom Schwellenwert zurück.

Abb. 4.51:
Nach den erfolgten Einstellungen ist der Staubfaden im Vorschaufenster des Filters verschwunden.

Hinweise:
Setzen Sie diesen Filter nur bei Bildern ein, deren Auflösung mindestens 200-250 dpi beträgt. Bei Bildern mit niedriger Auflösung wird aufgrund der sogenannten Weichzeichnung, die der Filter zur Entfernung des Bildfehlers einsetzt, der bearbeitete Bereich im Bild als unscharfer Strich oder Bogen sichtbar.

Bei Staub in sehr homogenen Bildbereichen reicht es oft schon, wenn Sie einfach einen direkt benachbarten Bildbereich über ein solches Staubkorn kopieren. Manche Bildverarbeitungsprogramme bieten hierfür auch spezielle Werkzeuge, wie z.B. Stempel, an, die gezielt kleine Bildausschnitte über andere Bildbereiche setzen können.

4.6 Filter

Störungen entfernen

Der zweite für den Scanoperator interessante Filter zur Entfernung von Störungen heißt ganz einfach *Störungen entfernen*. Sein Anwendungsbereich sind Bilder, die über das ganze Bild verteilte Störungen enthalten. Solche Störungen zeigen sich durch sichtbare Punkte in Pixelgröße, die wie Sandkörner über die Bildoberfläche gestreut sind. Entstehen können solche Bildfehler bei sehr hochauflösenden Scans, wenn das Bildmaterial eine niedrige Auflösung aufweist. Die Körnung des Filmmaterials kann dann zu der beschriebenen Bildstörung führen.

Durch die Verwendung des Filters *Störungen entfernen* wird der Bildeindruck deutlich verbessert. Da jedoch wegen des Weichzeichnungseffekts etwas an Bildschärfe verlorengeht, ist es oft nötig, das Bild nachher mit dem Scharfzeichnungsfilter *Unschärfemaskierung* nachzubearbeiten. Wie dieser Filter zu handhaben ist, wird im folgenden Abschnitt beschrieben.

4.6.2 Scharfzeichner

Filter zum Schärfen oder Scharfzeichnen von Bildern haben eine sehr wichtige Funktion in der digitalen Bildverarbeitung. Zum einen werden sie ganz allgemein bei digitalen Bildern angewendet, um deren Darstellung zu verbessern. Zum anderen sind sie wichtige Nachbearbeitungswerkzeuge, um durch Bearbeitungsprozessen mit anderen Filtern entstandene Unschärfe zu verringern. Bildbearbeitungsprogramme bieten Ihnen meist verschiedene Scharfzeichnungsfilter zur Auswahl. Photoshop bietet Ihnen drei unterschiedliche Scharfzeichner.

Abb. 4.52:
Die Scharfzeichner von Photoshop

Konturen scharfzeichnen

Der Filter *Konturen scharfzeichnen* ist ein relativ einfaches Werkzeug, um schnell den Bildeindruck bezüglich Bildschärfe zu verbessern. Da sich dieser Filter in erster Linie auf die Bildkonturen auswirkt, bleiben kontrastarme Bildbereiche von ihm verschont. Dies ist auch gut so, da dadurch weiche Farbübergänge nicht durch unnötigen Kontrast beeinträchtigt werden. Der Nachteil dieses Filters ist jedoch, daß er keinerlei manuelle Einstellungen bietet.

Scharfzeichnen und Stark scharfzeichnen

Die Filter *Scharfzeichnen* und *Stark scharfzeichnen* wirken sich gleichmäßig auf alle Pixel des Bildes aus. Sie erhöhen generell den Kontrast zwischen den Bildpunkten, was nicht immer erwünscht ist. Daher hat die Verwendung dieser Filter eher untergeordnete Bedeutung.

Unscharf maskieren

Der Filter *Unscharf maskieren* bietet Ihnen als einziger der Scharfzeichnungsfilter die Möglichkeit, manuell Einstellungen für den Schärfungsprozeß vorzunehmen. Wie der Filter *Konturen scharfzeichnen* wirkt sich der Filter *Unscharf maskieren* in erster Linie auf Bildkonturen aus.

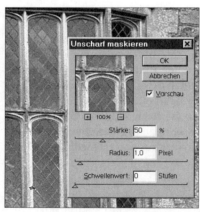

Abb. 4.53:
Das Menü „Unscharf maskieren"

Das Menü *Unscharf maskieren* enhält drei Regler zur manuellen Optimierung des Scharfzeichnungsprozesses. Um den Filter richtig einsetzen zu können, müssen Sie als erstes die Funktionen der Regler kennen.

- *Stärke*
  Mit dem Regler *Stärke* legen Sie den Bildkontrast fest. Standardmäßig wird meist der Wert *50 %* vorgegeben, weil er sich in den

meisten Fällen als gutes Maß erweist. Für hochauflösende Bilder sind Werte von *150 %* bis *200 %* zu empfehlen.
- *Radius*
Mit dem Regler *Radius* stellen Sie den sogenannten „Pixelradius" ein. Der Pixelradius gibt – ausgehend von Bildkonturen – an, inwieweit sich die Kontrastverstärkung um ein Pixel herum ausdehnt. Vereinfacht gesagt legt der Pixelradius den Bereich fest, auf den die Kontrastverstärkung hauptsächlich wirken soll. Da dieser Bereich in Pixeln als Maßeinheit angegeben wird, ist der effektive Bereich bei niedrigauflösenden Bildern größer als bei hochauflösenden Bildern. Entsprechend muß die Verwendung des Pixelradius an die Auflösung des Motivs angepaßt werden. Beachten Sie auch, daß sich eine Veränderung am Regler in der Monitordarstellung eines Bildes meist viel stärker auswirkt als im späteren Druck, da der Pixelradius dort einen viel kleineren Bereich darstellt als auf dem Monitor mit einer Auflösung von 72 dpi. Wenn Sie den Pixelradius über die Tastatur eingeben, können Sie auch geringere Werte als ganze Zahlen angeben.
- *Schwellenwert*
Mit der Angabe des Schwellenwertes bestimmen Sie, welchen Tonwertunterschied benachbarte Bildpunkte mindestens aufweisen müssen, damit sich der Filter auf sie auswirkt. Bei dem Wert *0* wirkt sich der Filter auf alle Pixel aus. Je höher der Schwellenwert eingestellt wird, desto größer muß der Tonwertunterschied zwischen benachbarten Bildpunkten sein, damit sich der Filter auf sie auswirkt. Durch eine leichte Anhebung des Schwellenwertes kann vermieden werden, daß kontrastarme Bereiche des Bildes zu stark scharfgezeichnet werden.

4.6.3 Autofilter (Automatisch bessere Bilder)

Mit „Autofilter" sind eigentlich Filterpakete gemeint, die Bilder selbständig untersuchen und dann anhand einer ganzen Reihe von integrierten Einzelfiltern optimieren können. Ein besonderes Beispiel für effektive Bildoptimierung ist das Programm *Intellihance* von der Firma *Extensis*.
Dieses Filterpaket enthält neben optimalen Bildoptimierungsautomatismen auch eine immense Anzahl an Einstellmöglichkeiten. Laden Sie sich, wenn Sie Interesse haben, eine 30-Tage-Demo-Vollver-

sion vom Internet herunter. Neben einer Vielzahl von Optimierungsautomatismen und manuellen Einstellmöglichkeiten können Sie sich mehrere Vorschaubilder mit unterschiedlichen Bildeinstellungen anzeigen lassen.

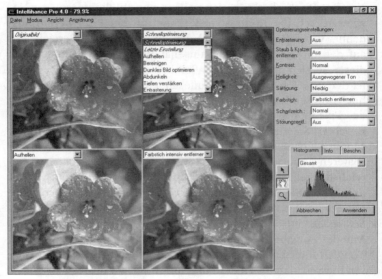

Abb. 4.54: Der Bildoptimierungsfilter „Intelihance"

5. Bildausgabe mit Desktopdruckern

Die einfachste und schnellste Methode, aus einem Scan ein akzeptables Papierbild zu machen, sind Desktopdrucker. Sie stellen eine flexible und relativ kostengünstige Druckmöglichkeit dar, solange es sich nicht um Druck „im großen Stil" handelt. Im folgenden sind einige Punkte zusammengestellt, die Ihnen bei der Ausgabe eines Scans auf Ihrem Drucker behilflich sind.

5.1 Bildauflösung für den Druck

Auflösung ist nicht gleich Auflösung. Gemeint ist damit, daß es keinen Sinn macht, z. B. ein Farbfoto in der maximalen Auflösung eines Tintenstrahldruckers zu scannen, um ein optimales Ergebnis zu erhalten. Vielmehr ist es so, daß meist nur ein Buchteil der maximalen Druckerauflösung für die Scanauflösung vollkommen ausreicht. Dies liegt daran, daß die Auflösung des Druckers nicht mit der maximalen Bildauflösung des Druckers gleichzusetzen ist. So kann z. B. ein bestimmter Tintenstrahldrucker mit 360 * 720 dpi Auflösung nach Herstellerangaben nur eine maximale Bildauflösung von 120 dpi erreichen.

Am Beispiel von S/W-Laserdruckern ist der Zusammenhang zwischen Bildauflösung und Druckerauflösung gut zu veranschaulichen: Ein S/W-Laserdrucker kann nur einen schwarzen Punkt oder eben keinen schwarzen Punkt aufs Papier bringen. Mehr als diese beide Möglichkeiten hat er nicht. Dies entspricht aber nur einer Farbtiefe von einem Bit. Um nun 256 Graustufen zu erzeugen, muß er mit einem Trick arbeiten. Er nimmt, um einen Bildpunkt, den Sie am Bildschirm sehen, darstellen zu können, eine Matrix von 16 * 16 Punkten. Nun können je nach gewünschtem Farbton zwischen Null Punkten und 256 Punkten schwarz ausgefüllt werden. Für Ihr Auge wirkt diese feine Matrix wie ein Grauton. Aber nun kommt die Auf-

5. Bildausgabe mit Desktopdruckern

lösung ins Spiel: Um einen Bildpunkt mit 256 Graustufen darzustellen, braucht dieser S/W-Laserdrucker 16 Punkte in einer Richtung. Um in diesem Beispiel die maximale Bildauflösung des Druckers zu bestimmen, müssen Sie also die Druckerauflösung durch 16 teilen. In der folgenden Tabelle sind für einige Desktopscannerarten sinnvolle Bildauflösungen zusammengestellt. Gehen Sie bei Ihrem Drucker einfach von diesen Werten aus und vergleichen Sie durch schrittweises Erhöhung (oder vielleicht auch Verringerung) der Scanauflösung, ob sich die Druckqualität ändert.

Ausgabegerät	Farbbild	Graustufenbild	Strichgrafik
Farbtintenstrahldrucker	100-150	100-150	Druckerauflösung
Thermosublimationsfarbdrucker	Druckerauflösung	Druckerauflösung	Druckerauflösung
S/W-Laserdrucker	150	150	Druckerauflösung
Farblaserdrucker	100-150	150	Druckerauflösung

Bedenken Sie bei der Wahl von Auflösungen auch den Betrachtungsabstand. Wenn Sie ein Bild in DIN A3 Größe ausdrucken und es an die Wand hängen, werden Sie es wohl nicht aus 10 Zentimeter Abstand betrachten wollen. Gemeint ist, daß eine geringere Auflösung oft durch einen größeren Betrachtungsabstand wieder ausgeglichen wird.

Es gibt übrigens auch Tintenstrahldrucker, die eine Bildauflösung von bis zu 350 dpi erzeugen können. Ob so hohe Auflösungen jedoch noch eine durch das menschliche Auge erfaßbare Qualitätssteigerung bringen sei dahingestellt. Eins bringen sie aber bestimmt: große Datenmengen.

5.2 Den Tonwertzuwachs schnell korrigieren

Bei Laser- und Tintenstrahldruckern haben Sie meist mit dem Problem des Tonwertzuwachses zu kämpfen. Ein Tonwertzuwachs wirkt sich in Form eines sichtlich dunkleren Druckbilds aus, als es nach dem Betrachten des Bildes am Bildschirm zu erwarten wäre. Der Grund liegt darin, daß die einzelnen Punkte, die der Drucker aufs Papier bringt, u. a. durch die Saugfähigkeit des Papiers in aller Regel etwas größer ausfallen.

Um diesem Problem zu begegnen, können Sie entweder (falls Sie die Möglichkeit dazu haben) Ihre Druckerkennlinie so einstellen, daß der Tonwertzuwachs des Druckers kompensiert wird, oder aber Sie manipulieren das auszugebende Bild durch eine Tonwertkorrektur in den Mitten. Hierzu müssen Sie das Bild nur entsprechend aufhellen. Ein schrittweises Aufhellen mit mehreren Probedrucken führt hier am schnellsten zum Erfolg. Notieren Sie sich zuletzt die entsprechenden Werte, damit es beim nächsten Druck einfacher geht. Außerdem ist anzuraten, das Originalbild vor der Manipulation abzuspeichern, um jederzeit wieder darauf zurückgreifen zu können.

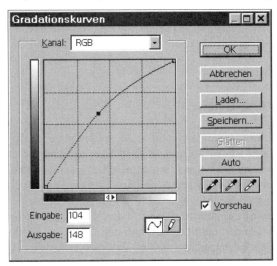

Abb. 5.1:
Aufhellen zeigt rasch positive Wirkung in der Druckausgabe.

5.3 Druckerfarbfehler indirekt ausschalten

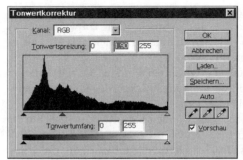

Abb. 5.2:
Die Alternative zur Tonwertkorrektur: der Gamma-Regler

Viele Farbdrucker zeigen die unangenehme Eigenart, daß die Ausgabe meist einen leichten Farbstich aufweist. Um einen solchen Farbstich zu kompensieren, verfahren Sie am einfachsten wie soeben im Zusammenhang mit dem Tonwertzuwachs beschrieben, nur daß Sie nun mit der Farbbalance arbeiten. Erhöhen Sie den Wert der Komplementärfarbe derjenigen Farbe, die im Ausdruck zu kräftig erschien. Ihr Bild am Monitor bekommt zwar nun einen Farbstich, der Drucker liefert aber das erhoffte Resultat. Auch hierbei gilt wieder: Zunächst das Original speichern, bevor Sie mit der Arbeit beginnen!

5.4 Druck von S/W-Bildern

Beim Druck von Graustufenbildern sollten Sie zwei Dinge beachten. Beim Druck eines Bildes auf einem S/W-Laserdrucker ist es besser, ein Farbbild zunächst in ein Graustufenbild umzuwandeln, um der Druckersoftware diese Arbeit zu ersparen. Außerdem erledigen Bildverarbeitungsprogramme diese Umwandlung oft besser.
Der zweite Punkt betrifft Farbtintenstrahldrucker. Achten Sie hier beim Ausdruck von Graustufenbildern darauf, daß Sie in der Druckersteuerung dem Drucker mitgeteilt haben, daß das zu druckende Bild im S/W-Modus gedruckt werden soll. Immer vorausgesetzt, Ihr Tintenstrahldrucker besitzt einen separaten Schwarztank, besteht

sonst die Gefahr, daß Ihr Drucker die Graustufen durch die Mischung einzelner Farben herstellt. Das ergibt zumeist keinen optimalen Bildeindruck und ist auch eine immense Farbverschwendung.

Abb. 5.3:
Beim Graustufendruck auf Farbtintenstrahldruckern wählen Sie das Farbmodell „Monochrom" aus, um sicher zu sein, daß keine Farbmischung erfolgt.

5.5 Das Papier macht den Druck

Alle Einstellungen zeigen nur marginale Wirkung, wenn nicht das richtige Papier verwendet wird. Dies gilt in erster Linie für Tintenstrahldrucker. Je nach Saugfähigkeit der verwendeten Papiere werden Farben ganz unterschiedlich dargestellt.
Um sicherzugehen, daß die Farben auch dem entsprechen, was man sich erwartet, ist es bei Tintenstrahldruckern am besten auf Papiere vom Druckerhersteller zurückzugreifen. Wem das zu teuer ist, dem bleibt noch die günstigere Alternative der Fremdanbieter.

Anhang

Dieser Anhang hilft Ihnen, wenn Sie schnell Informationen brauchen. Sie finden hier Zusammenstellungen von Internet-Adressen und Tabellen aus den vorangegangenen Kapiteln und Wissenswertes rund ums Scannen.

Internet-Adressen für Software

Für alle, die auf der Suche nach Infos und Testversionen sind, ist das Internet ideal.
In der folgenden Liste finden Sie alle im Buch angegebenen Internetadressen nach Themenbereichen zusammengestellt.
Wenn Sie sich Test-Software aus dem Internet herunterladen, beachten Sie die Download-Zeiten (wegen der Telefonkosten). Manche Firmen senden gegen eine kleine Gebühr auch Testversionen auf CD zu. Auch ein Blick in Computerzeitschriften hilft manchmal weiter; manchmal finden Sie die richtige Software auf der Heft-CD.

Zusammenfassung der Internetadressen

- Scanner-Software:
  http://www.lasersoft-imaging.com
- Bildbearbeitungs-Software:
  - *http://www.adobe.de*
  - *http://www.ulead.de*
  - *http://www.corel.com*
  - *http://www.macromedia.com*
  - *http://www.pl32.com*
  - *http://www.angelfire.com/hi/megalux/*
  - *http://www.jasc.de*

- Plugins:
  - *http://www.extensis.com/German*
  - *http://www.digimarc.com*
- Grafikdateibetrachter:
  - *http://www.acdsystems.com* <Shareware>
  - *http://www.geocities.com/siliconvalley/vista/8125* <Freeware>
  - *http://www.firehand.com* <Shareware>
  - *http://www.softcomp.de*
  - *http://www.kellydata.de/produkte/thumbs/download.htm* <Shareware>
- Texterkennungs-Software:
  - *http://www.caere.com*
  - *http://www.irisusa.com*
  - *http://www.textbridge.com*
  - *http://www.recognita.hu*
  - *http://www.mitcom.de*
- Datenbanken:
  - *http://www.claris.com*
  - *http://www.softmaker.de*
  - *http://www.cerious.com*
- Kopierwerkzeug:
  http://www.zdnet.de/download/library/de0IM-wf.htm

Zusammenstellung der verwendeten Formeln

Hier finden Sie noch einmal die wichtigsten im Buch verwendeten Formeln – als Gedankenstütze, wenn Sie nur kurz nachschlagen wollen.

- Formel zur Berechnung der Bildwiederholungsfrequenz eines Monitors:

```
Bildwiederholungsfrequenz in Herz = Horizontalfrequenz in
Herz / (Vertikalauflösung + 5 %) in Pixel
```

- Formel zur Berechnung der notwendigen Grafikspeichergröße der Grafikkarte:

  ```
  MegaByte an Grafikspeicher = Bildschirmauflösung_horizontal
  * Bildschirmauflösung_vertikal * gewünschte Farbtiefe in
  Bit /8Bit/1024000
  ```

- Formel zur Berechnung der Dateigröße eines Bildes:

  ```
  Speicherbedarf in Byte = (Anzahl der Pixel*Farbtiefe in Bit+
  Overhead)/8
  ```

- Die Gammafunktion ist definiert als:

  $$\text{korrigierte Helligkeit} = \text{Helligkeit}^{Gamma}$$

- Formel zur Berechnung der Opazität:

  ```
  Opazität = Beleuchtungsquellenintensität / Menge des
  Lichtes das durch die Vorlage hindurch geht bzw. von dieser
  reflektiert wird
  ```

- Formel zur Berechnung der Densität (Dichte):

  ```
  Densität = log (Opazität)
  ```

- Formel zur Berechnung der Bildauflösung für den Druck auf Druckmaschinen:

  ```
  Bildauflösung = Rasterweite * Qualitätsfaktor
  ```

- Formel zur Bestimmung einer interpolationsfreien Scanauflösung:

  ```
  interpolationsfreie Auflösung = physikalische
  Scannerauflösung / ganze Zahl
  ```

- Formel zum Vergleich des Bearbeitungszeitaufwandes abhängig von der gewählten Bildauflösung:

  $$X\text{-facher Zeitaufwand} = (\text{höhere Auflösung in dpi})^2 / (\text{niedrigere Auflösung in dpi})^2$$

Dateitourismus

Angenommen, Sie haben ein Bild gescannt, nachbearbeitet und im richtigen Dateiformat gespeichert. Es belegt auf Ihrer Festplatte 2,7 MByte Speicher. Jetzt möchten Sie das Bild an einen Freund weitergeben, aber Ihr Rechner ist nur mit einem Diskettenlaufwerk ausgestattet. Wenn Sie unter Windows versuchen, Ihre Datei auf Diskette zu kopieren werden Sie scheitern, da die Datei zu groß ist. Um dieses Problem zu lösen, benötigen Sie entweder ein Packerprogramm, das die Option anbietet, große Dateien auch in Stücken zu speichern. In diesem Fall muß Ihr Freund jedoch das gleiche Programm auf seinem Rechner haben, um die zerteilte Datei wieder zusammensetzen zu können. Einfacher läßt sich das Problem mit einem kleinen Freewaretool lösen, das der Ziff-Davis-Verlag im Internet bereitstellt. Das Programm *Cut-and-Glue* zerteilt die Datei, und der Empfänger muß nicht einmal das Programm auf seinem Rechner installiert haben, da Cut-and-Glue zu jeder zerlegten Datei auch gleich das Zusammenfügwerkzeug hinzukopiert.

Sie finden Cut-and-Glue im Internet unter:
http://www.zdnet.de/download/library/de0IM-wf.htm

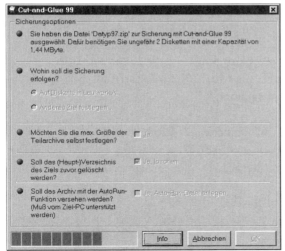

Abb. 5.4:
Einstelloptionen im Kopierwerkzeug Cut-and-Glue

Arbeitsablauf

Es folgt eine kurze Zusammenfassung der wichtigsten Schritte beim Scannen:

Schritt 1	TWAIN-Quelle auswählen
Schritt 2	Scanprogramm aktivieren
Schritt 3	Vorlage plazieren
Schritt 4	Grundeinstellungen im Scanprogramm (Vorlagentypeinstellung)
Schritt 5	Vorschauscan
Schritt 6	Auswählen des Scanbereichs
Schritt 7	Deutung des Vorschauscans
Schritt 8	Manuelle Bildkorrektur (Tonwertkorrektur, Farbkorrektur) oder Automatische Bildkorrektur
Schritt 9	Scalierung
Schritt 10	Scanauflösung festlegen
Schritt 11	Filterwahl
Schritt 12	Feinscan

Glossar

Dieses Kapitel enthält einen Überblick der wichtigen Begriffe zum Thema Scannen.

A

A/D-Wandler
Abkürzung für Analog/Digital Wandler. Elektronisches Bauteil in Scannern, welches das analoge Bildsignal des lichtempfindlichen Sensors (z. B. CCD) in digitale Signale umsetzt.

Aliasing
Sichtbare treppenartige Stufenbildung an Linien oder Objektkanten in Bildern, die durch zu geringe Bildauflösung auftreten können.

Alphakanal
Bildkanal zur Speicherung von Bearbeitungsdaten zu Bildern. Alphakanäle enthalten Auswahlbereiche oder Maskierungen (Abdeckkung von nicht ausgewählten Bildbereichen).

Anti-aliasing
Methode zur Minimierung von Treppeneffekten, die z. B. an Linien oder Objektkanten in Bildern auftreten können.

APS-Format
Kleinbildformat in der Fotografie

Arbeitsspeicher (RAM)
Speicher eines Computers für die aktuellen Programmdaten. Es handelt sich hierbei um elektronische Speicherbausteine die nach dem Ausschalten des Stromes ihren Speicherinhalt verlieren. RAM

ist die Abkürzung für Random Access Memory (Speicher mit wahlfreiem Zugriff).

Auflösung
Ein Maß für die Detailgenauigkeit von Bildern (Bildpunkte oder Druckpunkte).

Aufsichtvorlage
Scanvorlage, die nach dem Prinzip Beleuchtung und Reflexion abgetastet wird.

B

Belichter
Gerät, das Bild- oder Textdaten auf Filmträger ausgibt, die dann z. B. als Vorlage beim Offsetdruck Verwendung finden.

Bildpunkt
siehe *Pixel*

Bitmap (BMP)
Standardgrafikdateiformat für Windows, das den Datenaustausch zwischen verschiedenen Windowsprogrammen sicherstellt.

Bit
Ein Bit entspricht einer Speicherzelle in der EDV und stellt damit die kleinste Speichereinheit dar. Ein Bit kann den Wert 1 oder 0 annehmen.

Byte
8 Bit = 1 Byte

C

CCD-Sensor
Die Abkürzung CCD steht für charge coupled device, was soviel heißt wie ladungsgekoppelte Vorrichtung. Es handelt sich hierbei um einen Halbleiterbaustein auf der Basis eines Metall-Oxid Halbleiters (MOS). Einfallendes Licht wird von diesem Halbleitersensor proportional zur Lichtstärke in eine elektrische Ladung umgewandelt und in einem Entleerungsbereich kurzzeitig gespeichert. Der Haupteinsatzbereich dieses Sensors liegt bei Scannern und Digitalkameras.

CMYK
Farbsystem für den Druck, das sich aus den Grundfarben Cyan, Magenta, Yellow (Gelb) und Black (bzw. Key) aufbaut.

Colormanagementsystem (CMS)
siehe *Farbmanagementsystem*

D

Dateiformat
Gesetzmäßigkeit, die eine Speicherstruktur für Dateien festlegt.

Datenfeld
Einzelbestandteil eines Datensatzes in einer Datenbank; s. auch Datensatz

Datensatz
Abgeschlossene Einheit von Datenfeldern in einer Datenbank. Ein Datensatz kann sich z. B. aus den Datenfeldern Bild, Bildnummer und Bildmotiv zusammensetzen.

Datentiefe
Wird in Bit angegeben und ist ein Maß für die Anzahl von verschiedenen Möglichkeiten, die ein Speicherbereich annehmen kann, z. B. 8 Bit entspricht $2^8 = 256$ verschiedene Zustände.

Densität
Densität ist ein Maß für die Intensität des reflektierten bzw. durchgelassenen Lichtes einer Vorlagenfarbe.

Densitometer
Meßinstrument zur Bestimmung der Intensität des reflektierten bzw. durchgelassenen Lichtes einer Farbe in einem Bildpunkt. Scanprogramme beinhalten meist ein solches Instrument.

Descreening
siehe *Entrastern*

Desktop Publishing
Erstellung von Drucksachen mit Hilfe eines Computers.

Desktop Scanner
Scannertypen, die aufgrund ihrer relativ geringen Ausmaße auf einem Schreibtisch Platz finden.

Diascanner
siehe *Filmscanner*

Dithering
Darstellung von Farben und Graustufen unter Verwendung von Punktmustern. Durch diese Methode kann bei Druckern eine höhere Farb- oder Graustufenanzahl erreicht werden.

dpi
Abkürzung für dots per inch ((Druck)punkte pro Inch). dpi ist eine Einheit zur Angabe von Auflösungswerten.

Downsampling
Verringerung der Bildauflöung, die einen Verlust an Detailschärfe mit sich bringt.

Druckerkennlinie
Werkzeug zum Festlegen einer Tonwertkorrektur für einen Drukker, um einen eventuellen Tonwertzuwachs beim Druck auszuglei-

chen. Außerdem können über die Druckerkennlinie Farbstiche, die vom Drucker herrühren, beseitigt werden.

Durchlichtaufsatz
Optionaler Aufsatz bei Flachbettscannern, der das Scannen von Durchsichtvorlagen wie Folien oder Dias ermöglicht.

Durchsichtvorlage
Scanvorlage, die nach dem Prinzip der Durchleuchtung abgetastet werden muß. Lichtquelle und lichtempfindlicher Sensor befinden sich jeweils auf verschiedenen Seiten der Vorlage. Dias, Negativfilmstreifen und Folien sind typische Vertreter dieser Vorlagenart.

E

Elektronische Bildverarbeitung
Bildbearbeitungsprozeß an einem Computer von der Bildeingabe bis zur Ausgabe oder Speicherung des digitalen Bildes.

Entrastern
Entfernen von Druckrastern in gedruckten Vorlagen beim Scanvorgang durch ein Unscharfstellen der Vorlage. Dies kann mittels einer scannerinternen Optik oder über doe Software erfolgen.

Externe Farbtiefe
Die Farbtiefe, die vom Scanner bzw. dem Scanprogramm an das Bildverarbeitungsprogramm weitergegeben wird. S. auch Farbtiefe

F

Farbkanal
Darstellung der einzelnen Grundfarben in separaten Bereichen, wobei jeder dieser Bereiche alle Helligkeitswerte des Bildes für die jeweilige Grundfarbe enthält. Dargestellt werden die einzelnen Farbkanäle als Graustufenbilder. Wenn Sie die einzelnen Farbkanäle eines Bildes zusammenfassen, erhalten Sie wieder das ursprüngliche

Farbbild mit all den Farben, die das verwendete Farbsystem darstellen kann.

Farbmanagementsystem
System, das die Möglichkeit bietet, alle Geräte zur Farbbildverarbeitung an einem Computer optimal aufeinander abzustimmen. Hierzu verwaltet das Farbmanagement zuvor ermittelte (Kalibrierung) Farbinterpretationsfehler der Einzelgeräte (z. B. Scanner, Monitor, Drucker) und gleicht diese automatisch aus, um einen geräteunabhängigen Farbraum sicherzustellen.

Farbraum
Als Farbraum wird der Bereich des sichtbaren Lichtes bezeichnet, der von einem RGB-Gerät (z. B. Scanner oder Monitor) erfaßt bzw. wiedergegeben werden kann.

Farbstich
Als Farbstich wird generell ein unausgewogenes Verhältnis von Farbkomponenten in einem Bild bezeichnet.

Farbtiefe
Die Farbtiefe eines Bildpunktes wird in dem Speicherbedarf dieses Bildpunktes in Bit angegeben. Bei einer Farbtiefe von 24 Bit kann der Bildpunkt 16,777 Millionen verschiedene Farben annehmen.

Farbtemperatur
Wert für die Zusammensetzung des Lichtes in der Einheit Kelvin. Ein Wert von 6.500 Kelvin wird als Normalwert bei Monitoren angesehen. Niedrigere Werte erzeugen ein wärmeres, gelblich/rötliches Licht, höhere Werte ein kälteres, bläuliches Licht.

Farbton
Kleinste Einheit in einem Farbraum, die genau einer Farbe entspricht.

Feinscan
Abschließender Scandurchgang nach allen Einstellungen zur Bildoptimierung im Scanprogramm.

Filmscanner
Filmscanner arbeiten mit der sog. Durchlichtmethode und sind daher ausschließlich für Durchsichtvorlagen geeignet. Dies können z. B. Dias oder Negative sein.

Filter
In Bildverarbeitungsprogrammen sind Filter Zusatzprogramme, die spezielle Bildveränderungen durchführen. Dies können Bildoptimierungen, aber auch Spezialeffekte oder ähnliches sein.

Flachbettscanner
Gerät zum Scannen von flachen Vorlagen, die auf das Vorlagenglas des Scanners aufgelegt werden.

Freistellen
Beschneidung eines Bildes durch festlegen eines Auswahlrahmens mit nachfolgender Löschung des nicht im Auswahlrahmen befindlichen Bildbereiches.

G

Gamma
Zahl, die als Exponent zur Basis der Helligkeit den Verlauf der Gradationskurve beschreibt.

Gammakurve
siehe *Gradationskurve*

Gammakorrektur
Das Abdunkeln oder Aufhellen der mittleren Tonwerte wird als Gammakorrektur bezeichnet.

Gigabyte (GByte)
1.024 Megabyte (MByte), also 2^{30} Byte (1.073.741.824 Byte).

Gradationskurve

Bei der Gradations- oder auch Gammakurve handelt es sich um einen Graphen, der das Ein-/Ausgabeverhältnis von Tonwerten anzeigt. Um dies möglich zu machen, bewegt sich dieser Graph in einem Koordinatensystem, das in seiner einen Achse Eingabetonwerte und in seiner zweiten Achse Ausgabetonwerte aufträgt.

Grafikdateiformat

Gesetzmäßigkeit, die eine Speicherstruktur für Grafikdateien, wie z.B. Bilder, festlegt.

Grafikspeicher

RAM-Speicher, der in der Regel auf der Grafikkarte eines Computers mit integriert ist und für die Speicherung von Bildinhalten verwendet wird.

Graukeil

Bildliche Darstellung von Graustufen in Werten von 0 % bis 100 %. Die Darstellung erfolgt meist in Schritten von 10 %. Der Graukeil wird zu Kalibrierungszwecken verwendet.

Graustufen

Ein 8 Bit-Grautonmodus, der bis zu 256 Grautonabstufungen hervorbringt, die zwischen den Werten Null für Weiß und 255 für Schwarz liegen.

H

Handscanner

Scannermodell, das mit der Hand über die zu scannende Vorlage geführt werden muß.

Hardware-Scanauflösung

Auflösungswert, mit dem ein Scanner wirklich scannt. Der höchste mögliche Wert der Hardware-Scanauflösung entspricht der physikalischen Auflösung eines Scanners. Wenn Sie diese Werte immer durch ganze Zahlen teilen – 2, 3, 4, 5 usw. –, erhalten Sie die möglichen Werte der Hardware-Auflösung.

Histogramm
Das Histogramm gibt in Form einer Verteilungskurve an, in welchen Tonwertbereichen sich Bildpunkte eines Bildes verteilen. Anhand der Verteilungskurve kann man entscheiden, ob das Bild genügend Detail in den drei Bereichen Tiefen, Mitten und Höhen enthält, um eine gute Korrektur zu ermöglichen.

I

ICC-Farbprofil
Ein ICC-Farbprofil enthält die Farbrauminterpretationen eines Gerätes, das in ein Farbmanagementsystem mit eingebunden ist. Solche Profile können selbst erstellt werden oder werden vom Gerätehersteller oder vom Betriebssystem mitgeliefert.

ICM
Abk. für *Image Color Matching* (deutsch „Anpassung der Bildfarben"). Es handelt sich hierbei um ein Modul (in Windows 95/98), das die Farbintegrität und -konsistenz von der Bilderfassung durch ein Eingabegerät wie Scanner oder Digitalkamera bis hin zur Ausgabe gewährleistet. ICM sorgt dafür, daß während des gesamten Arbeitsablaufs in der Bildverarbeitung (Scannen-Bildschirm-Drucker) die ursprüngliche Farbzuordnung erhalten bleibt.

Inch
Englische Maßeinheit, die 1 Zoll bzw. 2,54 cm entspricht.

Indizierte Farben
Farbmodus mit maximal 256 verschiedenen Farbtönen.

Interne Farbtiefe
Die Farbtiefe, die der Scanner max. bestimmen kann und im Scanprogramm verwendet (vgl. externe Farbtiefe).

Internet
Weltweites Datennetz, das sich aus der Verknüpfung einer sehr großen Anzahl von Computern aufbaut.

Interpolation
Mathematische Berechnung neuer Bildpunkte, die durchgeführt werden muß, wenn die Hardware-Scanauflösung nicht mit der erwünschten Bildauflösung übereinstimmt.

IT8-Vorlage
Standardisierte Farbvorlage zur Kalibrierung von Ein- und Ausgabegeräten.

J

JPEG
Abk. für *Joint Photographic Experts Group*. Standard zur Komprimierung von Bilddateien.

K

Kalibrierung
Ziel einer jeden Kalibrierung ist es, die Farbinterpretationsabweichungen verschiedener Geräte zu erfassen und zu korrigieren. Erst wenn Scanner, Monitor und Drucker für das gleiche Datum die gleiche Farbe liefern, ist ein System optimal kalibriert.

Kammstruktur
Kammartige Darstellung der Tonwertverteilung in einem Histogramm, bedingt durch das Fehlen von Tonwerten.

Kilobyte (KByte)
1.024 Byte, dies entspricht 2^{10} Byte.

Glossar

Komplementärfarbe
Farbe, die das Gegenstück zu einer anderen Farbe darstellt und die bei einer Mischung mit der dazugehörigen Farbe den Farbton Weiß bzw. annähernd Schwarz ergibt. Daher wird manchmal auch von Ergänzungsfarbe gesprochen.

Komprimierung
Die Komprimierung wird zur Datenreduktion bei verschiedenen Dateiformaten eingesetzt. Unterschiedliche Komprimierungsalgorithmen sind auf verschiedene Dateiarten und Zwecke hin optimiert.

Kontrast
Verhältnis zwischen den hellsten und dunkelsten Flächen eines Bildes.

L

LED
Abk. für *Light Emitting Diode*. Halbleiterdiode, die bei Stromzufuhr leuchtet.

Lichter
Die hellsten Tonwertbereiche eines Bildes.

LIDE-Technologie
LIDE (Abk. für *LED in Direct Exposure*) steht für einen Prozeß, bei dem Licht von roten, grünen und blauen LEDs indirekt über ein stabförmiges Linsensystem zu einem *Compact Image Sensor* (CIS) geleitet wird. Da sich dieser über die volle Breite der Scanfläche erstreckt, ist – anders als bei Scannern, die ein CCD als Scanelement nutzen – bei der LIDE-Technologie keine Spiegelmechanik notwendig.

LZW-Komprimierung
LZW, Abk. für *Lemple-Ziv-Welch* (Namen der Entwickler), ist ein verlustfreier Komprimierungsalgorithmus. Am effizientesten einzu-

setzen ist dieser Komprimierungsalgorithmus bei Bildern mit großen Flächen in einer Farbe. LZW faßt identische Farbflächen beim Speichern zusammen.

M

Megabyte (MByte)
1024 Kilobyte, dies sind 2^{20} Byte (1.048.576 Byte)

Mitteltöne
Tonwerte, die sich im mittleren Tonwertbereich eines Bildes befinden.

Moirémuster
Störmuster, das durch die Überlagerung von zwei Rastern entstehen kann. Beim Scannen von gedruckten Vorlagen kann dies passieren, wenn das Raster der Scanauflösung mit dem Raster der Druckvorlage interferiert (siehe *Entrastern*).

O

OCR
siehe *Texterkennung*

Optische Auflösung
Die optische oder auch physikalische Auflösung eines Scanners bezeichnet die Auflösung, die ein Scanner bedingt durch die Anzahl seiner lichtempfindlichen Elemente pro Längeneinheit erzeugen kann. Sie finden diesen Wert im Handbuch des Scanners bei den technischen Daten.

Overhead
Der Begriff *Overhead* kommt aus dem Computerenglisch und bezeichnet einen Datenblock, der systemeigene Organisationsdaten enthält und an eine Datei mit angehängt wird. Daher werden Dateien immer größer als erwartet.

P

Physikalische Auflösung
siehe *Optische Auflösung*

Pipette
Werkzeug in Bildverarbeitungs- und Scanprogrammen zur Aufnahme von Farbtönen oder Tonwerten.

Pixel
Das Wort *Pixel* ist eine Wortneuschöpfung aus den englischen Begriffen *Picture* und *Element*, ins Deutsche übersetzt etwa: Bildpunkt. Jedoch hat sich der Begriff *Pixel* auch in der deutschen EDV-Sprache bereits fest etabliert.

Plugin
Zusatzoptionen, die in ein bestehendes Programm mit eingebunden werden können. Dies können z.B. Filter oder Scanprogramme in einem Bildverarbeitungsprogramm sein. Wörtlich: „Erweiterung".

PMT
Abk. für *Photo Multiplier Tubes*. Hierbei handelt es sich um ein lichtempfindliches elektronisches Bauteil, das in Trommelscannern zur Bilderfassung eingesetzt wird.

PostScript
Von der Firma Adobe Systems entwickelte Programmiersprache zur Beschreibung von Buchstaben und grafischen Objekten für die Datenübertragung vom Computer zum Drucker.

Prescan
siehe *Vorschauscan*

Preview
siehe *Vorschauscan*

Proof
Probeausdruck zum Farbvergleich zwischen Original und Druckausgabe.

R

RAM
siehe *Arbeitsspeicher (RAM)*

Rasterweite
Gibt die Anzahl der Punkte oder Linien pro Zentimeter oder Inch eines Druckrasters wieder.

Rasterwinkel
Winkel, um welche die einzelnen Raster der verschiedenen Druckfarben versetzt sind, um die Gefahr einer Interferenz zwischen den einzelnen Rastern zu minimieren (keine Moiré-Musterbildung).

RGB
Farbsystem, das sich aus den Grundfarben Rot, Grün und Blau aufbaut (vgl. CMYK).

Rohdaten
Scandatenformat, das den vollen Umfang der vom Scanner ermittelten Bilddaten in 48 bzw. 16 Bit Datentiefe liefert. Hierdurch können der Vorgang des Scannens und der Vorgang der Scanaufbereitung örtlich und zeitlich voneinander getrennt werden.

S

Sättigung
Wert für die Intensität einer Farbe in einem bestimmten Farbton.

Scalierung
In der digitalen Bildverarbeitung bezieht sich der Begriff Scalierung auf die Größenänderung von Bildern. Durch die Angabe eines Sca-

lierungsfaktors, der in Prozent angegeben wird, wird der Faktor der Größenänderung festgelegt. 100 % entspricht einem Größenverhältnis zwischen Ein- und Ausgabebild von 1:1. Kleinere Prozentwerte führen zu einer verkleinerten Ausgabe, größere Prozentwerte zu einer vergrößerten Ausgabe im Verhältnis zum Eingabebild.

Scanauflösung
Auflösungsfaktor, den Sie im Scanprogramm angeben. Er legt die Auflösung des Bildes fest, das durch den Scanvorgang entsteht. Die Scanauflösung wird in der Regel in dpi angegeben (vgl. Hardware-Scanauflösung).

Scanmodus
Im Scanprogramm wird anhand des Scanmodus die Farbart des Vorlagentyps bzw. der gewünschte Farbmodus des durch den Scanvorgang erzeugten Bildes festgelegt. Der Begriff *Scanmodus* wird in unterschiedlichen Scanprogrammen oft sehr unterschiedlich verwendet.

Scannen
Umsetzen der Bildinformation von optisch erfaßbaren Objekten in eine digitale Form, die von einem Computer weiterverarbeitet werden kann.

Scanner
Ein optisch-elektronisches Gerät zum Digitalisieren von Bildern.

Scanprogramm (Scanner-Software)
Bei der Scanner-Software handelt es sich um eine dialogunterstützte Software, die Ihnen Einstellmöglichkeiten für den Scanvorgang an die Hand gibt. An der Vielzahl und Qualität dieser Einstellmöglichkeiten wird auch die Qualität der Scanner-Software und nicht zuletzt diejenige des Scanprodukts gemessen.

scalieren
Mit dem Begriff Scalieren wird die Größenänderung einer Bilddatei oder eines anderen Objektes umschrieben.

Scharfzeichnen
Den optischen Eindruck eines Bildes schärfer darstellen. Hierzu werden in der elektronischen Bildverarbeitung spezielle Filter eingesetzt, die durch gezieltes Hervorheben von Bildkonturen einen schärferen Bildeindruck hervorrufen.

Schwarzpunkt
Punkt in einem Bild, der nach der Durchführung einer Tonwertkorrektur den dunkelsten Bereich des Bildes definiert.

Schwellenwert
Tonwert bei Graustufenbildern, der festlegt, welcher Tonwertbereich in Schwarz und welcher in Weiß umgewandelt wird. Dies ist wichtig bei der Umwandlung von Graustufenbildern in Strichgrafiken.

SCSI
Abk. für *Small Computer System Interface* (zu deutsch: „Schnittstelle für kleine Computersysteme"). SCSI (gesprochen „scasi") kann man als Urschnittstelle zwischen Scanner und Computer bezeichnen. Da diese Schnittstellenart den Anschluß von bis zu 7 bzw. 15 ganz verschiedenen Peripheriegeräten bei einer sehr hohen Datenübertragungsgeschwindigkeit erlaubt, wird sie besonders im High-End-Bereich eingesetzt.

Spritzlicht
Helle Spiegelung einer Lichtquelle in einem Motiv.

Strichgrafik
Strichgrafiken zeichnen sich dadurch aus, daß sie sich nur aus den beiden Farben Schwarz und Weiß zusammensetzen. Die Farbtiefe je Bildpunkt beträgt also 1 Bit. Es werden nur die Werte 0 und 1 unterschieden. Daher wird dieser Vorlagentyp auch oft als Bitmap-Grafik bezeichnet. Einfachster Vertreter einer Strichgrafik ist der gedruckte Text.

Strichvorlage
siehe *Strichgrafik*

T

Texterkennung
Verfahren zur Umsetzung von Texten, die als Bilddatei vorliegen, in Textform. Die Erstellung solcher Bilddateien wird in aller Regel durch Scanner durchgeführt. Nach der Umsetzung (Erkennung) der Texte in die Textform können sie in jeder Textverarbeitung als Text verwendet oder eingebunden und weiterverarbeitet werden.

Terminator
Bei SCSI-Geräten verwendeter Abschlußwiderstand, der den Anfang und das Ende einer Kette von SCSI-Geräten festlegt und einen fehlerfreien Datentransfer gewährleistet.

Thermotransferdrucker
Farbdrucker, bei dem die in einer speziellen Trägerfolie enthaltenen Farben erhitzt und dadurch auf das Druckpapier übertragen werden.

Thumbnail
Kleine miniaturisierte Darstellung von Bildern, die zu Überblickszwecken und als Bildvorschau eingesetzt wird.

Tiefen
Die dunkelsten Tonwertbereiche eines Bildes.

Tiff
Grafikdateiformat. Die Abkürzung *Tiff* steht für *Tagged Image File Format* (zu deutsch: „genormtes Bilddateien-Format"). Das Grafikdateiformat *Tiff* ist weit verbreitet und hat große Bedeutung beim Datenaustausch zwischen verschiedenen Rechnern.

Tonwertkurve
siehe *Gammakurve*

Tonwertkorrektur
Das Werkzeug der Tonwertkorrektur erlaubt mit Hilfe der Bestimmung von Schwarzpunkt, Weißpunkt und einer Gammakorrektur,

Einfluß auf die Darstellung eines Bildes zu nehmen. Tonwerte bekommen hierdurch eine andere Position auf der Tonwertskala zugewiesen.

Tonwert
Einzelner Wert in einem Tonwertbereich. Ein 8 Bit-Graustufenbild hat 256 Tonwerte von 0 (Schwarz) bis 255 (Weiß). Man kann einen Tonwert auch als prozentualen Grauwert bezeichnen.

Tonwertskala
Horizontale Tonwertachse des Histogramms. Der Wertebereich geht von 0 bis 255.

Tonwertzuwachs
Ein Tonwertzuwachs führt zu einem sichtlich dunkleren Druckbilds, als es nach dem Betrachten des Bildes am Bildschirm zu erwarten wäre. Der Grund hierfür liegt darin, daß die einzelnen Punkte, die der Drucker aufs Papier bringt, in aller Regel etwas größer ausfallen als erwartet. Dies liegt an der Saugfähigkeit des Papiers.

Trommelscanner
Scannerart, bei der die Vorlage auf eine durchsichtige, rotierende Trommel montiert wird. Zur Bilderfassung werden sog. PMT-Elemente verwendet. Trommelscanner stellen das obere Ende im Hochqualitätsbereich von Scannern dar. Entsprechend hoch sind auch die Preise für solche Geräte.

Truecolor
Bezeichnet den 24 Bit-Farbmodus (deutsch: „wahre" oder „echte Farbe"). Diese Bezeichnung kommt daher, daß bei einer Farbtiefe von 24 Bit (16,777 Milionen mögliche Farben) der Bereich ausgeschöpft ist, den das menschliche Auge erkennen kann. Ein in Truecolor dargestelltes Bild entspricht einer natürlichen Bilddarstellung.

Twain
Bindeglied zwischen der Hardware des Scanners und dem die Scannerdaten weiterverarbeitenden Programm (z.B. Bildverarbeitung).

Dieses Bindeglied hat den Namen Twain-Treiber oder Twain-Schnittstelle. Die Abkürzung *Twain* steht für *Technology without an interesting Name* (deutsch: „Technologie ohne einen interessanten Namen"). Alle gängigen Programme, die mit Daten von Scannern arbeiten, setzen auf diesen Schnittstellenstandard. Durch die Twain-Schnittstelle erhält z.B. das Bildbearbeitungsprogramm die digitalen Bilddaten direkt vom Scanner, ohne daß eine Zwischenspeicherung nötig ist. Der große Vorteil der Twain-Schnittstelle liegt darin, daß jedes Gerät mit jeder Software (und umgekehrt) zusammenpaßt. Die Hersteller müssen sich nur an den Twain-Standard halten.

U

Übersprechen von CCD-Elementen
Überfließen elektrischer Ladung von einem lichtempfindlichen Element zu einem angrenzenden. Bei sehr starken Ladungsdifferenzen zwischen zwei benachbarten CCD-Elementen (heller und dunkler Bildpunkt) kann es zu einem geringen Abfließen von Ladung kommen. Dies führt dann zu einer Unschärfe in diesem Bildbereich.

USB
Abkürzung für *Universal Serial Bus*. Besonders ausbaufähige serielle Schnittstellenform für Computer.

V

Vorschauscan
Scan mit niedriger Auflösung, der zur optischen Beurteilung der Bilddaten im Vorschaufenster des Scanprogramms dient.

W

Weißpunkt
Der Punkt in einem Bild, der nach der Durchführung einer Tonwertkorrektur den hellsten Bereich in einem Bild definiert.

WYSIWYG

Abkürzung für *what you see, is what you get* (deutsch: „was du siehst, ist das, was du bekommst"), d.h. daß die am Bildschirm sichtbare Darstellung genauso auch auf dem Drucker erscheint.

Sachverzeichnis

Ziffern
3-Pass-Verfahren 14

A
A/D-Wandler 19, 251
Absorbtionsfähigkeit 89
Adobe-Gamma 66, 69
Aliasing 251
Alphakanal 99, 251
Anti-aliasing 251
Anwendungsgamma 83
Apple Macintosh 105
APS-Format 24, 251
Arbeitshintergrund 223
Arbeitsplatzbeleuchtung 73, 74
Arbeitsspeicher (RAM) 30, 31, 251
Aufhellen
   Farbkanal 227
   Mitteltöne 217
Auflösung 14, 32, 139, 252
   ändern 228
   Ausgabebild 152
   Höhe 142
   interpolationsfrei 147
   interpoliert 141
   optische 141, 146, 262
   physikalische 23, 140, 180, 263
Aufsichtvorlage 110, 252
Ausgabe
   Format 174
   Größe 190
   Qualität 145
   Tonwerte 205
Auswahlrahmen 152, 203
   festlegen 159
   proprotional vergrößern 191
   proprotional verkleinern 191
Autofilter 239
Average-key-Bild 127, 186

B
Bandlaufwerk 44
Bearbeitungszeitaufwand 248
Bildauflösung 139, 232, 252
   ändern 232
   für den Druck 241, 248
Bildbearbeitung
   abdunkeln 60, 216
   aufhellen 60
   beseitigen von Farbfehlern 223
   Bild neu berechnen 234
   Farbkanaltonwertkorrektur 227
   freistellen 203, 257
   freistellen-zuschneiden 203
   Gradationskurven-
      Automatik 213
   Helligkeit und Kontrast 223
   Helligkeitsänderung 207, 216
   Kontraständerung 209
   Software 246
   Spezialeffekte 213
   Tonwerte umkehren 212, 220
Bilder speichern 96
Bildgröße 148
   ändern 228, 231
   ändern ohne Interpolation 233
Bildkonturen
   scharfzeichnen 237
Bildkorrektur
   automatische 162
   manuelle 162
Bildmanipulationen 57
Bildoptimierung 186
   automatische 152, 239

Bildpunkt 252
Bildpunkteraster 128
Bildröhrentechnologie 32
Bildschärfe
   erhöhen 237
Bildschirm 31
   Auflösung 34
   Hintergrundfarbe 223
Bildstruktur
   Interferenzen 133
Bildträgereigenschaften 111
Bildverarbeitung 59
   Kontraständerung 220
   Negativ in Positiv 197
   Scaneinstellung 175
   Software 51
Bildwerkzeuge
   erweiterte 152
Bildwerteinstellungen
   manuelle 152
Bildwiederholungsfrequenz 33, 247
Bilineare Interpolation 229
Bit 252
Bitmap (BMP) 100, 120, 252
BNC-Kabel 36
Bundle 50, 51
Byte 252

C

cacheable area 30
Cache-Speicher 30
CCD (Charge Coupled Device) 13
   Sensor 13, 253
   Technik 13, 22
   Zeile 117
CCITT-Kodierung 97
CD-Brenner 43
CD-Rom-Laufwerk 43
CIS (Compact Image Sensor) 13
CMOS-Sensoren 16
CMYK 253
   Bilddateien 101, 114
   Farbsystem 84, 206, 225
Color Management System 68
Colorific 71
Corel Photopaint 53
Cut-and-Glue 249

D

Datei
   speichern 96
Dateibrowser 55
Dateiformat 96, 100, 253
   Auswahl 99
   Überblick 108
Dateigröße 171, 248
   anzeigen 152
   fixieren 234
Dateikomprimierung 97
   verlustfreie 97
Dateitourismus 249
Datenaufkommen 142
Datenbanken 247
Datenfeld 253
Datennetze 102, 106
Datensatz 253
Datentiefe 91, 253
DCS (Desktop Color
   Separation) 101
Defokussieren 130
Dekomprimierung 97
Densität 89, 248, 254
Densitometer 152, 164, 254
Descreening 130, 254
Desktop Publishing 254
Desktop-Scanner 12, 254
Detailgenauigkeit 140
Dia-Scanner 24, 254
Dichte 89, 248
Dichteumfang 59, 89, 90
DIN 190
Diskettenlaufwerk 44
Dithering 254
Dots 140
Download 53, 55
Downsampling 254
dpcm 140
dpi 140, 145, 254

Sachverzeichnis

Drehwerkzeug 161
Drucken
  Auflösung 241
  Bildausgabe mit
    Desktopdruckern 241
  Druckerfarbfehler 244
  Kosten 45
  manipulieren 79
  S/W-Bilder 244
  Strichgrafiken 126
  Tonwertzuwachs 243
  Bildauflösung und
    Druckerauflösung 241
Drucker 45
  Einstellungen 77
  ICM 77
  Papier 77
  Port 40
  Tonwertzuwachs 79
Druckerkennlinie 79, 243, 254
Druckmaschine 144, 145
Druckraster 129
Durchlichtaufsatz 23, 255
Durchlichtmethode 24
Durchsichtvorlage 110, 255
DVD-Ram-Laufwerke 43

E
Echtfarbe 35
ECP (Enhanced Capability Port) 40
Eingabetonwertbereich 216
Eingabetonwerte 205
Einzelblatteinzug 23
Elektronische Bildverarbeitung 255
Enhanced Parallel Port 40
Entrastern 255
Entrasterung 130
  hohe Auflösung 133
EPP (Enhanced Parallel Port) 40
EPS (Encapsulated Postscript) 101
EPS-DCS 101
Erkennungsrate 184
Extensis 57
Externe Farbtiefe 93, 255

F
Fadenzähler 130
Farbanzahl 92
  Berechnung 92
Farbbalance 226
Farbbilder 113
Farbfehler
  beseitigen 223
Farbfilter 18
  farbige Lichtquellen 18
Farbintegrität 68, 85
Farbkanal 85, 113, 255
  Auswahlwerkzeug 86
  Tonwertkorrektur 227
Farbkorrektur 170, 178, 224
Farbkreis 171, 225
Farblaserdrucker 45, 144
Farbmanagement-
  system 68, 85, 256
Farbmeßsensoren 76
Farbmodus 152
  Auswahl 157
Farbnegativ 195
Farbprofil 68, 70
Farbraum 85, 256
Farbrauminterpretation 80
Farbsättigung 171, 225
Farbschlüssel 74
Farbspektrum 225
Farbstich 170, 195, 244, 256
  beseitigen 225
Farbsysteme 59, 84, 88
  CMYK 84
  Farbmischung 85
  RGB 84
Farbtemperatur 256
Farbtiefe 89, 91, 113, 256
  Einstellung 35
  externe 93
  interne 93, 259
Farbtintenstrahldrucker 144
Farbton 256
Farbtonunterschiede 89
Farbumwandlung 88

Farbzuordung 68
Faxausgabe 193
Faxgerät 193
Feinscan 174, 256
Festplatte 42
Filmbelichter 144, 252
Filmscanner 24, 257
Filter 152, 234, 257
　Farbe 117
　Funktionen 173
　Konturen scharfzeichnen 237
　Scharfzeichnen 238
　Stark scharfzeichnen 238
　Störungen entfernen 237
　Unscharf maskieren 238
　Wahl 173
Flachbettscanner 20, 257

G
Gamma 59, 257
　Quell-Gamma 61
Gammafunktion 59, 248
Gammakorrektur 66, 168, 211
Gammakurve 257
Gammaregler 167, 178, 217
Gamma-Testmuster 64, 66
Geraderichten-Funktion 203
Gigabyte 257
Gradationskurve 59, 166, 186, 205, 258
　Automatik 213
　Gammakorrektur 211
　Helligkeitsänderung 207
　Kontraständerung 209
　Mitteltöne ändern 208
　Prinzip 205
　S-Form 186
　Spezialeffekte 213
　Tonwerte umkehren 212
　Weiß-/Schwarzpunkt 168
Grafikdateibetrachter 55, 56, 247
Grafikdateiformate 96, 100, 258
　BMP 100
　DCS 101
　EPS 101
　GIF 102
　JPEG 102
　PCD 104
　PCX 104
　PDF 105
　PICT 105
　PNG 105
　PSD 106
　Raw 106
　Schnellüberblick 108
　Scitex CT 106
　Targa 107
　Tiff 107
Grafikkarte 31, 35
　Speichergröße 248
Grafikspeicher 35, 258
Graukeil 63, 82, 258
Graustufen 116, 258
Graustufenbilder 113, 115
Graustufenvorlagen
　im Farbmodus 119
Grauton 217, 224
Grauwert 198
Gray 116
Grundfarben 84, 85
Grundrauschen 15, 17
Grünstich 225

H
Handscanner 19, 258
Hardware 12
　allgemeine Voraussetzungen 29
　CD-Brenner 43
　Grafikkarte 31, 35
　Grafikspeicher 35
　Monitor 31
　Rechnerausstattung 29
　Schnittstellen 37
　Speichermedien 42
Hardware-Scanauflösung 139, 258
HDR 135
Helligkeit 59
　ändern 207, 216

Sachverzeichnis

korrigierte 59
Regler 125, 223
Stufen 91
Werte 59
High Dynamic Range 135
High-key-Bilder 127, 162, 187
Histogramm 152, 162, 176, 259
  Tonwertkorrektur 166
Horizontalfrequenz 32
Hub 41

I
ICC 68
  Farbprofil 68, 259
ICM 68, 259
  beim Drucken 77
Inch 140, 259
indizierte Farben 102, 259
Intellihance 57, 239
Interferenz 129, 133
Interlaced 102, 106
Internet 102, 106, 260
Interpolation 23, 146, 149, 260
  bikubische 230
  Methoden 228
  vermeiden 180
Interpretationsabweichungen 62
Invertieren 197
IT8-Vorlage 260

J
Jaz-Laufwerke 43
JPEG 98, 102, 260

K
Kalibrierung 59, 62, 67, 260
  AdobeGamma 69
  Colorific 71
  Farbmeßsensoren 76
  Farbprofile löschen 70
  Farbschlüssel 74
  Flachbildschirm 71
  Gammamuster 66
  globale 67

Hardware 76
ICC-Farbprofil 68
ICM beim Drucker 77
mittels CMS 68
mittels Grafikkartentreiber 67
Monitor 62, 63, 64, 67
Monitorweißpunkt 70
Paket 71
Probleme 69
programmspezifische 64
Scanner 80
sRGB 68
Vorlage 81
Werkzeuge 68
Windows NT 71
Kammstruktur 178, 260
Kilobyte 260
Kippwerkzeug 161
Komplementärfarbe 179, 225, 261
Komprimieralgorithmen 97
  JPEG 98
  LZW 98
  RLE 98
Komprimierung 97, 261
Kontrast 187, 261
  Änderung 209, 220
  Regler 223
Konvergenz 32
Kopieren 204
  vor dem Scan 188
Kopierwerkzeug 247

L
Lagekorrektur 202
Laserdrucker 144
LED in direct Exposure 15
Lichter 261
Lichtundurchlässigkeit 89
LIDE 15, 22, 261
Linsensystem 22
Low-key-Bilder 128, 162, 187
lpcm 131
lpi 132, 140, 145
Luminanz 32

L

LZW 98, 261

M

Maschinenpunkte 140
Maskierungen 99
Megabyte 262
Merkmalsbeschreibung 182
Meßbereich 91
Metall-Oxid-Halbleiter 13
Microtek 49
Mitteltöne 60, 80, 262
   anpassen 168
   verändern 208, 211
Mittenregler 167, 178, 217
Modem 193
Moiré-Muster 128, 262
MO-Laufwerke 43
Monitor 31, 32, 144
   Betiebstemperatur 63
   Helligkeit 63, 72
   Kabel 36
   Profil 72
Monitorgamma 65, 73
   Einstellung 80
Monitorzielgamma 67
MOS 13
Motherboard 30

N

Negativ 221
   umwandeln in Positiv 197

O

OCR 182, 262
   Software 54
Opazität 89, 248
Optik 22
Overhead 42, 262

P

PaintShop Pro 53
Parallelport 37, 39
PC Paintbrush eXtension 105
PCD 104
PCX 104
PDF 105
Photo-CD 104
PICT 105
Pipette 263
   Einstellung 168
Pixel 98, 263
   Bilder 101
   Farbwertbestimmer 152
   Grafik 98
   Radius 236, 239
   Verteilung 127
   Wiederholung 229
Plugins 56, 156, 247, 263
PMT 13, 26, 263
PNG 105
Positiv 221
PostScript 263
ppi 140
Prescan 158, 263
Preview 158, 263
Preview Size 158
Problemvorlagen 128
Proof 264
PSD 106

Q

Q-Faktor 145
Quell-Gamma 61

R

RAM 264
Randbeschneidung 202
Rasterweite 130, 145, 264
Rasterwinkel 131, 264
Raw 106
Rechner 29
Rechtschreibprüfung 186
Recognita 55
RGB 84, 264
RLE 98
Rohdaten 135, 199, 264

Sachverzeichnis

S
S/W-Laserdrucker 144
Sättigung 264
Scalierschloß 172
Scalierung 147, 152, 264, 265
  Ein- und Ausgabe 171
  Faktor 148, 191
Scan 265
  Auflösung 139, 171, 242, 265
  Auflösung interpolationsfrei 248
  bearbeiten 202
  Bereich 136, 137, 159
  Einstellungen 151
  Modus 113, 265
  Rohdaten 135
  Schwarzpunkt 165
  Start 152
  Twainquelle auswählen 155
  Typ 113
  Vorgang 174
  Vorlage 110
  Vorschau 158
Scanner 265
  Anpassung 82
  Aufbau 17
  Auswahl 156
  Begriffsbestimmung 11
  Einsatzbereiche 11, 19
  Filmscanner 24
  Flachbettscanner 20
  Handscanner 19
  Kalibrierung 80
  Mechanik 17
  Modelle 22
  Schlitten 23
  Software 47, 246
  Texterkennung 182
Scanpilot 50
Scanprogramm 151, 265
  aktivieren 156
  Grundeinstellungen 156
  Farbnegative 195
  Schlösser 190
  verlassen 175
Schärfungsprozeß
  manuell steuern 238
Scharfzeichnen 237, 266
Schloß 190, 191
Schnittstelle 37
  Typ 37
  USB 40
Schwarzpunkt 165, 214, 266
  Abgleich 72
  Bestimmung 152
Schwellenwert 193, 236, 266
  festlegen 122
  Regler 125
Scitex CT 106
SCSI 37, 266
SCSI-Controller 38
Seitenverhältnis
  fixieren 190
SilverFast 50
Single-Pass-Verfahren 14
Software 46
  Bildverarbeitung 51
  Downloads 53, 55, 57
  Grafikdateibetrachter 56
  Internetadressen 246
  Texterkennung 54
  Vollversionen 51
Sonnetech 69
Speicherbedarf 42, 144
Speichermedien 42
  CD-Brenner 43
Speichern
  verlustfrei 97
  von Bilddateien 96
Spezialeffekte 213
Spreizung 176, 217
Spritzlicht 266
sRGB 68
Stapelverfahren 27
Stempelfunktion 236
Störung
  entfernen 234
  Filter 234
Strahlung 34

Streamer 44
Strichgrafik 113, 120, 266
Sub-D-Buchse 36
Systemanforderung 30
Systemkalibrierung 59, 62

T

Targa 107
Terminator 39, 267
Testversionen 52, 246
Texterkennung 182, 267
   mit Flachbettscanner 183
   Rechtschreibprüfung 185
   Software 54, 247
Thermosublimations-
   farbdrucker 144
Thermotransferdrucker 267
Thumbnail 56, 267
Tiefen 267
Tiff (Tagged Image File
   Format) 107, 267
Tintenstrahldrucker 45
Tönen 171
Tonwert 91, 205, 268
   Aussetzer 178, 223
   automatische Korrektur 221
   Bereich 93
   Bereich ausdehnen 164
   Bereich gestaucht 94
   Häufigkeit 93, 176
   Korrektur 162, 214, 267
   Korrektur Kontrast 220
   Kurve 267
   Skala 176, 215, 268
   Umfang 114, 199
   umkehren 212, 220
   Verteilung 125
   Zuwachs 46, 79, 243, 268
Treiber-Software 46
Treppenstruktur 121
Trommelscanner 26, 268
Truecolor 35, 268
Truevision 107

Twain 268
   Quelle auswählen 155
   Schnittstelle 46
   Treiber 46

U

Übersprechen 17
   von CCD-Elementen 269
Umax 48
Umkehren 197
Unscharf maskieren 238
   Radius 239
   Schwellenwert 239
   Stärke 238
USB 37, 269

V

Vektoren 98
Vektorgrafik 98, 101
Vergrößerungsfunktion 159
Vierfarbdruck 85
Vorlage 110
   Ausrichtung 136, 138
   Ausrichtung Filmscanner 136
   Farbbilder 113
   gedruckte Bilder 128
   gerastert 128
   Negativ 111
   Positiv 111
   Strichgrafiken 120
   Typ 110
   Typ auswählen 157
   Typ bestimmen 152
   Typ einstellen 111
   Typkriterien 111
Vorlagenglas
   reinigen 175
Vorschau 158
   Bereich 137, 158
   Fenster 152
   Scan 269
   Start 152

W
Weißpunkt 70, 176, 214, 270
  Pipette 164
WYSIWYG 68, 270

Z
Zeichenerkennung 54
  optische 182
Zeitfaktor 150
Zielgamma 83
Zip-Laufwerke 43
Zoll 140
Zurücksetzen 157
Zusatz-
  programme 56
Zuschneiden 203

Buchanzeigen

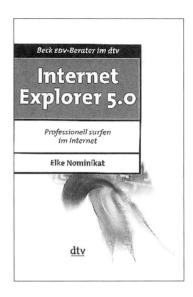

Nominikat
Internet Explorer 5.0
1999. 222 Seiten. Kartoniert
DM 24,90
(dtv-Band 50198)

Der Internet Explorer 5.0 bietet – als eigenes Programm oder als integraler Bestandteil des Betriebssystems – umfassende Möglichkeiten zur Nutzung des weltweiten Netzes.
Angefangen von den ersten Schritten mit dem Internet Explorer bis zur verschlüsselten Versendung von E-Mails und Daten erfährt der Leser alles Wissenswerte im Umgang mit dem Web-Browser von Microsoft.

Kratzl
Die eigene Homepage
1999. 350 Seiten. Kartoniert
DM 24,90
(dtv-Band 50210)

Schritt für Schritt führt das Buch leicht verständlich und nachvollziehbar an die Erstellung und Gestaltung von Web-Seiten heran. Unabhängig davon, ob eine private oder eine professionelle Homepage gestaltet werden soll, mit diesem Buch steht eine umfassende Anleitung zur Verfügung. Der Leser wird befähigt, die Homepage-Angebote der großen Online-Dienste im vollen Umfang zu nutzen. Ein unverzichtbarer Leitfaden für alle, die mit ihrer Homepage Aufmerksamkeit wecken und Besucher anziehen wollen.

EDV im dtv

Gardner · PC-Hardware
(dtv-Band 50104, Beck EDV-Berater)

Körner · Erste Schritte am PC
(dtv-Band 50117, Beck EDV-Berater)

Kratzl · Erste Hilfe für den PC
(dtv-Band 50135, Beck EDV-Berater)

Kratzl · AOL-Kompendium*
(dtv-Band 50165, Beck EDV-Berater)

Fehrle/Kimmig
dBase für Windows
(dtv-Band 50169, Beck EDV-Berater)

Kimmig · Internet
(dtv-Band 50175, Beck EDV-Berater)

Roßkamp
Word für Windows 95
(dtv-Band 50178, Beck EDV-Berater)

Reiter
Access für Windows 95
(dtv-Band 50179, Beck EDV-Berater)

Fehrle · Excel für Windows 95
(dtv-Band 50180, Beck EDV-Berater)

Bremes · Delphi
(dtv-Band 50181, Beck EDV-Berater)

Divišek · HTML
(dtv-Band 50182, Beck EDV-Berater)

Bouchard · Java
(dtv-Band 50185, Beck EDV-Berater)

Pelzel · Word 97
(dtv-Band 50186, Beck EDV-Berater)

Fehrle · Excel 97
(dtv-Band 50187, Beck EDV-Berater)

Bremes · Visual Basic
(dtv-Band 50188, Beck EDV-Berater)

Baumeister · Visual Basic for Applications
(dtv-Band 50189, Beck EDV-Berater)

Dietrich · Linux
(dtv-Band 50190, Beck EDV-Berater)

Backer · Visual C ++
(dtv-Band 50191, Beck EDV-Berater)

Bouchard · Windows 98 Basiswissen
(dtv-Band 50192, Beck EDV-Berater)

Nominikat · Netscape 5.0*
(dtv-Band 50193, Beck EDV-Berater)

Roßkamp · Word 2000
(dtv-Band 50194, Beck EDV-Berater)

Kratzl · Access 2000
(dtv-Band 50195, Beck EDV-Berater)

Fehrle · Excel 2000
(dtv-Band 50196, Beck EDV-Berater)

Kratzl· MS Office 2000
(dtv-Band 50197, Beck EDV-Berater)

Nominikat
Internet Explorer 5.0
(dtv-Band 50198, Beck EDV-Berater)

Kraus · Outlook 2000
(dtv-Band 50199, Beck EDV-Berater)

Bouchard · Java 2
(dtv-Band 50200, Beck EDV-Berater)

Kratzl · Die eigene Homepage
(dtv-Band 50210, Beck EDV-Berater)

in Vorbereitung für 2000

Kraus · StarOffice 5.1
(dtv-Band 50221, Beck EDV-Berater)

Irlbeck
MS-DOS professionell
(dtv-Band 50212, Beck EDV-Berater)

Kirberich · Word für Windows 95 professionell
(dtv-Band 50216, Beck EDV-Berater)

Huttel
Windows 98 professionell
(dtv-Band 50218, Beck EDV-Berater)

Backer · Hardware-ABC
(dtv-Band 50219, Beck EDV-Berater)

Bouchard · Windows 2000
(dtv-Band 50220, Beck EDV-Berater)

Kneissl
Scannen wie die Profis
(dtv-Band 50222, Beck EDV-Berater)

Antosch
Internet für Fortgeschrittene
(dtv-Band 50223, Beck EDV-Berater)

Kratzl · PaintShop Pro 6*
(dtv-Band 50224, Beck EDV-Berater)

Matzer · Safer PC*
(dtv-Band 50226, Beck EDV-Berater)

Matzer
Sicherheitsrisiko Internet
(dtv-Band 50227, Beck EDV-Berater)

Huttel · Excel 2000 Übungsbuch
(dtv-Band 50228, Beck EDV-Berater)

* in Vorbereitung für 2000

A–Z:

Matzer · Dateiformate von A–Z*
(dtv-Band 50300, Beck EDV-Berater)

Irlbeck · Computer-Lexikon
(dtv-Band 50302, Beck EDV-Berater)

Irlbeck · Computer-Englisch
(dtv-Band 50303, Beck EDV-Berater)

Kneißl · Turbo Pascal von A–Z
(dtv-Band 50305, Beck EDV-Berater)

Fehrle
Das PC-Einsteiger-Lexikon
(dtv-Band 50319, Beck EDV-Berater)

Kebschull
Das Windows 95 Lexikon
(dtv-Band 50320, Beck EDV-Berater)

Schrank
EDV-Abkürzungen von A–Z
(dtv-Band 50323, Beck EDV-Berater)

Sittek
Das Internet-Lexikon
(dtv-Band 50324, Beck EDV-Berater)

Sofort im Griff:

Bouchard/Nominikat
Word für Windows 95
(dtv-Band 50362, Beck EDV-Berater)

Bouchard
Excel für Windows 95
(dtv-Band 50363, Beck EDV-Berater)

Nominikat · Netscape
(dtv-Band 50364, Beck EDV-Berater)

Zeigen Sie es Ihrem Computer

Mit den
Beck EDV-Beratern im dtv

Irlbeck
Computer-Englisch

3. Auflage. 1998
765 Seiten. DM 44,90
dtv 50303

Jetzt in neuer Auflage und größerem Format

Mit der rasanten Entwicklung der Computer wird der Anwender mit einer Vielzahl neuer englischer Fachbegriffe konfrontiert: Web-Browser, SCSI, ZIP Drive, Nethopper, Plug-In, Active Server Pages, Firewall – wer versteht das alles?
Die um 800 Begriffe erweiterte 3. Auflage dieses Standardwerks listet über 10.000 Begriffe auf, und erklärt sie auf leicht verständliche Weise.

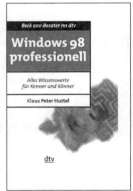

Kimmig · **Internet**
3. Auflage. 1998.
367 Seiten. DM 26,90
dtv 50175

Huttel
Windows 98 professionell
1998. 367 Seiten. DM 26,90
dtv 50218

Bouchard
Windows 98 Basiswissen
1998. 319 Seiten. DM 24,90
dtv 50192

Die Beck EDV-Berater im dtv – Eine klare Sache

Irlbeck
Computer-Lexikon

Das große Nachschlagewerk zum Thema EDV
Von Thomas Irlbeck
dtv-Band 50302
3., neubearbeitete Auflage. 1998
939 Seiten. Großformat, Dünndruckpapier.
Kartoniert DM 49,90

Der Band:

Computer, Software und Netze entwickeln sich mit atemberaubendem Tempo weiter. Parallel dazu entstehen täglich neue Begriffe, Produktnamen und Abkürzungen, die sich durchsetzen: MMX, Java Beans, XML, Intranet, Proxy-Server, Firewall, Cookie, DVD, Outlook, ... wer kommt da noch mit?

Ein fundiertes Nachschlagewerk ist für alle Computer-Anwender unverzichtbar. Verständliche Erklärungen und informative Details antworten auf alle Fragen. Erfaßt werden die PC-Welt, Macintosh, Großrechner, Workstations, Minicomputer, Zubehör und Peripherie, Software, Internet und lokale Netze, Datensicherheit etc.

Die vollkommen überarbeitete, aktualisierte und um ein Drittel erweiterte 3. Auflage präsentiert sich jetzt topaktuell mit

- über 5300 Stichwörtern, davon 1000 neu aufgenommen
- zahlreichen Querverweisen
- Abbildungen im Text und einem separaten Farbteil
- neuer Aufmachung im Großformat auf Dünndruckpapier

Fazit:

»Wenn Sie ein wirklich umfangreiches Computerlexikon auf dem derzeit aktuellen Stand brauchen, sollten Sie zu Becks Computerlexikon greifen... Das Computerlexikon ist auf jeden Fall ein komplettes und kompetentes Nachschlagewerk für all die Begriffe, über die Sie schon immer etwas wissen wollten.«
(PCgo! 8/1998)

Beck EDV-Berater dtv

A 6046

Kratzl
MS Office 2000
1999. 413 Seiten. Kartoniert
DM 28,90
(dtv-Band 50197)

Roßkamp
Word 2000
1999. 399 Seiten.
Kartoniert
DM 24,90
(dtv-Band 50194)

Kratzl
Access 2000
1999. 408 Seiten.
Kartoniert
DM 28,90
(dtv-Band 50195)

Fehrle
Excel 2000
1999. 336 Seiten.
Kartoniert
DM 26,90
(dtv-Band 50196)